David Coghlan & Teresa Brannick
デイビッド・コフラン/テレサ・ブラニック 著
永田素彦/高瀬 進/川村尚也 監訳

実践 アクションリサーチ

Doing Action Research in your own organization

自分自身の組織を変える

SAGE

［発行所］碩学舎 ［発売元］中央経済社

監訳者まえがき

本書は、David Coghlan and Teresa Brannick（2014）*Doing Action Research in your own organization.*（4th edition）. SAGEの全訳である。初版が２０００年に出版された後、順調に版を重ね、２０１９年には第５版が刊行されている。定評あるロングセラーといえる。原著第４版では各章の冒頭に参考ウェブサイトへのURLが記載されているが、すでにリンク切れになっているため本訳書では割愛した。現在、原著第５版の参考資料がhttps://study.sagepub.com/coghlan5eに掲載されているので、興味のある読者は参照されたい。

さてこの「監訳者まえがき」では、グループ・ダイナミックスの立場から我が国における人間科学や社会構成主義に立つ研究をリードしてきた杉万俊夫の論考に依拠しながらアクションリサーチの研究スタンスを概説し、本書の特徴を述べてみたい（訳者あとがきでは、経営学、組織開発分野における位置づけを解説する）。

アクションリサーチは、ある集合体や社会のベターメント（改善、改革）をめざす、当事者と研究者の協働実践的な研究である。その研究スタンスは、自然科学とは大きく異なる。自然科学では、外在的事実を明らかにするために、研究者と研究対象の間には明確な一線が引かれていることを方法論上の鉄則とする。研究者は一線の向こう側に据えられた研究対象にけっして影響を与えることなく、一線のこちら側からクールに観察すべし、というわけだ。しかし、アクションリサーチはもとより、人々が織りなす現象を研究しようとすると、研究者と研究対象の間の明確な一線という自然科学の研究スタンスは通用しない。（研究対象たる）当事者と研究者の間には、一線を画すどころか、自覚しているか否かにかかわらず、互いに影響を与え合う関係、一緒に何かをする関係が自ずと生じることになる。当事者と研究者のこのような関係を「協働的実践」という。

当事者と研究者による協働的実践を前提とする科学を、人間科学とよぶ。アクションリサーチは、人間科学におけるきわめて重要かつ代表的な研究アプローチである。

人間科学としてのアクションリサーチには、研究者と研究対象の分離を前提とする自然科学流の「実証」は無縁ないし不要なのだろうか？　もちろん、そんなことはない。アクションリサーチをはじめ協働的実践は、一次モードと二次モードという二つの局面の交替運動として進展する。一次モードとは、ベターメントの対象たる現場（フィールド）の過去・現状・将来を的確に把握し、それに基づいてベターメントのための計画を立て、実行する局面である。一次モードにおいては、自然科学流の研究スタンスに基づく観察やデータ収集、すなわち予断を排してクールに現状や過去を把握し、将来を予測することが求められる。一次モードにおいて求められる研究スタンスは、自然科学のそれと基本的に変わらない。

重要なことは、一次モードの協働的実践は、かならず何らかの「気づかざる前提」に立っているということだ。自分たちの気づかざる前提をいかに洗い出そうとし、自覚的になろうとしても、その取り組み自体が何らかの気づかざる前提に立っている。気づかざる前提から完全に自由になることはありえない。

協働的実践が進展していくと、気づかざる前提に気づく局面がおとずれることがある。この局面を協働的実践の二次モードとよぶ。「今までこれが事実だと思い込んできたけど……」、「今までこれが大事だと思っていたけど……」などと、それまでの前提に過去形で気づく局面である。二次モードを経て、新たな一次モードに入っていくことになるが、そこでは以前の一次モードの協働的実践に対して、それまでとは異なる意味づけがなされたり、それまでには思いつきもしなかった実践の可能性がひらけたりする。小さな交替運動（小さな気づきや発見）が積み重なると、大きな交替運動（ドラスティックな変化）が生じる蓋然性も高まる。このように協働的実践は一次モードと二次モードの交替運動を経て質的に「深化」する。

この一次モードと二次モードの交替運動、すなわち前提の見直しを経て既存の知識を再編するという図式は、一見、自然科学にも当てはまるように見える。しかし、そこには大きな違いがある。自然科学には、そのようなプロセスを通して普遍的事実に接近できるという大前提がある（さらに言えば、接近されるべき事実が外在しているという大前提がある）。自然科学にとっては普遍的事実に接近することこそが研究の意義である。それに対して、アクションリサーチ（協働的実践）は、特定の時点に特定の場所で特定の人々によって行われるローカルな営みであり、そこで生み出される知識はまずもってローカルな協働的実践のための知識であり、現場のベターメントのための知識である。

外在的事実（人々が知ろうが知るまいが存在する事実）を前提とする自然科学に対して、人間科学のメタ理論（研究哲学）である社会構成主義は、「すべての行為（認識を含む）とその対象は、ある集合体の動きに内在してはじめて可能になる」ことを基本的前提とする。内在するとは、集合体にどっぷりと浸っていることである。先に全ての気づかざる前提から自由になることはありえないと述べた通り、いかなる集合体にも外在するような立場はありえない。この人間科学＝社会構成主義の基本的前提は、本書にも共通しており、たとえば第2章では次のように言明されている。「本書の立場は、客観的な価値は、何らかの意味で「外在する」ものでなければならないという考えとは対立する。このような考えは、知ることは「外在する」何かを見ることであるという誤った仮定に基づいている。（41頁）」

さて、ローカルな協働的実践の記録は、特定の時代、場所、人々の性質を色濃く反映しているだけに、そのままでは外部者にとって意味あるメッセージにはなりにくい。そこで、ローカルな内容を少し抽象化してやる——一般的な概念を用いたり、理論化したりする——ことで、直接の当事者ではない外部者にとっても利用可能なメッセージとなる。もとのローカルな実践が抽象化され、別の時点、場所、人々によるローカルな実践にキャッチされ利用されれば、二つのローカルな実践からインターローカルな関係が生まれる。このようにしてローカルな協働的実践から生まれる知識は、インターローカリティの形成を通じてその一般性を増していく。本書にも多くの理論概念や事例研究が反響していることからも明らかなように、インターローカリティの拡大は、自然科学におけるユニバーサリティ（普遍性）の追究と匹敵するような位置を占めている。

本書のテーマは、内部者アクションリサーチ、すなわち、自分自身の組織のベターメントをめざすアクションリサーチである。既存のアクションリサーチのテキストは、外部者である研究者「が」ある集合体や社会の当事者と協働しながらそのベターメントをめざす、という構図に基づいているものが多い。それに対して、本書は、ある組織の一員である内部者＝当事者「が」、自らアクションリサーチャーとして成長しつつ、周囲の人々と協働しながら自分自身の組織のベターメントをめざす、という構図に立っていることが大きな特徴である。

このような内部者アクションリサーチの特徴を記述する本書の中心的概念が、一人称・二人称・三人称の実践／研究である。すなわち、内部者としての「私」が「アクションの中で知る」ことを通じて実践者-研究者（内部者-アクションリサーチャー）となり（一人称プラクティス）、周囲の人々と協働（二人称プラクティス）しながら自分自身の組織のベターメントを図り、そこから実践的／学術的な知見を発信する（三人称プラクティス）。もちろんこれらは単線的に展開されるわけではなく、二人称プラクティスが一人称プラクティスの学びをもたらすなど、相互規定的で入れ子構造をなしている。

本書において特に重要な位置を占めているのは、一人称プラクティスに関わる記述だろう（本書では、「二人称プラクティスが最も重要である」（第1章10頁）と述べられているし、そのことに異存はないが）。

内部者－アクションリサーチャー（当事者－研究者）によるアクションリサーチには、当事者「と」（外部の）研究者の協働によるアクションリサーチと比べると、特徴的な課題がいくつか浮上する。協働的実践の一次モードにおいて、内部者である「私」が自分自身の組織をクールに観察するにはどうすればよいのか？　気づかざる前提に気づくにはどうすればよいのか？（さしあたって）現場の当事者である私がアクションリサーチャーになっていくのはどのようなプロセスなのか？　これらの問いに対して、本書は「経験に即した認識法」に立脚した「アクションの中での学び」を通して実践（アクション）と研究（リサーチ）を統合していくことを説いている。
内部者アクションリサーチに特徴的な課題はほかにもある。例えば本書でも度々言及されているが、データを収集し分析する主体（研究者）が、データを生み出す当事者でもあるという事実をどのように捉えて協働的実践にいかすか。アクションリサーチの成果を記述する主体が、その記述の対象でもあるという事実をふまえて、どのような記述の工夫をこらすか、などなど。読者には各自の関心に沿って内部者アクションリサーチの特徴と面白さをぜひ見いだしていただきたい。

大学で教えていると、「この理論は役に立つんですか？」といった質問を受け、苦笑することがしばしばある。どんな概念も理論も、それ自体として役に立つ／立たないということはない。しかし、もしあなたが自分自身の組織のベターメントに取り組もうとするならば――内部者アクションリサーチの動きに内在するならば――、本書で提示されている概念や理論は、各章末尾のエクササイズとともに、アクションリサーチの実践的なリソースとして「役に立つ」だろう。本書はきわめて実用的かつ実践的な、内部者アクションリサーチのすすめである。そして、本書をきっかけにインターローカルなつながりが生まれ、拡大するならば、本書を送り出す訳者として望外の幸せである。

（アクションリサーチ、社会構成主義、人間科学に関する邦文の参考文献を巻末に挙げているので、興味のある読者は本書とあわせて繙読されることをお勧めする。）

２０２１年６月

永田素彦

〈著者紹介〉

デイビッド・コフラン

トリニティ・カレッジ・スクール・オブ・ビジネス（アイルランド共和国ダブリン）名誉フェローおよび客員教授。専門の組織開発とアクションリサーチの両分野で国際的に活動している。これまでに80以上の論文とブック・チャプターを執筆している。近年の共著*Collaborative Strategic Improvement through Network Action Learning*（Edward Elgar, 2011）、*Organization Change and Strategy*（Routledge, 2006）のほかに、Tony Dromgool, Pat Joynt, Peter Sorensenとの共編書*Managers Learning in Action*（Routledge, 2004）、Mary Brydon-Millerとの共編書*SAGE Encyclopedia of Action Research*があり、*Fundamentals of Organization Development*（SAGE, 2010）全4巻の共編者でもある。*Action Research*、*Journal of Applied Behavioral Science*、*Action Learning: Research and Practice*、*Systemic Practice and Action Research*、*OD Practitioner*など多くの学術雑誌の編集アドバイザリーボードを務めている。

テレサ・ブラニック（1950－2012）

ユニバーシティ・カレッジMichael Smurfit経営大学院（アイルランド共和国ダブリン）ビジネス研究プログラム講師。数学の学士号、社会学の修士号、マーケティング研究の博士号をもつ。30年以上にわたる研究実績をもつ研究者で、認識論、公共政策、労使関係、マーケティングを含む多彩な領域で、30以上の研究論文を公刊した。*Irish Journal of Management*の編集長であり、アイルランド経営学会（Irish

Academy of Management）のフェローでもあった。共編書として*Business Research Methods: Theories, Techniques and Sources*（Oak Tree Press, 1997）がある。

テレサ・ブラニックは２０１２年12月12日にこの世を去った。彼女は長年にわたり、忍び寄る多発性硬化症による圧迫と、鋼の意志と決意で闘い続けた。鋭利な精神をもつ多能な学者であった。特に方法論の領域に関心を持ち続け、しばしば複雑な方法論上の諸問題に取り組む大学院生と同僚を支援することに長けていた。とても陽気で寛大な人柄で、長い闘病生活を尊厳と勇気をもって耐え忍び、痛みと不快感を決して口にすることはなかったが、それらは誰の目にも明らかだった。彼女にとって、学術研究と人生を楽しみ肯定することがすべてであった。彼女の失意の夫Eddie Mcllduffも私の友人で共著者であるが、彼と同様に、彼女は37年以上にわたって私の友人で同僚であった。彼女を失った私にとって、本書のこの版の執筆は気の重い作業であった。

デイビッド・コフラン

まえがき

内部者アクションリサーチ（insider action research）の理論と実践は、２００１年の本書初版の出版以降、注目を集めてきている。しかしながら実際は、様々な形式の内部者によるリサーチには、疑いの眼差しが向けられてきた（Brannick and Coghlan, 2007）。私たちは本書初版について、この一つの実践の正当性を主張する奮闘として声を上げたと考えているが、それはアクションリサーチの文献に位置付けられるような形で枠付けられてはいなかった。２００１年以降、本書の第二版、第三版、*Action Research* 誌の「内部者アクションリサーチ」特集号を通じて理論はより明瞭になり、実践の記録は蓄積され花開きつつある（Coghlan and Holian, 2007）。そして、公刊された論文や本の章だけでなく、教育学、ヘルスケア、ビジネス、ソーシャルワーク等の大学院における未公刊の学位論文も増加している。

Kaplan（1998）が「イノベーション・アクションリサーチ」として提示したアクションリサーチ・サイクルは以下の通りである。(a)実践の観察と記録、(b)教育と会話、(c)論文・書籍の執筆、(d)概念の実行、(e)高度な実行への進展。一方、私たちは数年における(a)実践の観察と記録、(b)教育と会話、(c)論文・書籍の執筆、(d)概念の実行を踏まえて、この第四版を(e)高度な実行としてみている。そして、内部者アクションリサーチの理論と実践を進展させ、この第四版でイノベーション・アクションリサーチに更なるモーメントを加えたいと考えている。

アクションリサーチとは何だろうか？　その名の通り、アクションを通じて、アクションが展開される時に、そのアクションについての知識または理論を創造することの両方を目的とする研究アプローチである。その成果は、知識の創造のみを目的とする伝統的研究とは異なり、アクションと研究の両方の成果である。第一の次元においてアクションリサーチは、自覚的かつ熟慮しながら、サイクルプロセスを通じて実施される。(a)変化を求める状況を査定（assess）する。(b)アクションを計画する。(c)アクションを実行する。(d)アクションを評価（evaluate）し、さらなる計画、その他のサイクルに進むのである。第二の次元においてアクションリサーチは、調査するシステムのメンバーがこのサイクルプロセスに積極的に参加する点で、協働的（collaborative）である。対照的に、伝統的研究ではメンバーは研究の対象である。

Greenwoodは以下の通り述べている。

アクションリサーチはメソッドでもテクニックでもない。世界の中で生きること、そして、協働的学習のための領域を創造し、人々を自由にするアクションをデザインし、実施し、評価することへのアプローチである。それは、進行中の共同生成的（cogenerative）知識のサイクルの中で、アクションと研究、省察とアクションを結びつける（2007: p.131）

アクションリサーチは、多くの形式のアクション志向の研究を網羅する一般的な用語であり、将来のある研究者を混乱させているかも知れない。同時に、数多くのアプローチが存在することは、アクションリサーチャーの理論と実践における多様性を示唆しており、潜在的なアクションリサーチャーにとって、自分の研究にはどのアプローチが適切であるかについて、幅広い選択肢を提供している。

私たちは全員、多くのシステム（家族、コミュニティ、組織）の内部者であり、これらのシステムについて私たちが持つ知識は豊かで複雑である。例えば子育てを行ったり、専門職、管理者の役割を演ずることを通じて、私たちはそれらのシステムの進化を形にしようとする。自分自身の組織でその組織について研究することは、組織のメンバーの一人が、その組織で遂行している通常の職務に加えて、明確な研究の役割を引き受けることを意味する。その研究者は、彼らが多くの場合継続したいと願う組織的役割と、追加的に必要とされる，探究と研究を行う役割とのバランスを取らなければならない。内部者アクションリサーチャーは，自分たちの役割が自分たちの世界観にどのように影響を与えているのか，そして自分たちが他者からどのように認識されているのかを自覚していなければならない。そして，複数の役割のそれぞれにいつ入り，いつ退出するのかを選択できる必要がある。

自分自身の組織やその一部において研究に着手する人にとって，考慮すべき課題は多い。学位を得るために研究しようとしている個人の観点からすれば，アクセスを獲得し許可をとり，同僚や組織の関連する部門からの支援を構築し維持していくという課題がある。リサーチクエスチョンと調査領域を選択するという課題がある。このようなケースでは，学生–研究者は彼らの通常の組織的役割に加えて，探究と変革を担うアクティブ・エージェントとしての役割をも担う。この複数の役割アイデンティティは研究プロジェクトを複雑にし，同時に集中させる。前提を検証し解釈することによって，どのように個人の視点を超えて，何がしかの客観性の感覚を獲得していくのかに関する課題がある。データを見て理解するための，適切な枠組の使用についての課題がある。どのようにそうした研究プロジェクトを書き上げ，上位者と同僚にフィードバックを提供し，研究（成果）を幅広くコミュニティに広げていくのかについてのさまざまな疑問がある。組織にとってネガティブなものと受け取られる可能性のある解釈や成果の取り扱いは，特にセンシティブな課題である。内部者アクションリサーチの研究者はまた，研究プロジェクト全体を通じて助言と支援をする外部の指導教員にアクセスすることもあるだろう。しかしながら，内部者アクションリサーチをする研究者が，すべて学生とは限らない。彼らが内部コンサルタントやマネージャーである場合，二重の役割を実行には，計画された終点は存在しないかも知れないし，鍵となる外部の重要な友人から，キャリアを継続しながらリサーチを行う助けとなる助言や支援を得る機会がないかもしれない。

どのような人が，自分自身の組織の内部でアクションリサーチを実施するのであろうか？　このような研究の一般的なコンテクストは、個人の従業員が学術プログラムの一部として、学位の必要基準を満たすために研究を引き受けるというものである。この例では、個人が研究アジェンダを開始し、個人と組織のニーズを満たすような研究プロジェクトを行うための交渉を試みる。このことは、フルタイムのプログラムでもパートタイムでも、博士課程や修士課程、学士や準学士（diploma）レベルでも、ビジネス、ヘルスケア、政府、教育、ソーシャルワーク、第三セクターでも起こる。ある研究プロジェクトは問題解決のプロセスの探究に一体的に関連付けられているかもしれないし、他の研究プロジェクトは、より広く包括的で診断的な視点に立つものかもしれない。同時に、自分自身の組織からの研究トピックの選択は、典型的には研究が組織にとって有用な貢献となるという期待または契約と結びついている。

アクションリサーチャーは創発する（emergent）プロセスを、当惑させるものとしてではなく、研究プロセスの中心として扱わなくてはならない。内部に関与する、あるいはラディカルな変革を導くという願望は大変な努力とバルネラビリティを伴う。それらはバルネラビリティ、現実的な期待、辛抱、謙虚、自己奉仕、自己完結、学習能力と、自己省察とのコンビネーションを必要とする。

内部者アクションリサーチはエキサイティングであり、多くを要求するものでもあり、かつ、元気づけてくれる将来の可能性を持つものである。それらは研究者自身の学習に大きく貢献し、私たちが所属し、仕事し、生活しているシステムの発展に貢献する。同時に、（内部者アクションリサーチは）特に諸役割と政治がよくマネージされていないと自己崩壊の可能性が高く、圧倒されるものである。では、内部者のリサーチを進めていくには何が必要であろうか？　私たち自身の仕事や私たちが指導したマネージャーの仕事からの学びを通じて、私たちはその効果的な実践を支援する属性、コンピテンシー、方法ツールに対する洞察を得ることができた。

読者層

本書は、キャリアパスと現在進行中のメンバーシップにリンクした組織における職務上の役割と、研究プロジェクト期間中の一時的な研究者の役割とを、同時に二重の役割として担う読者を想定している。このことは研究と通常の生活を区別することを暗に意味するかもしれないが、私たちはそのような区別を意図してはいない。私たちの目的は、自分自身の組織において一時的にアクションリサーチの役割を選択する人、そして、そのような研究を学術機関において指導する人にとって役立つ書籍を提供することである。アクションリサーチの理論と実践を探索する本が数多くある（Greenwood and Levin, 2007; Reason and Bradbury, 2008; Shani et al., 2008; Coghlan with Brydon-Miller, 2014）。私たちはこれらの著書において明瞭に提供されてきたこと、特に認識論に関する論点やアクションリサーチの歴史、研究による介入の詳細な形式を再訪するつもりはない。むしろ本書を、Greenwood and Levin（2007）, Reason and Bradbury（2008）, Shani et al.（2008）のような著書と接続して利用することを推奨する。本書の各章末には、各章で議論した論点を明らかにすることを目的に、幾つかの推薦図書を掲げてある。また、*The Sage Encyclopedia of Action Research*（Coghlan with Brydon-Miller, 2014）. の関連参照項目も提示している。この事典はアクションリサーチについての膨大な資料が掲載されているが、本書における参照提示はその全体をカバーしていない。私たちは読者に、この事典を精読し興味や好奇心に即した項目を参照することを奨励する。

本書の計画

本書第四版は三つのパートからなっており、一連の問いをフォローしている。プロジェクトの異なる段階における示唆となり、進捗のガイドとなるような問いを想定している。パートⅠ：内部者アクションリサーチの基礎は、アクションリサーチの基礎資料を紹介し探索している。第1章はアクションから始まり、「自分のアクションリサーチの取り組みをどのように位置付けるか？」という問いを設定している。第2章は「アクションの中で知るのはどのようにしてか？」という問いから構成されている。第3章は「自分が内部者アクションリサーチで行っていることをどのように理解するか？」「（自分の内部者アクションリサーチが）豊かな研究の伝統にふさわしいものであるかを、どのように理解するか？」という問いに根ざしている。

パートⅡ：内部者アクションリサーチの実行は、自分のアクションリサーチをアクションすることについての課題を扱っている。第4章は「アクションリサーチ・プロジェクトをどのように構築し選択するか？」という問いについてである。第5章は「内部者アクションリサーチ・プロジェクトをどのようにデザインするか？」、「それをどのように実行するか？」という問いに答えるものである。第6章は「自分の組織と内部者アクションリサーチ・プロジェクトで生じている、個人とチームの複雑な相互作用を、どのように理解するか？」「自分のプロジェクトにおいて個人、チームとどのように関わり、どのように動けばよいか？」について探索している。第7章は「自分が理解しようとしていることをセンスメイクするために、どのようにフレームワークを用いるのか？」という問いからはじめて、センスメイキングのフレームワークの活用法を探索している。

パートⅢ：自分自身の組織を研究する際の課題と挑戦は、自分自身が所属する組織でアクションリサーチを行うことに関する特別な課題を扱っている。第8章は「自分自身の組織においてアクションリサーチに取り組むことで得られる含意は何か？」「内部者アクションリサーチを行う際、自分が理解し考慮する必要がある特定のダイナミックスは何か？」という問いを扱っている。ここでは、システムおよび自分自身による、アクションの中での学習（learning-in-action）への明示的コミットメントによって、内部者リサーチが四つの異なる形態を取ることを概説している。第9章は「組織と近い関係をどのように構築し、また距離を保つか？」「自分自身の組織の中で確立された役割と研究者としての役割の間にある潜在的なジレンマや引力のバランスを、どのように保てば良いか？」という問いを探索している。第10章は「政治的な状況において、倫理的に行為するとはどのようにしてか？」「政治的な状況において、どのように生き残り成功するか？」という重要な問いを扱っている。第11章はアクションリサーチの学位論文の執筆と出版の方向性についてである。最後の第12章は自分自身の組織においてアクションリサーチを実施することについて幾つかの一般的な助言をして、本書を締め括っている。

デイビッド・コフラン
テレサ・ブラニック

用語集

原　語	邦　語　訳
Actionable knowledge	アクション可能な知識
Action learning	アクション・ラーニング
Action research	アクションリサーチ
Action science	アクション・サイエンス
Appreciative inquiry	アプリシエイティブ・インクワイアリー
Authenticity	真正性
Choice points	選択点
Clinical inquiry	（組織）臨床的インクワイアリー
Collaborative development action inquiry	協働的・発達的アクション・インクワイアリー
Collaborative management research	協働的マネジメント研究
Content reflection	内容への省察
Cooperative inquiry	協力的インクワイアリー
Cycles of action and reflection	アクションと省察のサイクル
Double-loop learning	ダブルループ学習
Epistemology	認識論
Extended　epistemology	拡張された認識論
First-person practice	一人称プラクティス
General empirical method	経験に即した認識法
Inquiry	探究
Insider action research	内部者アクションリサーチ
Interiority	内面性
Intervention	介入
Journalling	ジャーナリング
Ladder of inference	推論のはしご
Learnig history	ラーニング・ヒストリー

Meta-cycle	メタサイクル
Meta-learning	メタ学習
Methodology	方法論
Methods	方法
Mode 2 research	モード2の研究
Ontology	存在論
Organization development	組織開発
Participatory action research	参加型アクションリサーチ
Positivism	実証主義
Premise reflection	前提への省察
Process reflection	プロセスへの省察
Quality	質
Reflexivity	再帰性（リフレキシビティ）
Second-person practice	二人称プラクティス
Single-loop learning	シングルループ学習
System thinking	システム思考
Tacit knowing	暗黙知
Territories of experience	経験の領域
Third-person practice	三人称プラクティス

目　次

第2章　アクションの中で知る

PART I

内部者アクションリサーチの

基　礎

FOUNDATIONS

第1章 アクションリサーチ入門

内部者アクションリサーチ（insider action research）のおおまかなイメージをもってもらうため、まずは心の準備を整えよう。組織に何らかの変化を起こすために、どんなことから始めたい？　今どんなことに悩んでいる？　これまで悩んできたことは何？　どんな思いがけない課題に直面している？　どんなふうに考えて、どんな行動をとれば、この探究を深められて、洞察のチャンスを得られる？　どんな人と組めば、自分自身にも、組織にも、それ以外の人にも価値がある内部者アクションリサーチになりそう？この章では、アクションリサーチを簡単に紹介し、それがどのようなかたちをとるかを考える。アクションリサーチの理論的な考察は第3章で行う。

準備運動を進めよう。紙を一枚用意して、いま自分が組織の中で取り組んでいるプロジェクトを思い浮かべながら答えてみてほしい。そのプロジェクトの背景は何だろうか？　その目的は？　どんな成果を期待している？　あなたを悩ませている課題は？　変化の必要性をどれくらい感じている？　障害は何？あなたの出番はどんな役目？　どんな人と組んで、そのプロジェクトを成功させようとしている？　その協働を妨げているものは？　そのプロジェクトは、第三者に対してどんなインパクトを与えそう？　問題さえ解決すれば満足できる？　それだけで終わらないようにするにはどうすればいい？　事情をよく知らない人からプロジェクトの話をしてほしいと言われたら、どんなことから話したい？

この準備運動は、アクションリサーチの基本的な感覚を得るためのものだ。さあ、いよいよ本論に入ろう。読み進めていくなかで、内部者アクションリサーチについての理解が深まり、それを自分自身の組織にどう生かせるかをつかめるはずだ。

自分自身の組織を探究する

これから内部者アクションリサーチの説明を始めよう。まず、組織というものを理解し、自分自身の組織を探究するにあたっての基本を述べる。これはアクションリサーチであるか否かを問わず、研究の基本である（Costley et al., 2010）。

まずもって、組織とは、社会的な産物─人間が自らの目的を果たすために創った人工物（artefacts）─である（Campbell, 2000）。組織というのは、人間の目的によって形成され影響を受けるものであり、人間の心や行動から独立して存在することはない。組織とは、価値観や意図した結果が手段と目的を生み出す、人間行動のシステムである。さらにいえば、組織というものは、複雑なタペストリー状に織りなされた文化的なルール、役割、相互作用とともに、意味によって創られる共同体である（Van Maanen, 1979）。さらに、組織に対しては、無意識に行われる社会的防衛という視点から組織を理解しようとする、精神力動的な視座というものも存在する（Hirschhorn, 1988）。以上のような観点は、探究のための示唆に富んでいる。組織活動を客観的に観察し論理的に分析するという厳密な科学的研究では、組織メンバーにとっての意味─顕在的であれ潜在的であれ─を明らかにするのに十分とはいえない（Schein, 2010）。それに対して、アクションリサーチは、意図的に変化を起こすプロセスを通じてこそ組織は経験的に理解されるという考えに基づいている。

自分自身の組織を探究することには、外部者として組織を研究することとは一線を画す難しさがある（Evered and Louis, 1981）。Schon（2004［1995］）は、研究者が高地（high ground）[i]から現場実践を研究する方法と自分自身の組織を探究する方法を、対比的に論じた。高地では、研究者は一定の距離をおいて課題を研究することができる。なぜなら、研究者は組織のメンバーではなく、研究データは、あらかじめ研究者が入念に計画したサーベイやインタビューに基づいて生み出されているからである。それに対して、いくつもの問題が複雑に入り乱れていて技術的な解決ができない「ぬかるんだ低地（swampy lowlands）」[ii]に、研究者が浸っていることもありうる。なぜなら、研究者が組織メンバーであれば、自分の行動が自身の見る現実に影響を与えるからであり、研究者が外部者であるとしても、研究者自身は組織に影響を与える役割を負っているからである。Schonは次のように結論付けた。たしかに、既定の基準に従って厳密に高地から研究できる課題というのも存在するかもしれない。しかし、私たちの期待する変化を実際にどのように生み出すかといった決定的に重要な課題には、「ぬかるんだ低地」に浸ることによってしか向き合うことはできないのだ。

組織内部からの探究では、研究者は組織の一員でありつつアクターとなり、ローカルな状況に浸って、経験から生じる文脈固有の知識を生み出すことになる。Goffman（1959）は、演劇的アプローチに基づいて次の区別を指摘した。すなわち、クライアントや顧客に向けて演技が公開されている「表局域」（front region）[iii]と、公的なアクセスが制限されている「裏局域」（back region）または舞台裏との区別である。役者は、舞台裏という私的空間において、自身の公的な仮面を脱ぎ捨てることができる。舞台裏のプロセスに関するGoffmanの豊かな説明は、内部から組織を知るうえで大変参考になる。内部者であることによって、組織の水面下で繰り広げられる数々の矛盾と問題に満ちたドラマ、すなわちSchonのいう「ぬかるんだ低地」、Evered and Louis（1981）のいう「咲き誇る狂騒的な混乱」（blooming, buzzing confusion）[iv]に接することができる。ゆえに、このような内部者としての探究に取り組むための方法論が必要なのである。Evered and Louis（1981）は、内部者の知識を獲得するための探究モードを、組織に潜在する諸現実への「暗中模索」（groping in the dark）、「複数の感覚を用いた全体的浸没」（multisensory holistic immersion）、「乱雑で反復的な模索」（messy, iterative groping）と呼んでいる。

アクションリサーチ概説

ReasonとBradburyの言葉に、「アクションリサーチは、参加型で民主的なプロセスである。それは、達成する価値のある目的に向かって実践知を生み出すプロセスであり、その目的は、参加型の世界観に立脚している」というものがある（2008: 1）。この実用的な定義によって、「個人と共同体の繁栄」という究極の目的が、アクションリサーチに含まれることになる。一方、ShaniとPasmoreは、より限定的な定義を提唱している：

アクションリサーチは創発的（emergent）な探究プロセスといえる。応用行動科学（applied behavioral science）[v]の知識は、組織の自前の知識と統合され、現実の組織の問題解決に応用される。同時に、アクションリサーチは、組織内に変化を引き起こし、組織メンバーの自助能力を高め、科学的知識を増やす。そして、アクションリサーチは、協働と共同探究の精神で行われる進化的プロセスといえるのである。（2010［1985］: 439）

自分自身の組織でアクションリサーチに取り組むことを読者に期待しているという本書のコンテクスト

図1・1　アクションリサーチの完全な理論

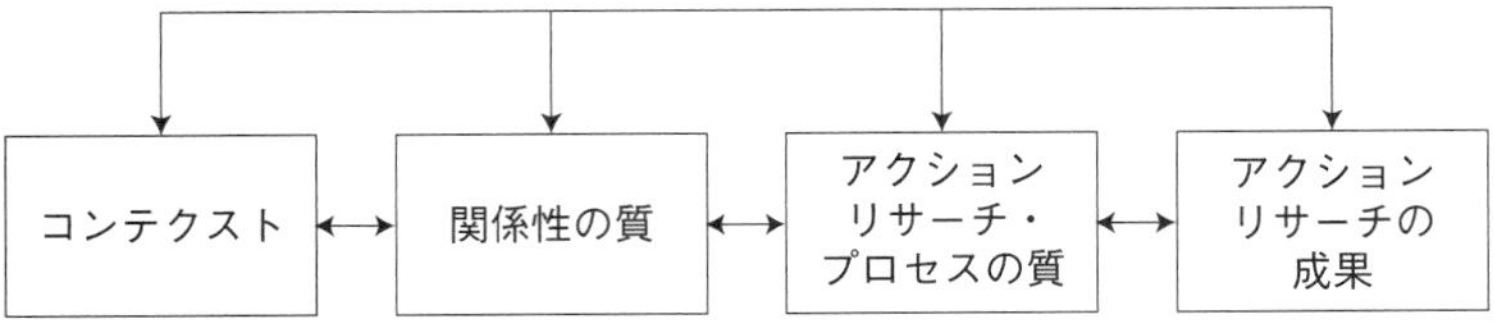

(Shani and Pasmore, 2010: 253)

を考慮すると、ReasonとBradburyの定義よりも、ShaniとPasmoreの定義のほうが適している。

ShaniとPasmoreは、アクションリサーチ・プロセスを四つの要因から論じている（図1・1）。

1. コンテクスト―以下の要因が、アクションリサーチ・プロジェクトのコンテクストを規定する。個々人がもつ目標は異なっており、プロジェクトの方向性と衝突するかもしれないが、目標を共有することは、人々の協働を促進する。また、組織の特徴―その組織はどんな資源や歴史を有しているか、その組織は公式のものか非公式のものか、そしてこれらの特徴がどのように調和しているか―は、どのようなアクションリサーチを可能にするかに影響を与える。経済のような環境要因は、それがグローバルなものであれローカルなものであれ、より大きなコンテクストを形作っている。アクションリサーチは、そのようなコンテクストにおいて行われる。

2. 関係性の質―組織メンバーと研究者との関係性の質は最も重要なものである。それゆえ、その関係性は、互いに信頼し、他者に配慮し、平等な力関係のもと、共通のことばを使うといったことを通じて構築される必要がある。

3. アクションリサーチ・プロセスそのものの質―これは、探究プロセスだけでなく、探究プロセスに基づく新たなアクションのプロセスまで含めたものを指している。

4. 成果―アクションリサーチには二つの成果がある。ひとつは、自助システムと人々の能力が、なにがしかの（人間的・社会的・経済的・生態学的）持続可能性を保ちながら発展することである。いまひとつは、探究のなかから新しい知識を創造することである。

アクションリサーチは、以下のような特徴をもつものとして定義できる。

- アクションについての（about）研究ではなく、アクションの中での（in）研究
- 協働的で民主的なパートナーシップ
- 一連のステップからなる出来事ならびに問題解決アプローチ

それぞれについて順に説明しよう。

第一に、アクションリサーチは、アクションについての研究ではなく、アクションの中での研究に焦点を当てる。その中心的なアイディアとは次のようなものだ。アクションリサーチは、科学的なアプローチを用いて、社会的・組織的に重要な課題の解決策を、その課題の渦中にいる人々とともに研究することである。その目的は、組織で行われる様々なアクションをより効果的なものにすると同時に、多くの科学的知識を積み上げることである。具体的には、アクションリサーチは、次の円環的な四ステップをとおして機能する。それは、(a)計画、(b)アクションの実行、(c)アクションの評価、(d)さらなる計画と続くサイクルである。このサイクルは、自覚的かつ慎重に行われる。

第二に、アクションリサーチは、協働的で民主的なパートナーシップである。研究対象となる組織システムのメンバーは、上述の円環的プロセスに積極的に参加することになる。そのような参加のあり方は、その組織のメンバーが被験者や研究対象となる伝統的な研究とは大きく異なる。組織メンバーは研究の焦

点の当てどころをどのように見つけようとしているのか、そして、知識を共同生成するアクションと探究のプロセスに組織メンバーはどのように取り組んでいるのか、ということを、アクションリサーチは大切にするのである。

第三に、アクションリサーチは、一連のステップからなる出来事であるとともに、変化を起こし問題を解決するアプローチである。アクションリサーチは、次のような反復的なサイクルから成る。すなわち、協働的なデータ収集、協働的なデータ分析、協働的なアクション計画、協働的なアクションの実行ならびに協働的な評価、そしてさらなる協働的なデータ収集へと続いていくものである。さらに、アクションリサーチは、アクションリサーチャーと組織システムのメンバーが協働し協力しながら、事実発見や実験といった厳密な方法を用いて、アクションによる解決を必要とする実践的な課題に対峙することでもある。ただし、実践的な課題に対する解決策を講じることだけが、アクションリサーチに期待される成果ではない。意図した結果や意図しなかった結果から重要な学びを得ることも成果であるし、アクション可能な知識（actionable knowledge）[vi]—実践家にとって有用で、学者にとって頑健な知識—を生み出すことも、アクションリサーチに期待される成果である。

三つの聴衆、声、実践

統合的な研究アプローチというのは、三通りの声（voices）と聴衆（audiences）というべきもの、すなわち一人称、二人称、三人称（Reason and Torbert, 2001; Reason and Bradbury, 2008）の概念を統合するものである。伝統的に、研究というものは、三人称に焦点を当ててきた。すなわち、研究者は、第三者に関する研究を行い、他の第三者のために報告書を書いてきた。アクションリサーチによって示される、より完全な研究ビジョンにおいては、真正な三人称アプローチは、一人称の声と二人称の声を統合する。まず、典型的には、**一人称**研究は、個人が自力で行う探究や実践の形式として特徴づけられる。そのため、一人称研究は、自分自身の生活を探究する個々人の能力に焦点を当てた二通りのやり方で行われる。第一に、一人称研究は、研究者を「上流」へと連れていく。そこでは、研究者の背景にある想定や願望、意思、人生観へと注意を向けた探究が行われる。第二に、一人称研究は、研究者を「下流」へも連れていくことができる。そこにおいては、自身の行為、関係づくりの方法、実際に遂行される具体的なアクションへと注意を向けた探究が行われる。**二人称**研究は、直接顔を合わせての対話、会話、協働行為をとおして、お互いに関心のあることを探究し、その共通の関心事項に他者と取り組む能力に焦点が当てられる。二人称プラクティスは、誰がどのようにその研究に関与しているのかについての重要な課題を提示する。アクションリサーチは協働的、民主的といった特徴が一体となったものであるから、二人称の探究とアクションは最も重要である。**三人称**研究は、探究の共同体を創造し、直接的な二人称のアクションを超えて人々を巻き込むことを目的としている。三人称は匿名的なものであり、報告や出版、具体例の一般化をとおして公表されるものである。Reason and Tobert（2001）が指摘したように、一人称・二人称・三人称探究の例は潜在的には数多く存在するが、今必要とされているのは、三つの人称すべてをアクションと探究に明示的に結びつけることなのである。一人称・二人称・三人称の探究を複合させた概念というのは、実は、研究の三聴衆（three audiences of research）というReasonとMarshallの有名な概念を発展させたものである：

あらゆる良い研究とは、**私のため（for me）**、**私たちのため（for us）**、**彼ら彼女らのため（for them）**のものである。それは三通りの聴衆を指している。…良い研究は、何らかの一般化可能なアイディアと成果を生み出すという意味では**彼ら彼女らのため**である。…良い研究は、自分たちの習慣に関心をもつという意味では**私たちのため**であり、アクションを起こしている現場で問題と格闘している人々にとって重要で時宜にかなったものとなる。…良い研究は、プロセスと成果が、個々の研究者の世界内存在（being-in-the-world）のありかたと直接関係するという意味で**私のため**である。（1987: 112-113）

本書の見解では、二人称プラクティスが最も重要である。プロジェクトの構築にかかわり、アクションを計画・実行・評価し、学習の枠組みをつくるという協働的なプロセスをとおして、他者と活動をともにすることがあって初めて、個人の（一人称の）学びが生じる。そして、二人称および一人称の経験と学習からこそ、三人称の聴衆のためのアクション可能な知識が生まれるのである。

一人称・二人称・三人称という三つのアプローチは、アクションの中で、アクションを通じて実現されるものである。それらのアプローチは、学者–実践家（scholar-practitioner: Wasserman and Kram, 2009; Coghlan, 2013）という概念の理解にも役立つかもしれない。学者–実践家は、単に研究を行う実践家ではない。そうではなく、学問と実践を統合し、アクション可能な知識を生み出すのが、学者–実践家である。同じ概念を指す他の言葉に、「省察的実践家」（Schon, 1983）、「実践家–研究者」（practitioner-researcher: Jarvis, 1999）、「マネージャー–研究者」（manager-researcher: Coghlan, 2004）がある。これらは、アクション・サイエンス（Argyris and Schon, 1974; Torbert and Associates, 2004）に取り組む人や、有用な研究（Mohman et al., 2011）を行う人のことである。伝統的な研究は、厳密性と適切性[vii]を二分し、「これは厳密性のケース」「これは適切性のケース」などとみなしてきた。しかし、Levin（2012）の言うように、アクションリサーチは「ヤーヌス神の顔（Janus face）」―同時に二方向を向いている頭部―を呈している。すなわち、課題や問題に関与しつつ厳密に科学的であることこそ、適切性のある課題を研究する方法なのである。

詳細は後述するが、学者-実践家の仕事は、自分の組織に変化を起こそうとし、アクション可能な知識を生み出そうと努力するにつれて、現在形で「いま」生じる。先述の独立した三つのプロセス―アクションを通じた自分自身についての学習、他者との協働、研究者にとって頑健で実践に有用な学習の生成―を理解するうえで、Macmurrayが現代哲学の核心に新たな光を当てて実践の最重要性を主張したことが参考になるかもしれない。すなわち、デカルトの「我思う、ゆえに我あり」は、「我行う、ゆえに我あり」（I do, therefore, I am）に置き換えられるのである。（1957: 84）

研究者の役割は、実証主義科学における独立した観察者としてのそれと、アクションリサーチのなかで変化を促すアクター、エージェントとしてのそれに区別される。Weisbord（1988）は、写真撮影と映画制作のイメージを、組織開発の観点から説明している。写真撮影は、時の流れの瞬間を切り取り、概念のフレームのなかに鍵となる要素を並べることといえる。現実のすべてが映る写真はない。フレームに収めようとしたもののみが写真に映る。撮影者は、フレームに写すものを決め、設定を操作して、写したい特徴をフレームに入れ、写したくない特徴をフレームから外すのである。それに対して、映画制作では、長い期間にわたって、場所を超えて移動し交流する多様な役者が、種々の活動や関係性に関与する。役者が、自身の出演する映画を監督することも一般的になりつつある。この場合、役者-監督（actor-director）は、衣装を着て役柄を演じ、今度はカメラの後ろに戻ってそのテイクを確認し、検討し、次のテイクへの流れを決定する。映画制作を例にとって、役者-監督としてアクションリサーチャーをイメージすることは適切かつ有用であろう。Riordanは、アクションリサーチを次のように表現している：

事実と価値を（一方では区別しつつも）分けることなく社会的現実を研究するアプローチ。アクションリサーチは、現場に深く関与する参加者としての科学実践者を必要とするだけではない。批判的・分

析的な観察者の視点を、実証の一例としてではなく、実践へと統合する科学実践者を必要とするのである。(1995: 10)

大きな影響をもたらしたChandler and Torbert (2003) の論文では、一人称・二人称・三人称の声と実践が、過去・現在・未来と深く関連している可能性を論じている。私たちが質的研究と呼んでいるものの多くは、過去に焦点を当てている。それに対して、アクションリサーチは、未来を構想する視点のもと、過去に立脚しつつも、現在において遂行される。Chris Argyris、Edgar Schein、Bill Torbert、Rami Shani、Judi Marshall、Peter Reasonといったアクションリサーチャーは、どのように一人称・二人称探究を現在形で行うか、どうすればこの実践は厳密になり、質の高いものとなるかという議論に先鞭をつけた。以上に挙げた研究者の功績は、本書全体を通底している。

アクションリサーチ・サイクルを回す

もともとLewinが打ち立てた最もシンプルな形式では、アクションリサーチ・サイクルは、一つの準備ステップと三つのコア活動（計画、アクション、事実発見）からなる (Lewin, 1997［1946］)。準備ステップでは、全体的な目的を決定する。計画では、アクションリサーチ全体の計画を行い、どのような第一歩を選びとるかを決める。アクションとは、その第一歩を実行することである。事実発見は、その第一歩の評価を行い、何が学ばれたのかを理解し、次のステップを修正するための基盤をつくることである。ゆえに、継続的な「ステップの螺旋」というものが存在するのであり、螺旋の一回りは、アクションの結果についての計画・アクション・事実発見のループからなる (Lewin, 1997［1946］: 146)。

図1・2　アクションリサーチ・サイクル

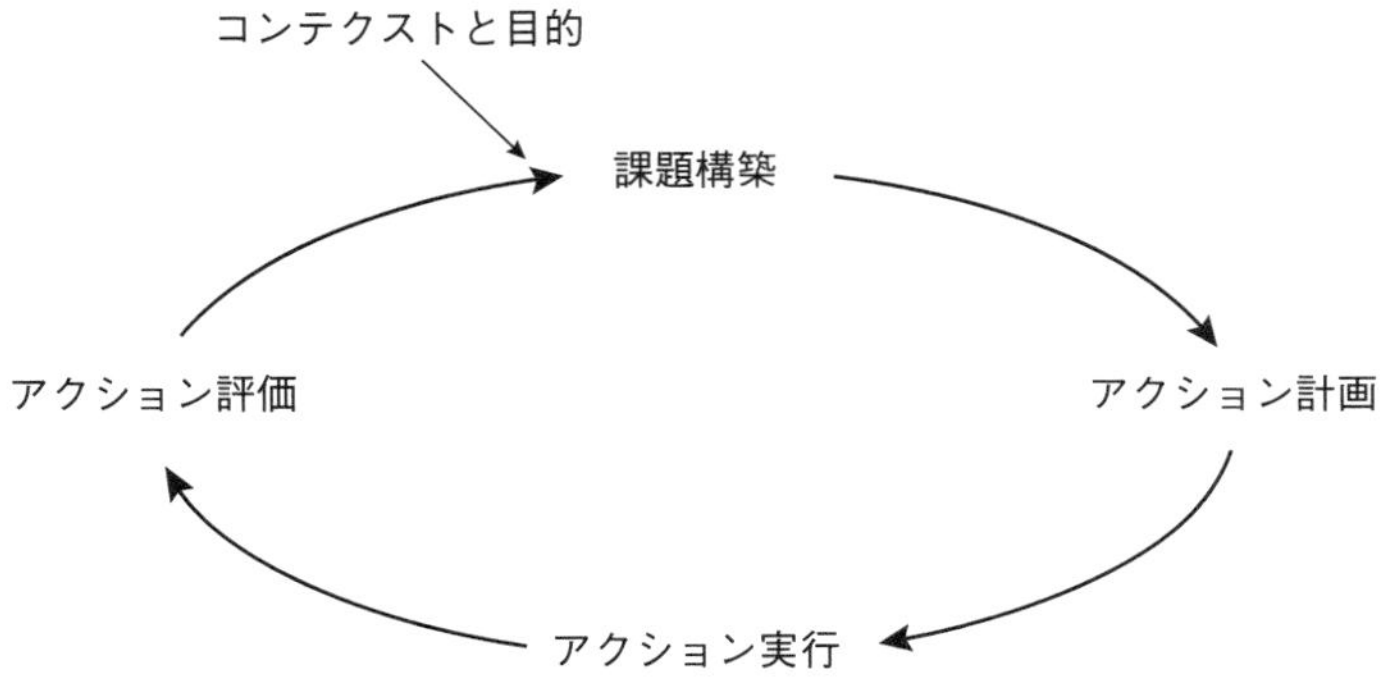

これらのコアステップは、論者ごとに異なった説明がなされている。Stinger（2013）はシンプルに「観察、思考、行動」とし、French and Bell（1999）は、反復的なサイクルを含めた複雑なアクションリサーチ組織開発の枠組みを用いている。そのサイクルとは、共同アクション計画、フィードバック、発展的なデータ収集、診断、アクションであり、このサイクルに、外部の組織開発コンサルタントがクライアントと協働で取り組む。

〔アクションリサーチ・サイクル〕

それに対して本書では、内部者アクションリサーチに立脚し、一つの準備ステップ（コンテクストと目的）と四つの基礎ステップ（課題構築、アクション計画、アクション実行、アクション評価）からなるアクションリサーチ・サイクルを提起する（図1・2）。アクションリサーチ・サイクルの説明は、先述したアクションリサーチの四要因、すなわち、コンテクスト、関係性の質、アクションリサーチ・プロセスそのものの質およびその成果という観点から理解する必要がある。

〔準備ステップ：コンテクストと目的〕

アクションリサーチ・サイクルは、リアルタイムで展開するものであり、プロジェクトのコンテクストを理解することから始まる。このプロジェクトはなぜ必要とされ、期待されているのか？　プロジェクト外部のコンテクストを評価することで、どのような経済的・政治的・社会的な力が変化を促すと考えられるか？　一方、プロジェクト内部のコンテクストからは、どのような文化的・構造的な力が変化を促すと考えられるか？　これらの力を評価することによって、そのプロジェクトにはどのような資源や可能性があり、以上の諸力が組織システムに対してどのような対応を求めているかが判明する。組織システムが変化の諸力に反応するプロセスのなかでどのようなアクションが選択されたかを評価することも、このステップに含まれる。プロジェクトに必要なことが感覚的につかめてくると、次は、望ましい未来とはどのような状態なのかを定義することになる。望ましい未来状態を定義するプロセスは、きわめて重要である。プロジェクトの目的が明確に定まり、後々のステップの重要な活力となるからである（これらの問題は第5章で詳しく述べる）。

この準備ステップにおいて検討すべきもう一つの事柄は、以上の問いに関して当事者意識をもっている、または当事者意識をもつ必要のある人々との協働的な関係性を築くことである。ここで行われる二人称タスクでは、そのプロジェクトで自分が一緒に取り組むことになるグループを発展させることが重要になる。

〔メインステップ〕

■課題構築（Constructing）

アクションリサーチ・サイクルの第一ステップは、対話的な活動である。プロジェクトの利害関係者は、何が課題かということを─それがいかに暫定的なものであっても─実用的なテーマとして**構築**する。それに基づいて、アクションは計画され、実行されるのである。この対話ステップをとおして、アクションの実践的・理論的基盤が明確に示されることになるため、対話は注意深くかつ徹底的に行われる必要がある。この課題構築は、サイクルが繰り返されるに従って変化するかもしれないが、いかなる変化もはっきりと記録し、示す必要がある。それらの変化は、ある出来事が代替的な意味をどのように生み出したかを示し、その新たに共有された意味の証拠と論拠を示すことになる。その意味に基づいて、さらなるアクションは実行されるのである。重要なのは、この構築ステップは協働的な冒険であるという点である。すなわち、あなたは、課題構築のプロセスに関係者を巻き込むアクションリサーチャーなのであって、他者と独立に決断を下せるような専門家ではないということだ（第4章において、プロジェクトはどのように構築されるかに焦点を当て、第7章において、組織現象の理解に役立つ概念枠組みを使うためのいくつかの指針を概説する）。

アクション計画（planning action）

アクション計画は、プロジェクトのコンテクストと目的をどのように探究し、どのように課題を構築したかということと矛盾が生じないように行われる。このアクション計画は、単一の第一ステップであるともいえるし、螺旋状に繰り返し生じる第一ステップ群であるともいえるかもしれない。第5章では、アクションリーチ・プロジェクトをどのように実行するかを論じる。ここではいま一度、アクション計画においても協働は重要となることを強調しておこう。

アクション実行（taking action）

この段階では、計画は実行され、介入が協働的に行われる。

図1・3　アクションリサーチ・サイクルの螺旋構造

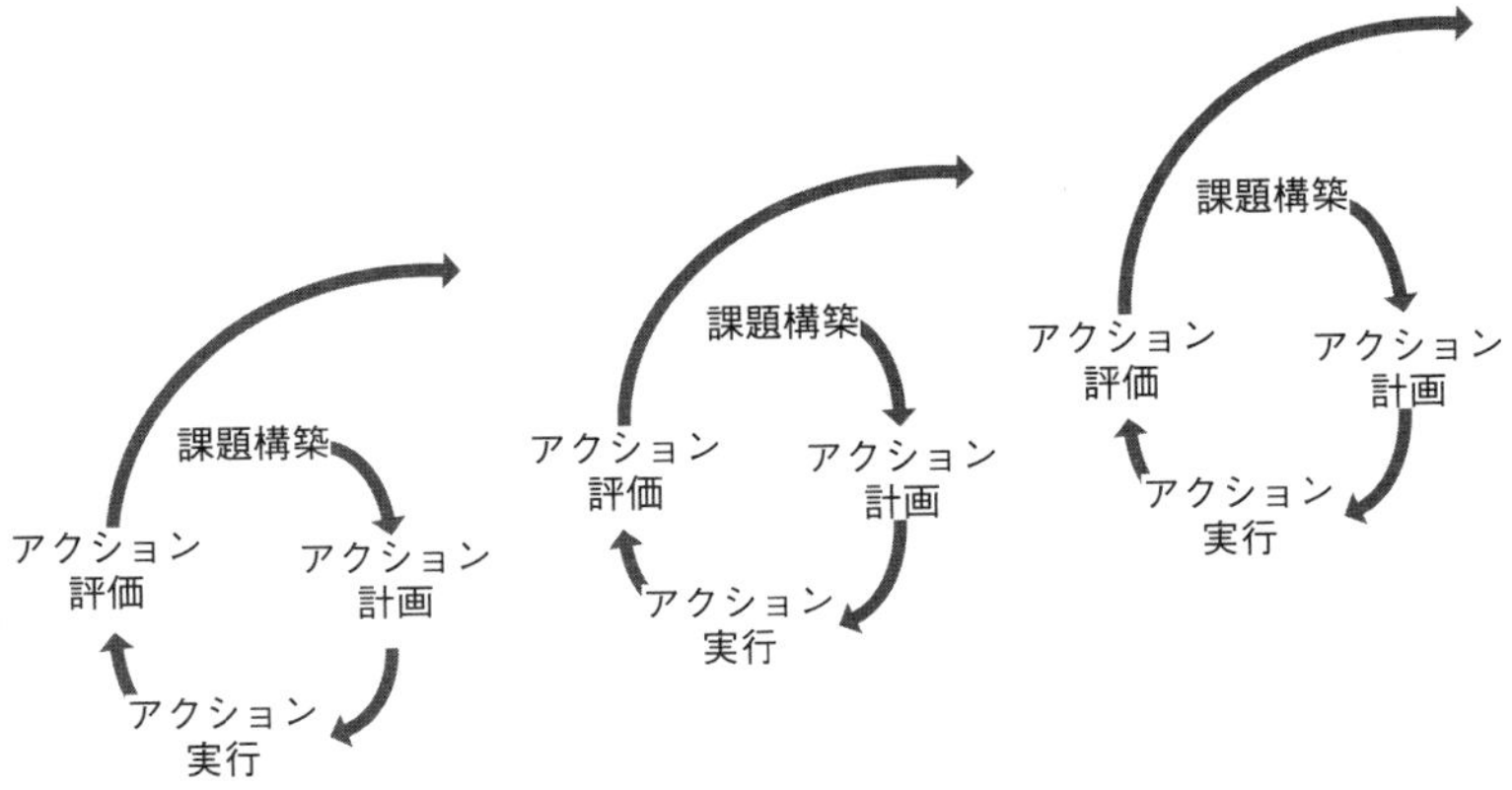

■アクション評価（evaluating action）

アクションの成果は、それが意図的であれ想定外であれ、以下の視点から検討される：

- 最初の課題構築は適切だったか？
- 実行したアクションはその課題構築と調和していたか？
- そのアクションは適切な方法で行われたか？
- 課題構築・計画・アクションからなる次のサイクルに対してどのような示唆があるか？

サイクルはこのように継続される（図1・3）。

いかなるアクションリサーチ・プロジェクトにおいても、多様なアクションリサーチ・サイクルが同時並行的に機能している。これらのサイクルは、典型的には異なるタイムスパンを有している。時計のイメージはこのことを理解するのに役立つ（図1・4）。一周まわるのに十二時間かかる短針は、プロジェクト全体を表現している。より規模の大きく複雑なプロジェクトにおいては、一周するのに数年かかるかもしれない。一周まわるのに一時間かかる長針は、プロジェクトの一局面や特定の部分を表現している。一分で一周まわる秒針は、プロジェクトにおける特定のアク

図１・４　アクションリサーチの共起サイクル

ション、たとえば特定のミーティングやインタビューを表現している。三つの針は同時並行的に回転していて、秒針の回転が長針の回転を可能にし、秒針と長針の回転が短針の回転を可能にする。同様に、短期的なアクションリサーチ・サイクルは中期的なサイクルを促し、今度は長期的なサイクルを促すのである。

アクションリサーチ・サイクルは、現在形で探究したアクションと理論を統合するという中核的なプロセスを表す。他方、より広い視野からそのサイクルを捉えることも重要である。たとえば、Heron（1996）は、サイクルの使用に対して二つのアプローチを述べている。一方の**アポロン的**アプローチでは、サイクルは合理的・線形的・系統的に機能するのに対して、他方の**ディオニュソス的**アプローチでは、想像的・表現的・潜在的なアプローチが省察とアクションを統合する。[viii] Heronは、厳密にアクションリサーチ・サイクルの形式ばかりに順応することで、自発性や創造性を否定することにならないようにと警鐘を鳴らしている。参加の質を犠牲にしてサイクルに没入しすぎることのないようにすることが重要である。

メタ学習

いかなるアクションリサーチ・プロジェクトにおいても、二つのアクションリサーチ・サイクルが並行的に機能している。これは、学術的な認証評価のためにアクションリサーチが行われるところにおいて、特に当てはまる。第一のサイクルは、プロジェクトの目標達成に関連した、先述の課題構築、計画、アクション、評価のサイクルのことである。Zuber-Skerritt and Perry (2012) は、これをコア・アクションリサーチ・サイクル (core action research cycle) と呼んでいる。第二のサイクルは、省察のサイクル、すなわち、アクションリサーチ・サイクルについてのアクションリサーチ・サイクルである。Zuber-SkerrittとPerryは、これを論文アクションリサーチ・サイクル (thesis action research cycle) と呼んでいる。言い換えれば、あなたはプロジェクトに取り組む、つまりコア・アクションリサーチ・サイクルに取り組むと同時に、課題を構築し、計画し、アクションを起こすなかで、そのアクションリサーチ・プロジェクト自体がどのように進行し、自分が何を学んでいるかを評価する必要がある。継続的に四つのメインステップのそれぞれを探究し、これらのステップがどのように実行され、ステップ同士が互いにどのように一貫したものになっているかを問い、それに続くステップがどのように行われているかを理解する必要がある。Argyris (2003) の言うように、サイクルステップの探究そのものが、アクション可能な知識の発展にとって決定的に重要である。省察の省察というダイナミックスこそが、アクションリサーチ・サイクルの学習プロセスを統合し、アクションリサーチを日々の問題解決以上のものに変えるのである。それは、学習についての学習、すなわちメタ学習である。

Mezirow (1991) は、内容 (content)、プロセス、前提 (premise) という省察の形式を述べている。これらの用語も参考になる。

1. **内容**への省察では、問題となっていることや、何が起こっていると考えられるかについて検討する。
2. **プロセス**への省察では、戦略や手続き、物事がどのように行われているかについて検討する。

図1・5　アクションリサーチのメタサイクル

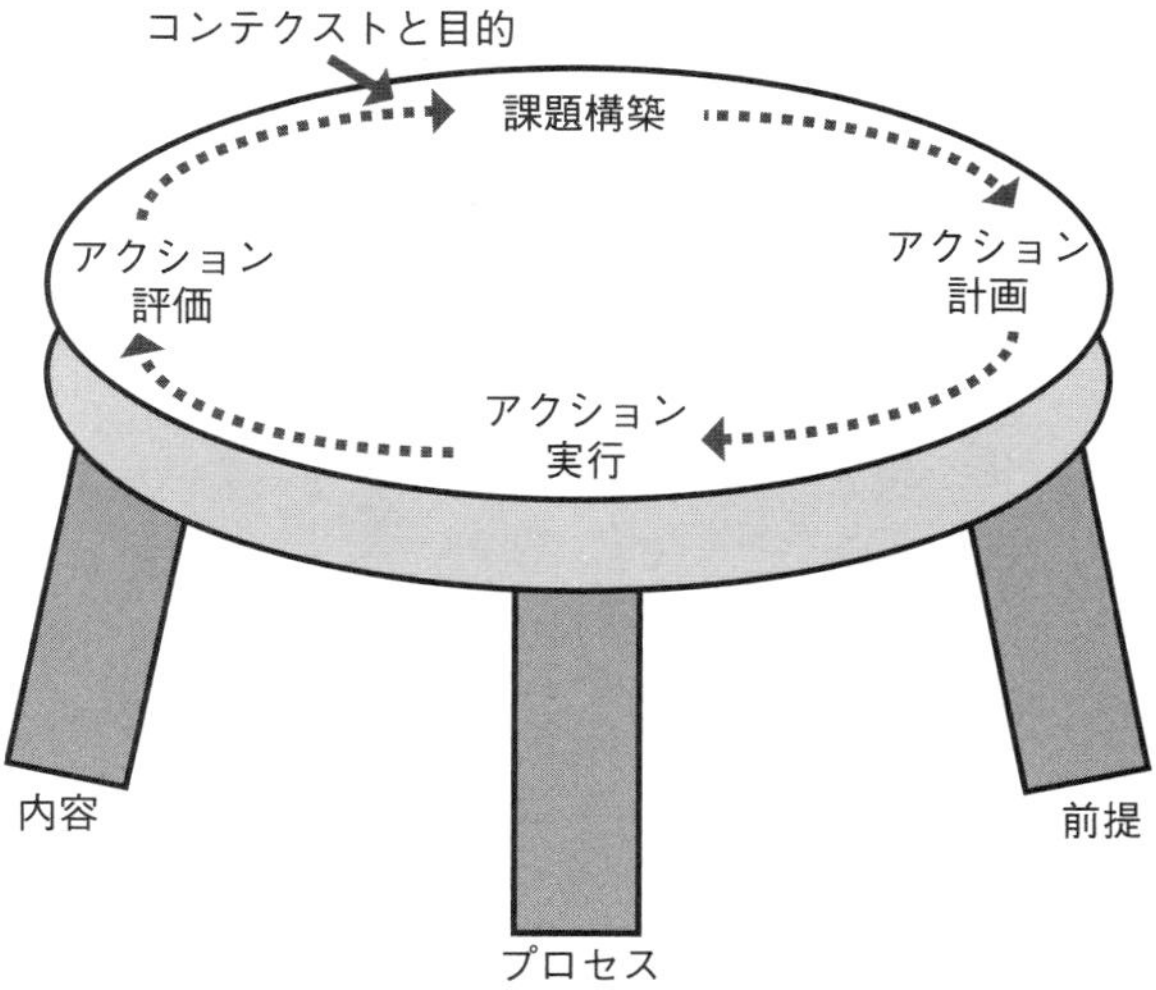

3. **前提**への省察では、潜在的な想定や視点を批判的に検討する。

これら三つの省察形式は重要である。図1・5は、内容、プロセス、前提への省察が、どのように探究のメタサイクルとしてアクションリサーチ・サイクルに応用されるかを示している。まず、何が構築され、計画され、アクションの基準となり、評価されているかという**内容**が検討され、評価される。次に研究の焦点となるのは、どのように課題構築が行われ、どのようにアクション計画は課題構築から影響を受けて実施され、どのようにアクションが続き、表明された計画がどのように実施され、どのように評価が行われるかという**プロセス**である。そして、**前提**への省察とは、態度や行為を規定する潜在的な想定を探究することである。この暗黙の想定は、言語に埋め込まれている形で存在するものの、明文化されておらず、しばしば無意識のものとなっている。たとえば、プロジェクトで機能している組織文化やグループ下位文化は、課題がどのように捉えられ議論されるかに大きな影響を与える。しかし、メンバーはそのことを意識することはないのである（Schein, 2010）。

もしあなたが学位論文を執筆中なのであれば、メタサイクルはその論文の焦点となる。記憶に留めておいてほしいことだが、アクションリサーチ・プロジェクトと学位論文執筆は同一ではない。それらはたしかに関連してはいるが、同じではない。学位論文を書くかどうかにかかわらず、アクション可能な知識を生み出そうとするかどうかにかかわらず、あなたが取り組んでいるプロジェクトは進行しているのである。そうは言っても、あなたの論文はプロジェクトの探究なのであるから、研究が厳密に行われていることを示すように両サイクルを記述する必要がある。

Mezirowの省察形式は、アクションリサーチでよく使われる経験の四領域（the four territories of experience）と似ている（Fisher et al., 2000; Torbert and Associates, 2004）。これらの四領域は、個人レベル、対人レベル、組織レベルで作動する。

1. **意図**—目的、到達点、目標、ビジョン
2. **計画**—計画、戦略、戦術、スキーム
3. **アクション**—実施、遂行
4. **成果**—結果、帰結、効果

アクションリサーチは、これらすべての領域をまたがって、意識、理解、技能を発展させることを目的とする。あなたは、自身の意図を理解しようとし、適切な計画と戦略を編み出し、それらをうまく実行しようとし、その計画をどのくらいうまく実行できたかを省察し、成果を評価しようとする。加えて、これらのフェーズ間の関係について探究することもできる。たとえば、成果から考え始めて、自分のアクショ

ンがどのようにしてそのような成果をもたらしたのかを探究してもよいだろう。あるいは、その探究をさらに進めて、あなたの意図と計画がどのように自分のアクションを形作ったかを探究するのもよい。

メタサイクルの活動は、アクションリサーチャー個人としての一人称プラクティスに閉じたものではない。アクションリサーチ・サイクルに関わっているグループやチームとの二人称プラクティスもまた、内容、プロセス、前提、省察のステップに注意を向けるのである。これは、メタ学習サイクルにもう一つの層が重ねられ、より複雑なサイクルとなったといえる。

アクションリサーチ・サイクルやメタサイクルに注意を向けることは、単に行為に注意を向ける以上のことを含んでいる。課題を設定し、データを収集・分析し、結果を報告するプロセスを通じて、質的研究アプローチにおけるコツをつかむかもしれない（Sagor, 2011）。グラウンデッドセオリー・アプローチ[ix]の方法論は、それら二つのアプローチの両立性と非両立性を一度認識すると、役に立つようになるかもしれない（Baskerville and Pries-Heje, 1999）。

アクションリサーチの質と厳密性

アクションリサーチの枠組みは、自身の質を保証する基準を必要とする。アクションリサーチが評価されるのは、実証科学の基準によってではなく、アクションリサーチ自身の基準のなかにおいてである。Reason（2006）は、アクションリサーチの質に関する選択の問題およびそれに関する問いを提示している。アクションリサーチは現在形で行われるものであるから、何が起こっているかを省察し、次に為すべきことを考え、選択と決断を行うとき、あなたは常に選択を行っていることになるわけだ。

1. このアクションリサーチは、関係的な参加の習慣を明確に発展させているだろうか? 言い換えれば、このアクションリサーチは、アクションリサーチャーと組織メンバーとの協力をどれくらい反映しているだろうか?
2. このアクションリサーチは、実践の成果に対する関心を省察することによって進捗はあるのだろうか? このアクションリサーチ・プロジェクトでは、持続的で反復的な省察は、組織変革ないし組織改善のプロセスの一部としてきちんと影響力をもっているのだろうか?
3. このアクションリサーチは、概念的・理論的な誠実さを保証し、私たちの知る方法を拡張し、方法論的な適切性を有するような、知ることの多様性を含んでいるだろうか? アクションリサーチは、実践的・命題的・表象的・経験的な知識を包括し、多様なレベルの知識を適切に生み出すような活動なのである。
4. このアクションリサーチは、意味のある活動に関われているのだろうか? プロジェクトの意味というのは、アクションリサーチにおいて重要な質である。
5. このアクションリサーチは、新しい持続的な基盤を生み出しているだろうか? 言い換えれば、このプロジェクトから持続的な変化は生じているだろうか?

Reasonによれば、アクションリサーチャーはこれらの選択に自覚的になり、自分自身に対して(一人称プロセス)、探究に一緒に取り組んでいる人に対して(二人称プロセス)、論文やプレゼンテーションの場で研究内容を伝える相手に対して(三人称プロセス)、それらをはっきりと嘘偽りなく示す必要がある。学術誌「アクションリサーチ」の編集規定は、同誌に投稿する際、投稿者にこれらの要点を明確に言及することを奨励している。現在形での選択の重要なポイントは、自分がどのように価値判断を行い、良い

（より良い）行いとは何かをどのように決断したかという点である。このプロセスは、研究倫理の基本である（この点は第2章で詳しく述べる）。

アクションリサーチャーとして、あなたは以下のことを示す必要がある。

1. 多様かつ反復的なアクションリサーチ・サイクル（課題構築、計画、アクション、評価がどのように行われたか）の各ステップにどのように取り組んだか。そのサイクルは研究成果を如実に表現したものであるということを示すために、各ステップはどのように記録されたか。
2. 起こったことに関する自分の想定や解釈を、内容・プロセス・前提への省察によって、プロジェクトをとおしてどのように継続的に批判し検証したか。これは、課題への自分の慣れや親近感といったものも、批判的検討の俎上に載せられるようにするために必要なポイントである。
3. 起こったことに関する、確証的な解釈も相反する解釈も生み出すような異なる見解を、自分はどのように評価したか。
4. 自分の解釈は学術的な理論のなかにどのように位置づけられ、厳密に応用されるか。これらの解釈や判断を支える理論の観点から、プロジェクトの成果は、どのように批判的に検討され、支持され、あるいは反証されるか。

そもそも、良いアクションリサーチ・プロジェクトとは、いったいどのようなものなのだろうか。Eden and Huxham（2006）は、良いアクションリサーチの十五の特性が書かれた詳細なリストを提示している。その基本的な特性は、次の三点を反映している。第一は、組織の変革を研究者が目指していること、第二は、プロジェクトに直接関係のあることを超えた示唆を、そのプロジェクトが有していること、第三は、その組織に役立つだけでなく理論を精緻化させ発展させるような明確な目標を、そのプロジェクトが有していることである。EdenとHuxhamは、アクションリサーチ・サイクルの実施をとても強調しており、そのサイクルにおいては、各サイクルの成果や後続するサイクルのデザインを省察する際に、体系的な方法論や秩序というものが必要となるのである。

本書の見解では、良いアクションリサーチは三つの重要な要素を含んでいる。すなわち、良いストーリーが存在すること、そのストーリーに対して厳密な省察がなされていること、そのストーリーの省察から有用な知識や理論が生み出されていることである。これらの要素は三つの問いで表現することができる。「何が起こったのか?」「起きたことをあなたはどのように理解するのか?」「だからどうだというのか?」

何が起こったのか?

アクションリサーチはリアルタイムな変化に関するものであるから、その核心は、何が起きたかについてのストーリーである。先述のように、一般的・客観的な準備ステップと、課題構築、計画、アクション、事実発見の四つの主要なステップからなるアクションリサーチ・サイクルは、プロジェクトがどのように認識されているか、何が意図されているか、アクションのサイクル、そして、その成果—意図的であれ非意図的であれ—を記述する。ストーリーは、起きたことについてすべてのアクターが賛同できるように、あたかもカメラに記録されたかのように、事実に基づく中立的な言葉で提示されなければならない。つまり、ストーリーは、直接観察可能な行動に基づいて書くということである。それゆえ、あなたの語りを裏付けるための証拠を提示する必要がある。学術誌や組織文書に記録されたデータは、重要な裏付け証拠となる。

したがって、事実は価値と明確に区別されるということが肝要である。すなわち、基本的なストーリーは、著者の推論や解釈を含まない、もしくは少なくとも、推論や解釈が「これは推論である」「これは解釈である」とはっきり同定されることなくストーリーに含まれてしまうことのないようにする、ということが肝要である。たとえば、アクションリサーチのストーリーのなかに、あるグループがプロジェクトを台無しにしようとしているという主張を含むとすれば、その語りは以下のことが明確である必要があるだろう。すなわち、そのグループが実際にプロジェクトを台無しにしようとしているという証拠があることに加え、その主張は、研究者やそのグループの犠牲者として自身を捉えたいかなる集団による推論でもないということが明確であるように語られる必要がある（推論の役割は第2章で述べる）。

■起きたことをどのように理解するのか？

センスメイキング（sense-making）を語る上での重要なプロセスは、暗黙知を明示することである。このプロセスは、ストーリーの中で起こっていると考えられることの分析だけでなく、ストーリーが開陳されるにつれてどのようにそのストーリーを理解するのかに対する分析も含む。言い換えれば、センスメイキングは、回顧的なプロセスであるだけでなく、ストーリーと並行する協働的なプロセスでもあり、アクションリサーチ・サイクルの観点からみれば、実際にストーリーを形作っている―それゆえ、先述した役者-監督としてのアクションリサーチャーというイメージになるのである。ストーリーが進むにつれて抱いた想定を報告するときは、その想定をどのように検証したかを示す必要があり、その想定が私的に抱かれた場合には、特にその検証が必要となる。先に提示した例でいえば、プロジェクトを台無しにしようとしているとみなされたグループが実際にそうする意図をもっているかどうかを、研究者は検証する必要がある。

■だからどうだというのか？

さらなる問題は、「アクションリサーチ・プロジェクトは、理論や有用な知識にどのように貢献するか」ということである。アクションリサーチは、特定の環境と出来事という状況に埋め込まれているため、部外者である読者、すなわち三人称の読者に対して、何らかの関心と関連性を示す必要がある。したがって、「だからどうだというのか？（So what?）」という問いは、取り組みがいのある適切な問いであり、Friedmanによれば、「もし…ならば、…となる」という回答方法になる（2001: 168）。

結　論

内部者アクションリサーチへの冒険に旅立つ準備から、本章は始まった。自分の組織での自身の経験を省察する旅に読者の皆さんを招待したのは、あなたと他者を含めてよく練られた協働的なアクションをとおして何が変化するかを探究するためであった。この探究は、直接は関与していない他者にも有用となるようなアクション可能な知識へとつながっている。

私Davidは次のように省察する：

アクションリサーチは、私たちが、ただ動きに任せて進み、ずっとやってきたという理由から同じことを続け、常にそのようにやってきたという理由から同じようにやるといったことに対して、「待った」をかけるものだ。アクションリサーチャーは、自身の言動に注目し、物事を現状よりも良いものにするために行動する。注目すべきは、アクションそれ自体、リサーチ、知識生成―つまり、リサーチに基づいているすべてのアクション―が、私たちの仕事を変え、汗水たらして働いている状況を変え、そして最も重要なこととして、私たち自身を変える可能性をもっているということである。

アクションリサーチ・サイクルを回すということは、プロジェクトのコンテクストと目的を明確にする準備ステップと、課題構築・アクション計画・アクション実行・アクション評価というメインステップを含むだけでなく、アクションリサーチ・サイクルが現在形でどのように行われているかについての内容・プロセス・前提の問題を省察することも含むのだった。アクションリサーチもメタ学習も、個人、チーム、他部署のチーム間、組織間で行われる。あなたの探究の厳密さは、これらの活動をどれだけ批判の目にさらしたか、そして理論や有用な知識を発展させて結論をどれだけ裏付けたかによって示すことができるのだ。それでは、アクションリサーチャーとしてのあなたが、アクションの中で知るという営為にどのように取り組むかに話を移そう。

▼推薦文献▲

Brydon-Miller, M., Greenwood, D. and Maguire, P.（2003）'Why action research?', *Action Research*, 1(1): 9-28.

Chandler, D. and Torbert, W.R.（2003）'Transforming inquiry and action: Interweaving 27 flavors of action research', *Action Research*, 1(2): 133-152.

Coghlan, D. with Brydon-Miller, M.（2014）*The SAGE Encyclopedia of Action Research*. London: Sage.（特に'Cycles of action and reflection', 'Extended epistemology' and 'Symbolic interactionism'を参照）

Shani, A.B. and Pasmore W.A.（2010［1985］）'Organization inquiry: Towards a new model of the action research process', in D. Coghlan and A.B. Shani（eds）, *Fundamentals of Organization Development*, Vol. 1. London: Sage, pp. 249-260.

Wicks, P.G., Reason, P. and Bradbury, H.（2008）'Living inquiry: Personal, political and philosophical groundings in action research practice', in P. Reason and H. Bradbury（eds）, *The SAGE Handbook of Action Research*（2nd edn）. London: Sage, pp. 15-30.

エクササイズ1・1　アクションリサーチ・サイクルの実践（図1・2より）

1. あなたのチームで取り組んできた（または今取り組んでいる）問題や課題は？
2. その課題の**コンテクスト**は？　なぜそれは重要？　どんな利害関係がからんでいる？
3. その課題がどのように**構築**されたかを記述してみよう。ある介入が必要だった、望まれていたと、あなたはどのように判断した？　何が間違っていて、何が原因だったかを、どのように判断した？　チームのなかで異なる意味や課題構築にどのように対処した？
4. どのようなアクションが**計画**された？
5. そのアクションが**実行**されたとき何が起こった？　思った通りの成果は？　逆に予想外の成果は？
6. チームはその成果をどのように**評価**した？
7. 次なる**課題構築・計画・実行・評価**はどうだった？
8. このエクササイズからどのような**メタ学習**ができた？

(a)　このエクササイズを改めて考えてみよう。その課題の**内容**についてどのような洞察が得られた？最初の課題構築は当てはまった？　その課題を正しく命名できた？　仕事や組織のなかで、この課題についてどのようなことを学んだ？

(b) プロセスについてどのような洞察が得られた？　課題に対してチームはどのように取り組んだ？　計画・アクション・評価の方法についてどのようなことを学んだ？

(c) 日頃の思考判断のあり方を支えてきた前提を揺るがすようなことはあった？　たとえば，チームに対して，いま注目している課題とは関係の薄そうな異質な問いを投げかけた？　その異質なカテゴリーに属する課題の観点から，いま注目している課題を考えてみた？

■訳者注■

i　訳語は，柳沢昌一・三輪健二（監訳）『省察的実践とは何か：プロフェッショナルの行為と思考』（鳳書房，2007）に従った。なお，Schon（2004［1995］）における初出は，「high, hard ground」（地質の硬い高地）であり，もともと地質学的なニュアンスが込められた用語であった。そのため，原語のもつ語感もふまえて，「高地」を訳語として選択した。

ii　訳語は，柳沢昌一・三輪健二（監訳）『省察的実践とは何か：プロフェッショナルの行為と思考』（鳳書房，2007）に従った。

iii　表舞台（ステージ上）の意である。訳語は，石黒毅（訳）『行為と演技：日常生活における自己呈示』（誠信書房，1974）に従った。「裏局域」（back region）の訳語も，当該書に準じた。

iv　この表現は，心理学者・プラグマティズム哲学者として知られるW・ジェームズ（William James: 1842-1910）が『The Principles of Psychology』（1890年出版，通称『心理学原理』）のなかで用いた表現である。乳児のとらえる世界が，五感が入り乱れて混沌としているさまを，ジェームズは〝one great blooming, buzzing confusion〟と述べており，大人の構造化された知覚システムと対比している。なお，『心理学原理』の唯一の訳書（2021年現在）として出版されている松浦孝作（訳）『心理學の根本問題』

（三笠書房、１９４０）は抄訳であり、残念ながら当該箇所の邦訳は収められていない。訳語は文献ごとに多様であることから、依然、定訳はないものと思われる。

v　本書を通底する学問領域のひとつに、組織開発（Organization Development）と呼ばれるものがある。組織開発とは、組織改善を目的として組織のプロセスへ計画的に介入する理論・方法論のことである。介入に用いる理論的言説のことは、しばしば「行動科学」と呼ばれており、心理学・社会学・経営学・人類学など、幅広い領域が含まれる。応用行動科学の名を冠する「The Journal of Applied Behavioral Science」は、組織開発と関連の深い学会誌として知られている。

vi　同様のことを、アクションリサーチの祖であるK・レヴィン（Kurt Lewin: 1890-1947）は、「良い理論ほど実践的なものはない」と述べている。

vii　厳密性（rigor）と適切性（relevance）の対比表現は、Schonの多用した対比表現を援用したものと考えられる。用語の含意としても、前者は「高地」からの研究、後者は「ぬかるんだ低地」からの研究に、ほぼ対応している。そのため、訳語は、柳沢昌一・三輪健二（監訳）『省察的実践とは何か：プロフェッショナルの行為と思考』（鳳書房、２００７）に従った。

viii　アポロン的／ディオニュソス的という区別は、実存主義哲学者F・W・ニーチェ（Friedrich Wilhelm Nietzsche: 1844-1900）が、『悲劇の誕生』において、ギリシャ神話から着想を得て使用した表現として知られている。アポロンは理性や合理性・客観性を司る太陽神、ディオニュソスは感情や陶酔・主観性を志向する酒神である。本書の文脈に即して換言すると、次のようになる。アクションリサーチ・サイクルのモデルは、創発的な探究を達成するために省察と実践を促す、あくまで媒体（手段）である。そのことを忘れて、自身の研究プロセスをサイクルに完全に一致させようと（＝アポロン的に）腐心することは、表面的・形式的な研究につながるばかりでなく、「ぬかるんだ低地」に内在する複雑な（＝ディオニュソス的な）問題の本質をとらえ損ねてしまう危険性がある。

ix　グラウンデッドセオリー・アプローチ（Grounded Theory Approach: GTA）は、徹底的にデータに立脚して（grounded on data）、理論を構築していくことを目指す研究スタンス・方法論である。従来の社会学研究が一般理論（grand theory）の実証に偏重していたのに対して、データをカテゴリー化する操作を繰り返すなかで、説明力のある実践的な理論を生成しようとするのがGTAの特徴である。

x　「アクション評価」のことと思われる。

第2章

アクションの中で知る

内部者アクションリサーチの研究者は、アクションリサーチ・サイクルの全体を通じて、研究者-実践家として一人称と二人称の研究および実践に従事する。本章を通底する問いは、特に一人称の活動に関するものである。知っていることは、どのようにして知っているのだろうか？　自分自身の組織の「ぬかるんだ低地」で研究するには、どのような方法論が適切だろうか？　アクションの渦中で研究するのはどのようにしてか？　アクションリサーチの課題に取り組みながら学習しつつあることに、どのようにして注意を向けるのか？　どのようにして現在時制の研究ができるのだろうか？　協働的な研究や実践に取り組むのはどのようにしてか？　これらの問いに対する答えとして、本章では、人間が知るということの構造をわかりやすく素描し、人間が知り、理解し、判断し、行為を決定するにいたるプロセスを説明する。

内部者アクションリサーチにおいては、研究者は組織場面におけるアクター（アクションする人）である。伝統的な研究アプローチとは対照的に、研究者は中立ではなく積極的な介入者であり、物事をひき起こしたり後押ししたりする。したがって、自分自身の組織におけるアクションリサーチの決定的な特徴は、いかに自分の思考や学習のプロセスに向き合いながら、一人称・二人称・三人称の現在時制の研究に従事するかということだ。

重要なのは、自分自身の信念、価値、前提、考え方、戦略、行動などが、自身のアクションリサーチにおける中心的な場を与えられることを、一人称プラクティスが意味するということだ――第1章で、役者－監督として描いたように。それは、研究と実践の中で自分自身をどのように経験するか、すなわちReason and Torbert（2001）の言う「上流」と「下流」の議論や、Marshall（1999）の言う「探究としての生活」に注意を払うことを含む。Marshall（2001）が述べているように、自己省察的な実践は、それぞれの人が異なる意図で研究を行うことを意味している。そのことは、それぞれの個人が独自の実践を行い、注意の内側と外側の弧（inner and outer arcs of attention）を通して実践の質に注意を払い、行為と省察のサイクルを制定し、能動的かつ受動的でなければならないことを示唆する。

「アクションの中で知る」ことは、探究の省察的なプロセスに根ざしている。Schon（1983）の「省察的実践家」という概念は、「アクションの中で知る」ことと、「アクションの中で省察する」ことの本質をとらえている。「アクションの中で知る」ことは、暗黙の事柄であり、普通のこととして扱ってきた範囲内の結果をもたらす。一方、「アクションの中で省察する」ことが生じるのは、アクションの渦中で、今しているいることや周りで起こっていることを問い返すときである。その結果はただちに、その場における思考や行為の調整につながる。Kahneman（2011）が示しているように、心がどのように働いているかを掴むことは、エキサイティングな冒険なのである。

研究は、外的なものに焦点を当てることも（例えば、組織やチームに何が起こっているのか）、内的なものに焦点を当てることもできる（例えば、私の中で何が起こっているのか）。第7章では、外的なものに焦点を当てた研究と省察に利用できる、組織プロセスを理解するための基礎となるような概念的枠組みについて述べる。本章では、内的なものに焦点を当てた研究と、一人称プラクティスの省察に焦点を当てる。Marshall（1999, 2001）は、個人がアクションの中で探究することを「存在様式としての探究」と述べ、

表2・1　人間の認知と行動のオペレーション

経　験	：見る、聞く、嗅ぐ、味わう、触れる、思い出す、想像する、感じる
理　解	：探究する、理解する、理解したことを組織立てる
判　断	：証拠を整理する、検証する、判断する
意思決定／行為	：熟考する、評価する、決定する、選択する、行為する、行動する

この一人称の研究・実践を次の三つの観点から記述している。すなわち、(a)注意の内側の弧と外側の弧を探究する、(b)アクションと省察のサイクルに入り込む、(c)積極的かつ受容的になる。Lonergan（1992［1957］）とFlanagan（1997）は、知るプロセスを把握し内面化する過程を「自己同化」（self-appropriation）と表現している。

知ることと学ぶこと

人が知ることの構造は、経験・理解・判断という三段階のヒューリスティックなプロセスである（Lonergan, 1992［1957］; Flanagan 1997; Melchin and Picard, 2008）（表2・1）。まず、経験に注意を向ける。次に、経験について問い、洞察を得る（理解）。さらに、証拠について考え、比較することを通じて、その洞察が証拠と合致しているかどうかを決定する（判断）。もちろん、私たちが知っていることの大半は実際には信念に過ぎず、他者の判断を受け入れるものだが、時には自分自身で確認する必要もあるだろう。この三段階プロセスは、クロスワードパズルを解くことから、日常の問題に取り組み、科学的研究に従事することまで、あらゆる認知活動にあてはまる。

■経験すること（experiencing）

経験とは、意識の経験的な水準で生じるものであり、内的事象と外的事象ないし感覚データと意識データの相互作用である。人は、見たり、聞いたり、嗅いだり、味わったり、触ったり、想像したり、思い出したり、感じたり、考えたりするだけでなく、見たり、聞いたり、考えたり、感じたり、思い出したり、想像したりしている自分自身を経験することができる。アクションリサーチにおいては、プロジェクトがそのサイクルを通じて進むにつれて、たくさんの経験をすることになる。経験には、計画されたものもあれば、そうでないものもある。他者によってもたらされる経験もある。認知的な経験もあれば（思考や理解の知的なプロセスを通じて生じる）、感情的な経験もある（ときには、興奮したり、怒ったり、欲求不満になったり、悲しんだり、孤独だったりするだろう）。さらに、身体的な経験もある（エネルギーが湧いたり、恥ずかしくて赤面したり、胃が締め付けられたり、頭痛や潰瘍にさえなったりする、など）。これら三つの領域、すなわち認知的・感情的・身体的な意識は、経験が生じる場所であり、これらに注意を払うことによって学ぶことができる（Gendlin, 1981）。

■理解すること（understanding）

洞察（insight）とは、以前は無関係に見えた物事の間に明瞭なつながりを把握し理解することである。洞察は、意識の知的な水準で生じる。感覚データは経験ではあるが、まだ理解にはいたっていない。「これは何だろうか?」、「これが意味するのは何だろうか?」と問い、それに答えることで、理解の創造的なはたらき、すなわち、経験に投げかけられた疑問に答えて、パターン、一貫性、関係、説明を把握する、洞察という形式が成立する。理解の追求は理知的（intelligent）なものであり、疑問や問題に焦点を当てる。今具体的に探っていることが理知的かどうかはわからないにしても、理知的な答えを期待できる。この理解という営みは、データのパターンを把握する。洞察に必然的に結び付くレシピ、ルール、手続きは存在しない。いつ洞察に至るかは予測不能だ。ぱっとひらめくこともあれば、時間がかかることもある。たとえば、クロスワードを解いているとしよう。ヒントを手がかりに考え、（ついに！）洞察がひらめき、その文字が空きマスとクロスするもう一つの単語にぴったり合うかどうかをチェックする。そして、答えに違いないと確信する。もしかするとクロスワードを進めていくうちに、その答えが正しくなかったことに気付くかもしれない。新たな答えがひらめき、そちらの方が正しそうだと気づくこともあるだろう。あるいは、冗談を聞いているとき、予想外のつながりがわかってはじめて笑う（うまくいけば！）。テレビで探偵ものを見ながら、全編にちりばめられた手がかりを頼りに、ストーリーの展開に応じて、探偵とともに、犯人は誰か推理する。答えは突然ひらめくかもしれないし、伏線に気づくかもしれないし、「さっぱりわからない」かもしれない。「わかった！」というのは、いつでもどんな状況でも生じる。アルキメデスは、風呂に入っているときに、新しい王冠をお湯に沈めると比重が確かめられるので、その王冠が金でできているかどうかを確かめられることに気づいた。冗談が通じれば笑う。クロスワードの空きマスの答えがひらめく。木に引っ掛かった凧を回収する方法を思いつく。逆向きの洞察もある。明確な答えやパターンがないという洞察だ。つまり、答えがわからないということではなく、答えがないことがわかることも洞察である。

洞察は、とらえどころのない問題に明確な解決をもたらす。洞察は、知性を組織する営みである限り、関連と意味の理解である。あらゆる洞察は、単なる経験の記述を超えて、経験の可能な意味を組織する説明となる。

経験することは知ることの第一のステップである。第二のステップは、経験から一歩引いて問うことである。ここで何が起こっているだろうか？　まだ理解していない事柄は何だろうか？　私を怒らせているのは何だろうか？

■判断（judgement）

洞察は誰しもやっていることだが、必ずしも正確であるとはかぎらない。問題は、「その洞察には証拠があるのか」ということだ。このことは省察の問いをもたらす。そうなのか？　イエスかノーか？　たぶんそうだけど、わからない──確かめるにはもっと証拠が必要だ。この注意のシフトは、理解の正確さや確実さを確かめる検証志向の問いへとつながる。すなわち、証拠を整理し、比較検討し、証拠が十分であるかを評価する、認知過程の新たな段階に移行するわけだ。今や意識の合理的な水準に達しており、もし条件が満たされているならば正しいに違いないという、条件付きの判断がなされる。判断の間に矛盾があれば、証拠を比較検討してどちらが正しいかが選択される。洞察が正しいかどうかを確認する十分な証拠がそろっていないと考えれば、判断を先送りすることもできるし、暫定的な判断を下しておいて、後で別の証拠を得たときに修正することもできる。

人間が知るということは、これら三つの操作のどれかだけで成り立つわけではない。知ることはすべて、経験、理解、判断を必要とする（図2・1）。そのことを示す簡単な例として、雨が降っているかどうかを知る場合を考えよう。水滴を肌に感じたり、道路のしみを見たりといった経験だけでは、雨が降っているとは言えないが、そこから問いが生じる──雨が降っているのではないだろうか（洞察）？　次に、頭上の植木箱に水を注いでいる人がいないことを確認したり、近くを見回して傘をさしている人や小走りに建物にかけこむ人を見たりして、これらの証拠から、雨が降っているという洞察が確認される（判断）。

理解のための問い、判断のための問い、意思決定のための問いは、段階的に登場し、前段階の問いを止揚する（sublate）形で進行する。止揚するとは、それぞれの段階の核心が維持されて、次の問いへと引き継がれることである。理解は経験を止揚する。判断は理解を止揚する。意思決定は判断を止揚する。

知ることの理解は、アクションリサーチが依拠する拡張された認識論を通じて不変である。Heron

図２・１　人間が知ることのプロセス

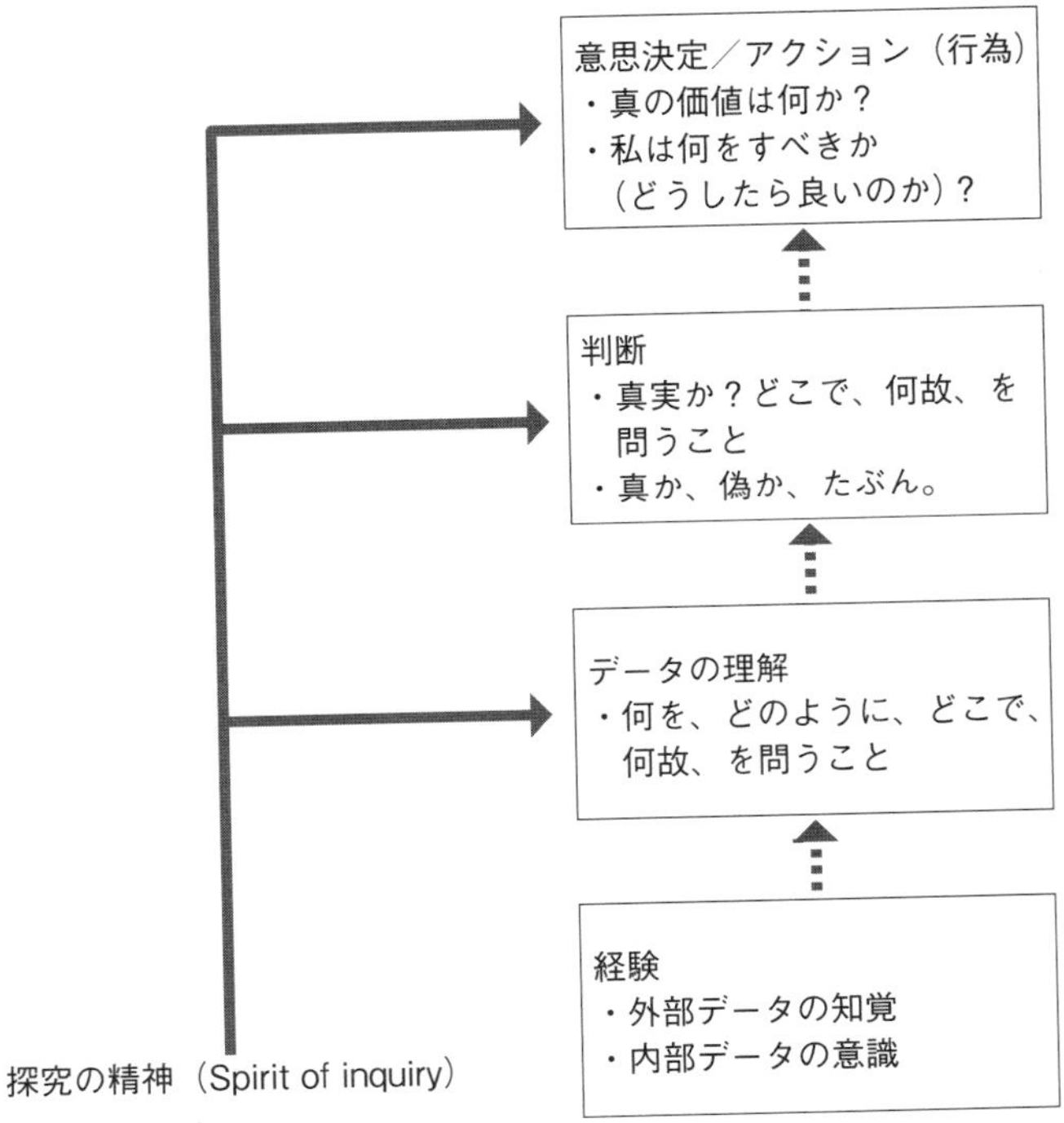

(1996) が提示する知ることの四つの方法―経験的方法、表象的方法、命題的方法、実践的方法―は、それぞれの方法による違いはあるものの、経験、理解、判断を含んでいる。たとえば、芸術家は、証拠や証明ではなく、色や形、音や動き、状況の展開、フィクションを巧みに具体化することによって洞察を得る。

したがって、雨が降っていることを確認する例のように、注意の内側の弧と外側の弧の両方が重要である。もちろん、人間行動や社会構造の世界を知ろうとすれば――特に、自組織の舞台裏の「ぬかるんだ低地」から知ろうとすれば――雨が降っているかどうかの事実を――すなわち、答えが正しいか間違っているかを――確認するようなわけにはいかない。この世界は、人間の生活を構成する意味に媒介されている。人はそれぞれの世界を、自分の内側と外側から絶えずやってくるデータに意味を与えることによって構築している。意味は、経験されたことを意味するだけでなく、理解し確認しようとするものをも意味しており、経験を超えている。組織や社会構造がいかに言語や記号や行為による多くの意味によって成り立っているのかを理解することも重要だ（Campbell, 2000; Gergen and Gergen, 2008; Bushe and Marshak, 2009）。したがって、自明の価値や行動や前提がいかにして社会的に構成され意味に埋め込まれているのかを問う必要がある。他者が出来事に付与する意味に、権力がいかに影響しているかを問う必要もあるだろう（Marshall and Reason, 2007）。さらに、経験の四つの領域——意図、計画、行為、結果（Torbert and Associates, 2004）——の制定を通じて作られる世界の意味もある。意識的な志向性（intentionality）の観点からは、自分自身の中で意図し、計画し、行為し、吟味することは一人称プラクティス、それらを他者と行う場合は二人称プラクティス、広範な不特定多数に影響を与えるものは三人称プラクティスと呼ぶことができる。

もちろん、ことがいつもうまく運ぶとは限らない。まず、ものを知らない、ものわかりが悪い、混乱している、意見が定まらない、注意力がない、そもそも全般的に知性に欠けるといった問題がある。理解は、経験から自然に出てくるものではない。洞察の多くは、間違っているかもしれない。データの解釈は、表面的で、不正確で、偏っているかもしれない。判断にもきずがあるかもしれない。さらに、これらの操作がいいかげんならば、結果も相応にいいかげんとなる。注意がいいかげんならば、理解もあやしくなる。理解があやしければ、判断も信用できない。経験・理解・判断という知ることの同じ三段階プロセスからは、知ることの不可能性についての洞察を得ることもできるのだ。

■価値づけ（valuing）、決定し（deciding）、アクションすること

人は単に知るだけでなく、選択肢を秤《はかり》にかけ、意思決定し、アクションする。意思決定とアクションは、意識の責任の水準（responsible level of consciousness）にあり、倫理を支える一人称のプロセスを説明する。判断には二つのタイプがある。事実判断と（例えば、「雨が降っている」）、価値判断である（たとえば、「雨なんて、困ったなあ。草を刈ろうと思っていたのに」）。Dworkin（2011）は、価値に関する刺激的で深い一人称の探究の中で、人生における一大事が価値であることを示している。価値こそが、何が真実か、人生の意味は何か、何が道徳的なのか、何が正義にかなうのか、を決めるのだ。Dworkinは、自尊心（self-respect）と真正性（authenticity）という二つの基本原則に基づいて、価値がいかに生き方を導くかを探索している。

価値づけることとは、人生のきわめて早い段階で、話すことができるよりもずっと前から行われる自然発生的なプロセスである。人はつねに価値づけをしている。すなわち、幅広い問題について「よい」「悪い」などの言葉を使ったり、これが好き、あれが嫌いと言ったり、あれよりもこれを選んだり、あれではなくこの行為を選択したりする。

すべての価値判断が、責任感や行為義務につながるわけではない。いかなる行為とも関係なく、ある対象をよいと断言することもあるだろう。しかし、人は現実について考えるだけでなく、それを変えたいと思うものだ。ある状況を不公正であると判断すれば、それを放置せずに、何か発言したり行動したりしようと思うだろう。人は、何をするかを決める前に、何をすべきかを問うことができる。それは次のような問いである――「私はどうすればいい？」「よくなるのか、悪くなるのか？」「それは私がする価値があるのか？」。これらの問いは明らかに規範的であり、責任あるやり方で生きるための最も基本的で道徳的な動機となる（Dunne, 2010）。

価値判断し意思決定するプロセスは、知るプロセスと似ている。ある状況を経験する。ありうる行為群を理解するために、感性や想像力や知性に基づいて、問いに答える。どんな行為群が開かれているのかを問い、選択肢を吟味し、選択や決定を比較検討する。最善の選択をするために可能な価値判断を熟考するかもしれない。最良の価値判断を遵守することに決め、知っていることとやっていることの一貫性に責任をもつかもしれない。

「よい」という言葉を使うことに関して、次のように問うてみよう。「よい」という言葉で何を意味しているのか？ ある物事がよいのはなぜか？ それの何がよいのだろうか？ 「本当によい」などの言葉を使えるだろうか？ よいということは、単なる満足感を超えて、価値判断に基づいていることが容易にわかるだろう。後で倫理について取り上げるときにあらためて論じるが、ここで主張したいことは、価値判断のプロセスの前提となるのは、何が「よい」とみなされるかは、ある人がそれを「よい」とみなすからであるということだ。たとえば「客観的」に何をなすべきかを論じている二人の意見を聞くならば、客観的な価値を語るには、人間や、価値判断、その価値判断を歪めるかもしれない道徳的バイアスをも語らざるをえないことがわかるだろう。人々が選択をする際に何が起きているのかを理解すれば、善をなすためのより知的な協働が現実のものとなる。

本書の立場は、客観的な価値は、何らかの意味で「外在する」ものでなければならないという考えとは対立する。このような考えは、知ることは「外在する」何かを見ることであるという誤った仮定に基づいている。オプションBよりもオプションAの方がよいというときに何をしているのかを理解することによって、すべての価値ある物事は責任ある意識によって価値づけられ、真の価値は責任ある人々によって学習される――したがって、知るという営みが重要であることを理解できる。

まとめよう。これら四つのプロセス（経験し、理解し、判断し、決定／アクションする）はサイクルを

表2・2　アクションリサーチにおける経験に即した認識法

経験的レベル（empirical level）	注意力（attentiveness）
知的レベル（intellectual level）	知性（intelligence）
合理的レベル（rational level）	合理性（reasonableness）
責任のレベル（responsible level）	責任感（responsibility）

なして、別のサイクル（経験→理解→判断→決定／アクション）を立ち上げる。学習は人生を通じて続くサイクルである。したがって、それぞれのプロセスのスキルを磨く必要がある――直接経験するスキル、一歩下がって問うスキル、問いへの答えを概念化するスキル、類似の状況や新しい状況でリスクを冒して実験するスキルを。内部者アクションリサーチのプロセスでは、どのように経験し、理解し、判断し、価値づけ、決定し、アクションするかが特に重要となる。

経験に即した認識法

経験し、理解し、判断し、決定／アクションするという一連の操作は、「経験に即した認識法」と呼ぶことができる。そのポイントは、次のようなものである。

- 観察可能なデータに注意を向け、
- そのデータの可能な説明を思い描き、
- データを最もよく説明するものを、蓋然性の高い／確かな説明として採用し、
- 複数の行為の選択肢を注意深く検討して、アクションする

これらに必要とされる性質は、注意力、知性、合理性、責任感という操作である（表2・2）。

方法は、同じ製品をもう一つ作るレシピとは異なる。方法の鍵となるのは、問いと答えの関係である。協働的な創造性の枠組みこそが、それぞれ異なる目的をもっ

た異なる問いを扱うことができる。だから、特定のデータを理解するための問い（ここで何が起こっているのだろうか？）は、省察の問い（これで合ってる？）や責任の問い（私は何をすればよい？）とは焦点が異なる。注意深く、知性的で、合理的で、責任をもつという経験に即した認識法は、継続的かつ累積的な結果をもたらす、関連する反復的操作の規範的なヒューリスティクスのパターンである。経験に即した認識法は、自然科学においても、人間科学においても、スピリチュアリティにおいても、日常的な実践においても、機能している。それは特定の命題や一般理論に根差しているのではなく、人間が探究し行為するという当たり前の活動に根差しているので、専門的な哲学の境界を超えており、批判理論、心理的構成主義、社会構成主義のいずれの観点からの探究にも適用できる。それはまた、一人称の真正性の根拠でもある。この点を次に論じていこう。

真正性

人は常に注意深く、知的で、合理的で、責任あるわけではない。不注意でデータを見逃したり無視したりするかもしれない。データを曲解するかもしれない。目をつぶったり、問うことを拒んだり、都合の悪い問いを無視したり、あいまいな気持ちに向き合わなかったりして、洞察から逃げるかもしれない。知りたいという欲求は注意深い問いの中に現れるのだが、問うことが妨げられる恐れもあるのだ——感覚や想像のシンボルを検閲したり抑圧したりして、何を問うかが決められてしまうかもしれない。問いが喚起するものではなく手軽な答えで手を打つという、不合理な判断をするかもしれない。証拠を認めず、責任を免れようとするかもしれない。知らず知らずのうちにそうすることもあれば、頑固で、強情で、怖れているることを自覚していることもあるだろう。これは別に異常なことではなく、よくあることである。人は、

表2・3　真正性

オペレーション	活動	プロセスの要請
経験	参加する、知覚する、想像する	注意深くあれ
理解	探究する、理解する	知的であれ
判断	省察する、証拠に重きをおく、判断する	合理的であれ
意思決定	熟考する、決定する、行為する	責任をもて

注意力、知性、合理性、責任をいかに免れるかについても、独創的で機知に富んでいるものだ。

したがって、真正性は、次の四つのプロセスの要請（imperative）によって特徴づけられる。すなわち、（データに）注意深くあれ、（探究において）知性的であれ、（判断において）合理的であれ、（意思決定し行為する際に）責任をもて（Coghlan, 2008）。これらは、研究や実践にどのように関わるのかを指している点ではプロセスの問題を扱っており、また、どう「すべきか」を指している点では**要請**である。データを経験する、それには経験にオープンでなければならない――ゆえに、注意深くあれ（要請1）。問題を避けたり、現実から目を背けたり、眼を閉じたり、頭だけ砂に隠したり（知らぬふりをしたり）、問題を調べることを拒否したりなどすることは、真正性を損なう。問いを立て、それには疑問をもち、不審に思い、理解しようとしなければならない――したがって、知的であれ（要請2）。疑問や不審をもつことを拒否したり、公式見解におどおどと無批判に従ったり、好奇心を抑えたりなどすることは、真正性を破壊する。アイディアが正しいかどうか疑問に思う、それには考えていることに正当な理由を持たなければならないし、証拠に基づいて判断する必要がある――だから、合理的であれ（要請3）。議論や意見表明を抑圧し、事実について嘘をつき、証拠を隠すなどすることは、真正性を破壊する。何をすべきかを見分ける、それには価値に敏感でなければならないし、正しいと信じることを選ばなければならない――それゆえ、責任をもて（要請4）。ごまかしたり、資源を破壊したり、不公正であることは、

図2・2　アクションリサーチプロジェクトにおける経験に即した認識法

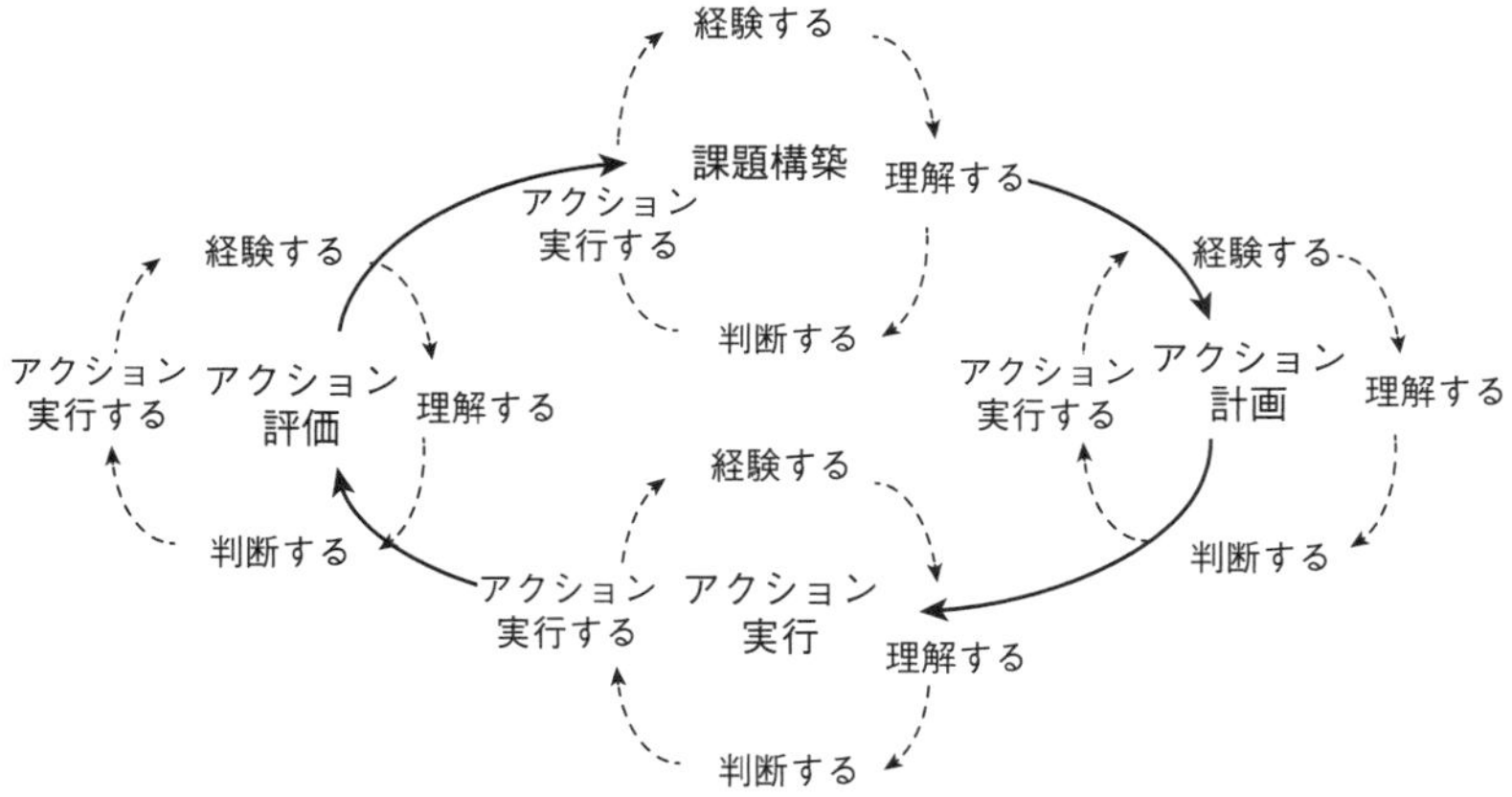

真正性を破壊する（表2・3）。

コア・アクションリサーチ・プロジェクトと**論文**アクションリサーチ・プロジェクトは同じではないので、アクションリサーチのサイクル（図2・2）に参加する際には自分自身の「アクションの中での学習」に従事する必要がある。それは次のような進行中の経験である。すなわち、課題を構築し、計画し、行為し、評価し、調査し、洞察を得て理解をし、サイクルを制定し、何が適切であるかを判断し、判断に基づいてアクションする。

一人称プラクティスとしてのアクション・サイエンスと協働的・発達的アクション・インクワイアリー

以前の版では、第3章でアクションリサーチの種類のいくつかを紹介し、そこでアクション・サイエンスと協働的・発達的アクション・インクワイアリーについて簡単に説明していた。この版では方針を変えて、この二つのアプローチを一人称プラクティスの中心として組み込むことにした。その際、Friedman and Rogersが論じているように、これらを別個の方法ではなく、「統合することで多様な形態のアクションリサーチを向上させる、価値に基づいた実践的なツール」(2008: 252) であると考える。これらのアプローチは、どのように知るのかに注意を向けさせてくれる点で、経験に即した認識法を補完する。

アクション・サイエンスは、Chris Argyris (1993, 2004) の研究に基づいている (Argyris et al., 1985; Friedman and Rogers, 2008)。Argyrisは、個人の使用理論の認知プロセスを重視し、モデルI（統制、保身、防御、困惑の隠ぺいの戦略）とモデルII（有効な情報、自由な選択、コミットメントを引き出す戦略）の観点から記述している。協働的・発達的アクション・インクワイアリーは、Bill Torbertの研究と結びついている (Fisher et al., 2000; Torbert and Associates, 2004; Torbert and Taylor, 2008)。Torbertは、アクション・サイエンスの概念を、「アクションの中で探究する」ことを学習する発達のダイナミックスを含むものとして拡張し、人が発達段階を通して成人期に進むにつれて、意図的に新たな「アクションの論理」を発達させることを強調している。協働的発達の理論は、一連の発達段階を通じた人間の変容を理解し、アクションをする際の自分自身のアクションの論理を洞察するのに役立つ。

アクション・サイエンスと協働的・発達的アクション・インクワイアリーは、個人が「アクションの中で知ること」を知ることに焦点を当てたアプローチである。アクション・サイエンスでは、アクションが、いかに当人の意図とは逆に、防衛や望ましくない結果を生み出してしまうかに注目している (Argyris, 2004)。このようなことが生じるのは、他者の動機や思考過程を推論し帰属する際に、自分の行動を支配している前提を、検証せずに利用するからだ。したがって、アクション・サイエンスの核心は、いかに行動を支配している前提群を同定し、前提や推論を検証するスキルを発達させるかということであり、同時に、自分が個人的に持っている理論を公共の検証にさらすことである。また、協働的・発達的アクション・インクワイアリーを通して、「アクションの中で学習する」能力がいかに自我発達の段階と一体的に

図２・３　推論のはしご（Argiris, Putnam and Smith, 1985; Ross, 1994）

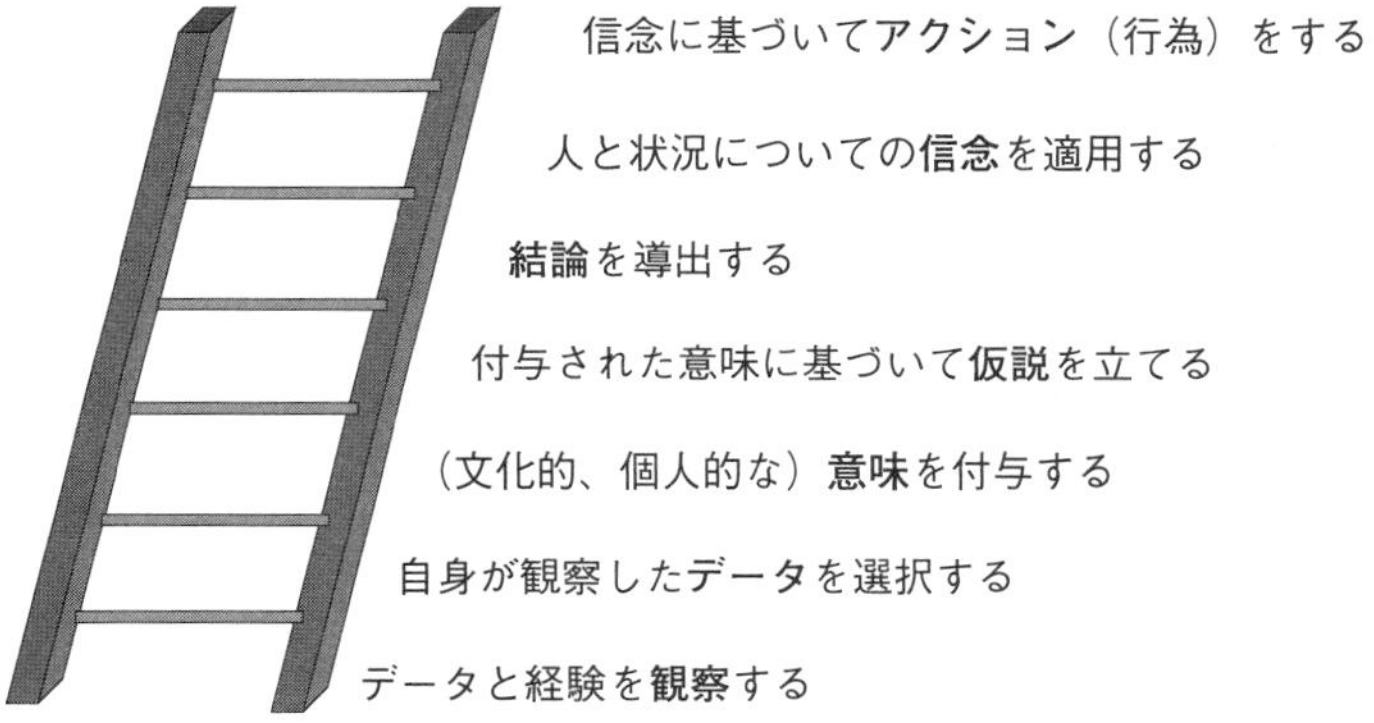
信念に基づいてアクション（行為）をする
人と状況についての信念を適用する
結論を導出する
付与された意味に基づいて仮説を立てる
（文化的、個人的な）意味を付与する
自身が観察したデータを選択する
データと経験を観察する

結び付いているかを理解することができる（Torbert and Associates, 2004）。

　推論のはしご（the ladder of inference）、左側のセリフ（the right/left hand column）、事実の仮説化（treating fact as hypotheses）などのアクション・サイエンスの技法は、プロセスの要請の間の一貫性を検証する有用なツールとなる。推論のはしごは、意味や仮定がいかに選択された観察データや経験に帰属され、アクションの基盤となる結論や信念が採用されるのかを描く（Argyris et al., 1985; Ross, 1984）（図２・３）。例えば、チームミーティングでアクションの提案をするとしよう。同僚の一人、ジョーは何も発言しない。あなたはジョーがすねているように見えると考え、それは彼の提案が取り上げられなかったからだと結論する。したがって、ジョーはあなたの味方にはなってくれず、彼のサポートをあてにすることはできないと結論する。だから、プロジェクトが進行しても会議について彼に伝えることはしない。ここで生じていることは、あなたが会議室の中で進行している出来事を観察しているということだ。あなたはその出来事の部分（ジョーがしゃべらない）を選択し、それに解釈と意味を加えた（ジョーはすねている）。ただし、このことは共有も検証もしていない。続いて、個人的な解釈から引き出される信念と前提に基づいて、ジョーを

図2・4　推論のはしごと経験に即した認識

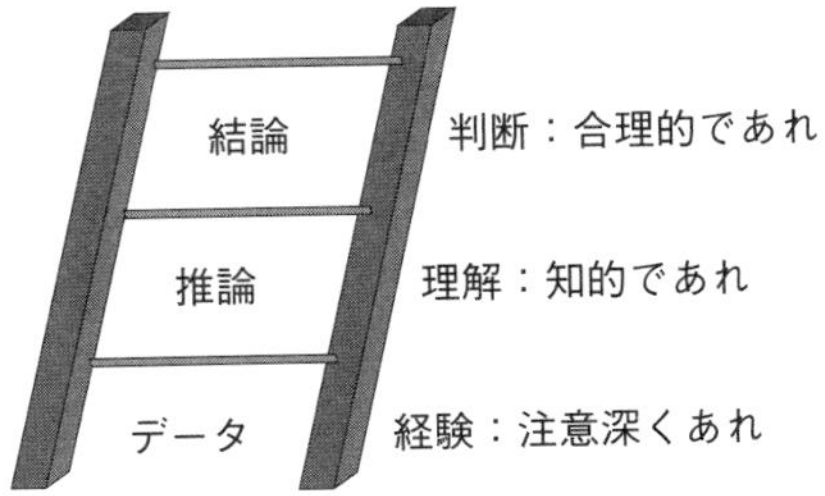

以降のミーティングから除外するというアクションをとった。はしごのイメージを用いれば、あなたは推論のはしごを、直接観察可能な行動という下段から、未検証の個人的な推論に基づいてアクションするという上段に昇ったわけだ。Fisher and Sharp（1999）が述べているように、データは下段に、推論は中段に、結論は上段にある。これら三つの要素を区別することは、アクションの中で学習するプロセスの中心である。推論のはしごは、見聞きしたこと（直接観察可能な行動）から、それについての考え（推論）を経て、結論を導く（結論と帰属）という段階を辿り直すのに役立つ。経験に即した認識法によって、人間が知ることのこれら三つの操作を区別し、それぞれの操作においていかに真正性を高めるかを検討することができる（図2・4）。

Argyris（2004）（Argyris et al., 1985）の左側のセリフの技法は、二人称プラクティスにおいて個人的な結論や帰属を明らかにするのに有効である。Argyrisは、会話をする二人の頭の中には共有も検証もされていない個人的な考えがあり、それがいかに会話の流れを作り上げているかを示している。これらの個人的な考えは推論と帰属であり、それらは防御を促し、アクションの中での探究を抑制する（章末のエクササイズCを参照）。

アクションの中で知ることを促すもう一つの有用な構成概念は、認知的歪み（cognitive distortions）の概念である。認知的歪みの概念は、人が、特にプレッシャー下で、いかに現実を歪めがちであるかということを教えてくれる（Coghlan and Rashford, 1990）。現実が歪められるのは、たとえば次のような場面である。

- 過度の一般化
- 「オール・オア・ナッシング」思考
- 心のフィルタリング
- 早合点
- 感情的きめつけ（emotional reasoning）
- 運勢判断
- その他、起こっていることを誤認する類似の方法

これらの歪みは、アクションの中で探究する能力を損なう。経験に即した認識法によって、感情的決めつけや推論によって速断するのではなく、本当に知っていること（経験し、理解し、判断を通して検証したもの）は何なのかを吟味することができる。

思考だけでなく感情も、知るプロセスの一部である。だから、感情が判断の形成やアクションの実行に果たす役割を知る必要がある。**フォーカシング**（Gendlin, 1981; Cornell, 1996）は、体の内側の経験を聞き、そのような感情と心地よい会話をするための有用な方法である。それは、身体を穏やかに受け入れて聞くプロセスであり、内なる自己が身体を通して送るメッセージを聞くプロセスである。

経験に即した認識法からすると、注意を向けていることについて知的で合理的になることを目指しているので、自分がしていることや頭の中で進行していることを探究するのである。「私の理解の証拠は何だろうか？」「何かを知っているのだろうか、それとも推測しているだけだろうか？」「どうやって別の理解ではなく、今のような理解に到達したのだろうか？」「どうやって理解がデータに合致するとわかるのだ

ろうか?」Argyrisは同様の問いに一層焦点を当てている。どのような信奉理論（espoused theory）と使用理論（theory-in-use）を持っていて，それらを踏みはずすことがないようなやり方で表現することができるだろうか?　どうすれば熟練した無能（skilled incompetence）にもっと気づくことができるだろうか，すなわち，推論が自分を守るように機能し，自分が盲目であることに盲目になってしまうことに気づけるだろうか?　どのようにして自分が作り出す矛盾したメッセージを隠ぺいし，それを作り出したことを否定し，その否定を議論の余地がないものにするのだろうか?　議論の余地がないものの議論不能性は，それ自体議論の余地がないものなのだろうか?　どのような証拠で，現在進行していることや自分が選択していることについての判断を形成しているのだろうか?　洞察は，推論ないし帰属なのだろうか?　どうやって検証できるのだろうか?

〔ジャーナリングを通した一人称スキルの発達〕

ジャーナリング（日誌をつけること）は，一人称のスキルを発達させる重要なメカニズムである。観察したことや経験したことを日誌に書きとめることで，時間とともに，様々な経験と，それを扱うやり方とを区別できるようになる。ジャーナリングによって，経験をふりかえり，その経験についてどのように考えているのかに気づき，それに取り掛かる前に未来の経験を予期することができる（Moon, 1999; Boud, 2001; Raelin, 2008）。ジャーナリングによって，推論のプロセスと帰結としての行動を理解させてくれる情報と経験を統合することができ，事前に経験を予期することができる。日頃からジャーナリングで訓練することによって，ある出来事が生じたまさにその時に近い経験を，時間が経つに従って認識が変わる前に，捉えることができるようになる。McNiff et al.（2009）は，ジャーナリングや研究日誌がもつ有用な機能をいくつか示している。

- 出来事、日付、人物の体系的で定期的な記録
- 自分自身の行為を理解しようという視点からの、研究者の私的な経験、思考、感情に関する解釈的・自己評価的記述
- 痛みを伴う経験を捨て去る有効な方法
- 研究者がそこから解釈を引き出すことができるような自省的記述
- データの検証と分析が可能な分析ツール

日誌には特定の構造を設定することができる。明瞭な構造の一つは、経験に即した認識法を通して、本章で提示している構造に従うことだ。すなわち、自分の経験、経験から生じた疑問、そこから得た洞察、自分の理解を確かめるためにどんな証拠を用いたか、どのように意思決定し、どのようなアクションをしたかを記録すればよい。Kolb（1984）の経験学習サイクルは、もう一つの有用な構造であり、具体的経験、省察的観察、概念化、新しい試み、が有用な見出しとなる。これらのフォーマットはうまく機能する。これらを通じて、状況の詳細に注意を払うことを学ぶことができるし、訓練すれば、認知や感情のプロセスに影響を与えた重要な出来事と、何を言うべきか（すべきか）の判断を区別することもできる。意識と注意力のスキルが発達するのだ。理論を用いたり、理論を実践的に使ったりすることができるようになるかもしれない。さらに、いま学習していることを将来の状況に適用して、学習を継続的な生活課題（life task）として経験するようになるかもしれない。

ジャーナリングのさらなる有用なフレームワークは、Schein（1999, 2013）のＯＲＪＩモデルである。ＯＲＪＩ（観察、反応、判断、介入）は、頭の中で起こっていることが、どのように暗黙の行動に影響を及ぼすかに焦点を当てている。すなわち、観察し（observation）、観察したことに感情的に反応し（reaction）、

観察と反応に基づいて分析して判断し（judgement），何かを起こすために介入する（intervention）。Scheinは，個人は反応の段階にしばしば注意を払わないと考えているため，観察から判断への移行に特に注意を向けている。Scheinによれば，個人はしばしば感情を否定し，それらを短絡させ，判断と行為に飛びつく。たとえば，ある出来事に対して，「馬鹿げたことだ」と判断したとしよう。ここではおそらく，その出来事によって脅かされた感情的な反応を見逃してしまっている。つまり，脅かされた感情が判断を支配しているにもかかわらず，そのことに気づいていないのである。感情が判断に影響することに注意を払うことを学ぶことによって，感情に対処し，感情に従うかどうかを決めることができるようになる。感情を否定することは，しばしば，本当は感情に従っているという事実に気づかずに感情に従ってしまうことを意味する。自分の感情に気づくこと，その感情がそれに続く判断の起源であり根拠であることを知ることは，学習と変化にとってきわめて重要である。ＯＲＪＩの四つの要素を活かして日誌を構造化することができる。

ScheinのＯＲＪＩモデルは，Kolbの経験学習サイクルを二つの点で洗練させたものである（Coghlan, 1993）。第一に，ＯＲＪＩモデルは，無視された領域，すなわち出来事に対する無意識の反応に焦点を当てる。それは，感情を認識し，認知と感情を区別することを学ぶ枠組みとなる。第二に，ＯＲＪＩモデルは，アクション→判断→反応→観察へとさかのぼる構造化された振り返りのプロセスを挿んでいる。ある状況についての観点が出来事の進行と合致しない場合には，もともとの判断に疑問を覚えるだろう。その判断が感情的反応に基づいていることに気づけば，その反応の原因を問題にすることができる。訓練すれば，感情的反応により気づくことができるようになり，事後的にではなく，それが生じるたびにわかるようになるだろう。

二人称のスキル

アクションリサーチを支える中心的なスキルは、リレーショナルなもの、すなわち、他者と関わるためのスキルである。二人称の作業に従事する場合、協働的な探究や共同行為ができるように、他者と関係性を構築し、よく耳を傾け、交流の幅を持つことができるようになる必要がある。これには、プロジェクトの初期段階（Wicks and Reason, 2009）および全体を通して（Arieli et al., 2009）、参加に注意を向けることが含まれる。

Schein（1993）は互いに話し合う二つの方法を探究している。第一に、アドボカシー、論争、説得を重視する伝統的な様式のディスカッションがある。ここでは、対立物を探求する弁証法が、議論を通じて支配的である。第二に、自分の前提を棚上げし、内なる声に耳を傾け、違いを受け入れ、相互の信頼を築くという対話のモードがある。これは、感情を表現し、共通の基盤を作り、自分自身の前提を疑い、集団全体が新しい共通の前提を築くことを思い描くことを含む。Scheinによれば、文化的な前提を変えたり、下位組織間の境界を超えて学ぶための新たな組織的対応が必要な場合には、第二のモードの対話が重要となる。なぜならば、組織の学習は、文化の現状を超えて進む必要があるからだ。第二のモードの対話では、経験に即した認識法が探究の基礎として機能する。対話の参加者たちは、他者の洞察を問い、共通の理解、判断、計画されたアクションを育んでいくことができる。Scharmer（2001）が述べているように、そのような会話は、省察的である必要があり、参加者がより高い視点から、部分よりも状況全体を見渡し、学習がなされるために必要な会話形式を求めていかなければならない。

二人称プラクティスの出発点は、自分自身の性質を吟味することである。Carl Rogers（1958）は、対人援助関係の性質を記述する中で、援助する側の役割を担う人たちに、自分自身の性質について疑問に向き合うことを勧めている。そのような性質は、次のような能力と関連している。

- 信頼を構築する
- 相手に対して肯定的な感情を経験できるようになる
- 相手の自由を許容できるくらい強くなれる
- 相手の主観的世界に入り、物事を同じように見ることができるようになる
- 外部からの評価から自由になる
- 相手が生成のプロセスにあることを認める（Rogers, 1958）

同時に、二人称の作業に従事する際には、政治的に敏感で、倫理的である必要がある（第10章で論じる）。

二人称の研究は、探究の過程において他者と関わる中核的なスキルを含む。Schein（1999, 2009, 2013）は、援助行動のダイナミックスを明らかにする中で、探究のいくつかのタイプを述べている。第一のタイプは、**純粋な探究**（pure inquiry）である。そこでは、何が起こっているのかのストーリーを引き出すことが優先され、注意深く中立的に耳を傾ける。「何が起こっていますか？」「何が起こったか教えてください。」探究の第二のタイプは、**診断的な探究**（diagnostic inquiry）である。そこでは、他者によって内容がどのように分析されているのか、そのプロセスを、感情や推論や行為を探ることによって管理するようになる。「このことについてどう感じますか？」「このことが起こったのはどうしてだと思いますか？」「何をしましたか？」「何をしようとしていますか？」など。探究の第三のタイプは、**介入的な探究**（confrontive inquiry）である。そこでは、自分のアイディアを共有することによって、相手に新たな観点から考えてもらうことに挑戦する。ここでいうアイディアは、プロセスのことも内容のこともある。介入的な問いの例

としては、「こんなことをしようと考えたことがありますか？」「Xが解決策になると考えましたか？」

Scheinの類型は、経験に即した認識法の観点から位置づけ直すことができる。すなわち、経験に注意を向けるために他者と一緒に作業し、その経験についての洞察を得て、その洞察が証拠と合致するかどうかを判断し、アクションをなす（Coghlan, 2009）。システム内の人々の観察と、それに続く共同研究者との会話は、（純粋な探究を通して）経験を明らかにし、（診断的な探究を通して）洞察を検証し、その経験についての判断をし、（介入的な探究を通して）決定しアクションする。こうした会話を通じて、構成された意味が明らかになり、検証され、アクションが計画され、実行され、反省される。

内部者-研究者は状況の一部であるため、常に外部のファシリテーターやコンサルタントのようにふるまうわけにはいかない。というのも、内部者-研究者は、情報や行為を生み出すことができる存在だからだ。だから必然的に、物事の状態や、何を変える必要があるのかについての視点を共有し議論することが期待される。したがって、内部者アクションリサーチャーにとって重要なスキルは、アドボカシーと探究を結びつけることである。すなわち、自分の推論、帰属、意見、観点を、検証と批判にオープンにすることである（Argyris et al., 1985; Ross and Roberts, 1994）。このことは、推論を直接観察可能なデータで例証したり、学習において推論を明示的で誰にでも検証可能にすることを含む。

Argyris et al.（1985）は、仮説検証のための七つのルールを提案している。

1. アドボカシーと探究を結びつける
2. 直接観察できるデータを使って推論を例証する
3. 根拠を明示し、推論の各段階で合意を得るために皆で検証する
4. 矛盾するデータや代替の説明を積極的に求める

5　学習における間違いを肯定する
6. 学習の文脈における自分自身の影響を積極的に調べる
7. 対立する観点をテストするための継続的な実験をデザインする

Fisher et al.（2000）とTorbert and Associates（2004）は、アクション・インクワイアリーの役割に役立つ四つの「品詞（parts of speech）」を提案している。

1. **フレーム**－今の状況について話すことの目的を明確に述べる。状況についての前提を共有して、どんなジレンマを解決しようとしているのか。
2. **アドボケート**－達成すべき目標、主張、選択肢、認識、感情、行為の提案を明確に述べる。
3. **イラストレイト**－アドボカシーを具体化し、他者をより明確に方向づけるために、具体的なストーリーを語る。
4. **インクワイアリー**－他者の意見や観点を理解するために質問する。

Putnum（1991）は、他者が自分の推論プロセスを探究するのに役立つようなレシピを検討している。Putnumが示唆するように、「あなたが…するのを、何が妨げているのでしょうか？」「私のどんな言動によって、あなたは…を信じるようになりましたか？」のような質問は、帰属や推論や個人的な意味よりも、直接観察することができる行動への注目を促す。これらは気の利いた一言というよりは、会話を開始し、（特に、個人的に保持されている）洞察と意味を探究する介入である。このような介入は、一対一の状況でも集団状況でも起こりうる。

図2・5　アクションリサーチにおける複雑なダイナミクス

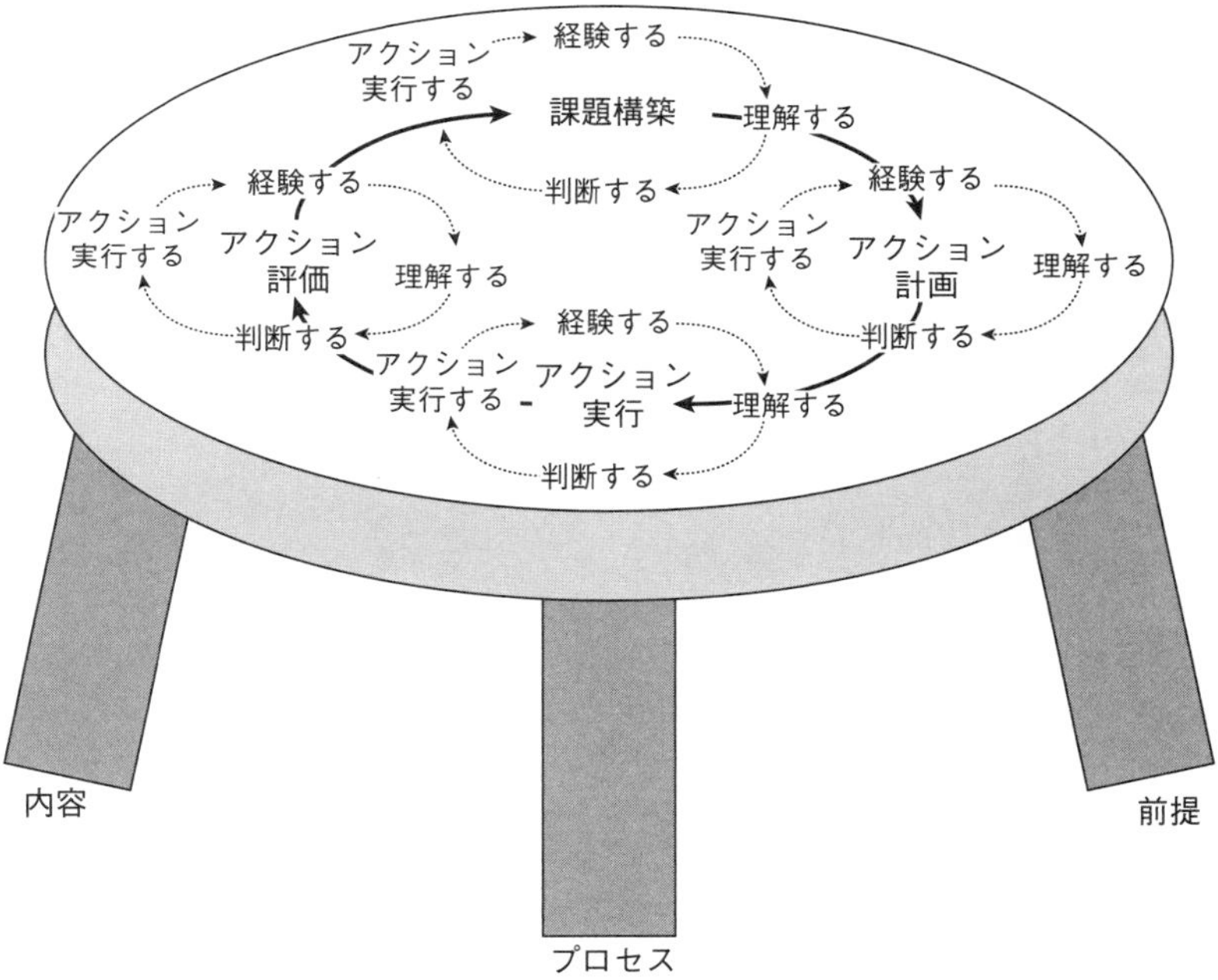

結　論

本章では、自分自身の組織の「ぬかるんだ低地」の中で探究をするアクションリサーチャーに焦点を当ててきた。アクションリサーチのサイクルにおいて、他者とともに課題を構築し、アクションを計画し、アクションをなし、評価をするとともに、何が起こっているのかを理解しようとするとき、経験し、理解し、判断し、価値づけ、決定し、アクションするという自分自身の知る・アクションする・学習する活動に従事している（図2・5を参照）。経験に即した認識法は、継続的で累積的な結果をもたらす、反復的な操作の規準パターンを与えてくれる。それは感覚と意識のデータの両方を心に描く。それによって、どのような状況で何が起こっているのかについての洞察を得て、適切なアクションをとろうとするときに、自分がどのように考え、意味を構築し、理解を確かめるのかを探究することができる。

根本的な前提は、研究者がデータを生み出す主体であるということだ。Brydon-Miller（2008a）が示唆するように、研究の現場に入るのに先立って、研究者としての自分を批判的に検討する必要がある。Brydon-Millerは、ダンスの訓練のイメージをひきながら、中心的な、核となる価値を見つけだし、しかる後に他者と関わりを持つ必要があることを示唆している――本章で一人称に焦点を当てた所以である。Buchanan and Boddy（1992）が指摘しているように、関与したい、ラディカルな変化を導きたいという欲望は、高度な困難や脆さを伴うため、自己省察のスキルと、脆弱さ、現実的な期待、忍耐力、謙虚さ、自己犠牲、自己充足、学習能力を併せ持っている必要がある（Bell, 1998）。何が起こっているのかを調べ、他者に自分の思考回路を示し、仮説を確かめようとしているとき、それらのことは同時にデータを生み出してもいる。したがって、中核となる一人称スキルの一部は、自分が心の中で考え感じていることや、周囲で起こっていることの観察への感受性の領域にあり、観察や解釈のもとになる概念的な分析枠組みによってサポートされる。この点で、組織の行動や変化の現場において、観察を形作る上で、一人称の知識は中心をなす。

▼推薦文献▲

Coghlan, D.（2008）'Authenticity as first person practice: An exploration based on Bernard Lonergan', *Action Research*, 6(3): 339-343.

Coghlan, D.（2009）'Toward a philosophy of clinical inquiry/research', *Journal of Applied Behavioral Science*, 45(1): 106-121.

Coghlan, D. with Brydon-Miller, M. (2014) *The SAGE Encyclopedia of Action Research*. London: Sage. (See especially, 'Action science', 'Advocacy and inquiry', 'Collaborative developmental action inquiry', 'First person action research', 'Living life as inquiry', 'Second person action research', 'Third person action research'.)

Friedman, V. and Rogers, T. (2008) 'Action science: Linking causal action and meaning making in action research', in P. Reason and H. Bradbury (eds), *The SAGE Handbook of Action Research* (2nd edn). London: Sage, pp. 252-265.

McArdle, K. (2008) 'Getting in, getting on, getting out: On working with second-person inquiry groups', in P. Reason and H. Bradbury (eds), *The SAGE Handbook of Action Research* (2nd edn). London: Sage, pp. 602-614.

Torbert, W.R. and Taylor, S. (2008) 'Action inquiry: Interweaving multiple qualities of attention for timely action', in P. Reason and H. Bradbury (eds), *The SAGE Handbook of Action Research* (2nd edn). London: SAGE, pp. 239-251.

Wicks, P.G. and Reason, P. (2009) 'Initiating action research: Challenges and paradoxes of opening communicative space', *Action Research,* 7(3): 243-262.

エクササイズ2・1　一人称の「アクションの中で知ること」

以下のエクササイズは、読者の「アクションの中で学ぶ」スキルを刺激することを目的としている。例えば、太極拳、ヨガ、ゲシュタルト、フォーカシング、その他宗教的伝統をもつ瞑想法を通して、人がアウェアネス、アテンティブネス、マインドフルネスのスキルを学ぶことを助けることを目的とするような文献は、きわめて多くのものがある。これらは非常に有用である。ここでは、これらを参考にしつつ、よりフォーカスをしぼった領域、すなわち内部者アクションリサーチにおけるスキルを発達させるツールを提供する。Fisher et al.（2000）は、職場における「アクションの中で学習」するスキルを訓練するための、非常に有用な注意と省察の実践を提供している。省察的実践を教える例については、Taylor et al.（2008）を参照のこと。

エクササイズA：経験に即した認識法

1. 取り組んでいる問題を取り上げる。例えば、クロスワード、数独、ジグソーパズル、算数の難問、木から凧を回収する方法、水漏れを防ぐ方法、生徒に微分法を教える方法など、何でもよい。
2. 経験の動きに注意を向ける。まごついたり混乱したりしている状態から、理にかなった解決を求めての洞察や、洞察のひらめき（なるほど！　という瞬間）を通して理解に至った状況まで。
3. その洞察をどのように確かめるのかに注意を向ける。何度も試行錯誤を繰り返し、別の洞察も検証してみる。

これらのエクササイズを、実行可能で適切な限り毎日の活動の中で実行することによって、どのように知るのかを自分のものにできるようになる。

エクササイズB：推論のはしご

図2・4を、自身のプロジェクトにおける出来事に適用してみよう。その出来事の最中に見たり聞いたりしたことから、はしごを登ってみよう。

1. 周囲で起きているすべての事柄からどんな証拠を選んだか？
2. どんな推論を引き出し、何を検証しなかったか？
3. どんな結論を引き出したか？
4. どんなアクションをしたか、あるいは、しなかったか？
5. 最後に、プロセス全体を振り返って、データから推論、結論へと移行するときにどんな洞察がひらめいたか？

エクササイズC：左側のセリフ

1. 白紙を用意し、右側半分に、プロジェクトで一緒に働いている他者との会話の進行を書きとめる。
2. 続いて、左側半分に、会話の中のセリフに対して心の中で思っていたことや、言わなかったことを書く。
3. 漠然とした証拠から頭の中でどのように推論や帰属をしているか、それを口に出すことによって推論や帰属はどう変わるか。

エクササイズ2・2　ジャーナリング（日誌をつける）

エクササイズA：Kolbのサイクル

これはKolb（1984）の経験学習サイクルに基づいている（McMullan and Cahoon, 1979; Coghlan, 1993）。

1. **具体的な経験**：職場で生じた具体的な出来事を記述する。何が起こったのか、誰が何を言ったりやったりしたのか、あなたは何を感じたり言ったりやったりしたのか。次に何が起こったのか、結末はどうなったのか。時間的に区切られる単一の出来事にこだわること。ニュース報道のように、客観的で中立的な記述であること。

2. **省察**：次に、後の時点から振り返ってみる。この出来事について、あなたの感情、反応、観察、判断はどのようなものか？ おそらくこのことは以前にも頻繁に起こっていたことに気づくだろう。その時とった反応に、がっかりしたり、腹を立てたり、満足したりするかもしれない。自分の反応や行動をどのように考えるか？ あなたの反応を誘発したトリガーは何だっただろうか？
3. **概念化**：関連する概念を、記述された経験と結びつけ、暫定的な結論、一般化、仮説を定式化する。
4. **新しい試み**：将来の類似した状況のための行動目標を設定するために、あなたが省察したことを適用したり確かめたり拡張したりするための行為のインプリケーションを示す。これらは一般的な解決ではなく、あなたの経験、省察、概念化から直接得られる特定かつ具体的な行為である。

エクササイズB：ORJI

これはSchein (1999, 2003) のORJIに基づいている (Coghlan, 1993)。

1. 自分の行動が思わぬ結果をもたらした状況や出来事を取り上げる。
2. 何を実際に観察しただろうか？ それを記述できるか？
3. どのように反応しただろうか？ 私の中でどのような感情が呼び起こされただろうか？
4. 起こったことに対する私の判断はどのようなものだっただろうか？ どんな思考や評価が出来事の引き金となっただろうか？
5. それについて私は何をしただろうか？ どのように介入しただろうか？ (何もしないことや、沈黙を貫くこともまた、介入であることに注意。)

エクササイズ2・3　探究のスキルを発達させる

1. 学習集団で、あるいは、同僚と、三人組を作り、A、B、Cの役割を当てる。
2. Aは、アクションリサーチ・プロジェクトで扱っている問題を発表する
3. Bは、Scheinの介入の類型を用いて、その問題を検討する
4. Cは、観察し、Scheinの介入の類型を用いてプロセスの省察を促す。
5. 役割を交代して繰り返す。
6. 役割を交代して繰り返す。

このエクササイズは、Argyrisの仮説検証の七つのルールや、Torbertの四つの品詞を用いて実施することもできる。McGill and Brockbank（2004）は、アクション・ラーニングにおいて有用なスキルを発達させるための有効なテクニックを紹介している。

第3章 アクションリサーチを理解する

アクションリサーチへ乗り出すにあたって、まずアクションとは何か、アクションを通してどのように学ぶかをご理解いただけたものと思う。話を戻して、本章ではアクションリサーチの理論的な問題を検討する。本章を貫くのは次のような問いである。「内部者アクションリサーチを計画するというのは何をすることなのか？」。そして、「そのアクションリサーチは豊かな研究の伝統にふさわしいものとなっているだろうか？」

研究とは何をすることなのか、人々の理解が変わろうとしている点に、まずは注意を促しておこう。Gibbonsら（1994）は、モード2と呼ばれる新しい研究の時代が訪れたと主張している。モード2の研究は、学際的で、異種混合的で、社会に対する説明力をもち、省察的なのが特徴である。モード2の研究を生み出したのは応用的な領域である。モード2の研究は、モード1の研究とは対照的である。「科学」という言葉の通常の意味合いを独占しているのがモード1である。モード1の研究は、ある学問分野の中で普遍的な知識を生み出し、理論をつくって検証することを、もっぱら目的としている。そのため、モード1における研究者の役割は観察で、環境に関与せず中立的な立場を取る。それに対し、モード2、Gibbonsらの言うところの「新たな知識生成」の科学は、ネットワーク的な活動である。「トップダウン」の専門家をモデルとする、孤立した人々による研究活動という現状の姿から、モード2の研究は離脱して行かなくてはならない（Gustavsen, 2003）。MacLeanら（2002）はこう指摘している。アクションリサーチのように実践を志向する研究は、モード2の研究基準のほうに適合しやすい（Shani et al., 2012）。

伝統的には、アクションリサーチは次のように定義づけられてきた。アクションリサーチとは、研究者とクライアントが協働で問題解決する関係を基盤とした研究アプローチである。問題解決と、新しい知識の生成、その両方を目指すのがアクションリサーチなのだ。ReasonとBradburyはこう述べている。アクションリサーチとは「生き生きした問いを抱くさまざまな実践のファミリーである――研究方法論ではなく、むしろ問いの方向性である」（2008:1）。こういう次第であるから、アクションリサーチ的な実践がバラエティに富んでいるだけでなく、そうした実践をめぐる言説も実に雑多であることに注意しなくてはならない。本章では、こうした多様性と取り組むための基本的な視座を示すことにする。このような視座をもっていれば、読者自身が内部者としてアクションリサーチを展開する際に土台を築く手助けとなるだろう（多様性をめぐる議論について、さらに関心があれば以下の資料を参照のこと。Cassell and Johnson, 2006; Docherty et al.,2006; Greenwood and Levin,2007; *International Journal of Action Research* 3(1-2); Reason and Bradbury, 2008）。

実践知としてのアクションリサーチ

拡張された認識論と呼ばれる議論では、私たちがこの世界を取り扱い、この世界の中で行為する仕方の、そのそれぞれに即して、アクションリサーチにおける知を四種類に区別する（Heron, 1996; Reason and Torbert, 2001; Reason and Bradbury, 2008）。

1. **経験知**（experiential knowing）―私たちを取り巻くリアリティと接触することで生み出される知識
2. **表象知**（presentational knowing）―私たちに生じたものを、言語、映像、音楽、絵画などを使って、経験知として表現した知識
3. **命題知**（propositional knowing）―経験知や表象知を、理論、陳述、命題へと純化した知識
4. **実践知**（practical knowing）―しかるべき事柄をしかるべく**遂行する**ことによって、他の三つの知を豊かにもたらしてくれる知識

アクションリサーチが生み出そうとするのは実践知である―実践知は、その瞬間その瞬間に、あなたのアクションを良質なものとする。

日々の生活の中で、何を、いかに知るかは、実践知、あるいはLonergan（1992［1957］）の言う「常識知（common sense knowing）」の領域に属する問題である。実践知の興味と関心は人間の生活に向けられていて、日常的な課題を的確にこなし、うまい即効的な解決法を見出そうとする。実践知は科学知とは別物で、個別的かつ実際的である。実践知は言語という資源を活用し、声音やボリューム、流暢な語り口、顔の表情や間《ま》、問いかけ、省略等々の助けを借りる。実践知の際立った特徴は、場所によって、また状況によって、多彩なバリエーションに富んでいることである。ある場所で身近な実践知も、別の場所ではまったく身近でないかもしれない。ある状況でうまく働く実践知は、別の状況ではまったく役に立たない可能性がある。私たちの知識は、状況ごとに異なったものでなくてはならない。日々のアクションを理解するには、個々人が、自分たちや、そのシチュエーションや、世界全体を、どう意味づけて構成しているかを問う必要がある。さらに、人々のアクションが、その価値観だけでなく、憶測や強制によっていかに

駆り立てられているかを問わなくてはならない。同様に、巨大システムや大集団も、そのアクションを方向付ける固有の意味を共有している。共有された意味は目に見えなくなりやすく、当事者に自明視される傾向がある（Schein, 2010）。こうした事情のため、実践知は常に不完全である。実践知は常に、その時そこにいる人が、その状況で何を求められているか解釈しようと試みることによってのみ、完成する。ふたつの状況がまったく同じということはあり得ない。それゆえ、実践知の場合、ある場面から別の場面へと転じるたびに、考え、省察し、判断しなくてはならない。そこでどんな修正が必要かを把握し、どうアクションすべきかを決めなくてはならないのだ。

まとめておくと、科学知と実践知は以下の点で対照的である。実践知は応用的で、特定の事象に関心を向けるのに対し、科学知は理論への熱意を特徴とし、普遍的で抽象的な記述を志向する（DeVos,1987）。実践知が、その時点で必要とされる事柄だけで満足するのに対して、科学知は網羅的であろうとし、すべてを知り、知っていることを正確かつ完全に述べようとする。実践知は概して自然発生的であるのに対し、科学知は方法論的である。実践知が、意味的に広がりをもつ言語を使用するのに対して、科学知はテクニカルなジャーゴンを発達させる。実践知が、私たちと関わりのある事物の世界にとどまろうとするのに対し、科学知は事物同士を互いに関連づけようとする（Lonergan, 1992［1957］）。第2章で説明した通り、アクションのサイクルへと参加し、それを実践知によって省察することは、現在時制で研究すること―置かれた状況の中で、今何が進行しているかを理解し、そこで何を口にし、何をすべきかを決断することである。

実践知は研究者から無視され続けてきた。17世紀には、哲学者たちは知識の客観性という問題へと関心を向けるようになり、記述的なモードの知から、説明的なモードの知へという変化が起きた。説明的モードでは、知ろうとする主体との関係で事物を記述するのではなく、繰り返しの発生パターンをもとに、事物同士を関係づけ表現する。どんな方法であれ，思考を主体と結びつけようとすると，主観的で根拠薄弱だと批判され，見かけの印象頼みの方法で限界があるとみなされるようになってしまった。科学知が客観性を強調し，知る側（主体）を知られる側（対象）から区別するのとは対照的である。後者の考え方は，とりわけアカデミーの世界，科学のあり方について特定の見方を信奉し続ける人々の間にいまなお根強い。アクションにしか関心を持たず，アクションへの洞察から得られる理解－さらなるアクションにも貢献する理解－を含まないようであれば，いくらアクションリサーチを記述しても，理論と実践の結びつきという何より重要なポイントが見過ごされてしまう。よき理論ほど実践的なものはないというLewinの金言は，理論と実践の欠くべからざる結びつきこそがアクションリサーチの土台なのだということを言い表している（Lewin, 1997［1943, 1944］）。

アクションリサーチの土台

アクションリサーチには数多くの起源と先祖がある。社会心理学創設者の一人であるKurt Lewinの業績（Burnes and Cooke, 2012），Paulo Freireの意識化の運動（Chevalier and Buckles, 2013），批判理論と実践哲学（Johansson and Lindhult, 2008），解放思想の様々な学派，特にマルクス主義者とフェミニストたち（Brydon-Miller et al., 2003），アリストテレス哲学（Eikeland, 2006a, 2008）。私たちは特に，アクションリサーチを発達させた，Kurt Lewinとその仲間たちの仕事に多くを負っている。彼らの業績は，状況や問題に変化を生み出す協働的で循環的なプロセス，すなわち，計画を立案し，データを集め，アクションを実行し，さらなる計画やアクション実行のために事実を発見するプロセスを含み込んでいる（Lewin, 1997［1946］, 1999［1948］; Dickens and Watkins, 1999; Coghlan and Jacobs, 2005; Bargal, 2006, 2012; Neilsen, 2006;

Burnes, 2007; Burnes and Cooke, 2012)。そこで鍵となるのは次のようなアイデアである。アクションリサーチでは、社会的・組織的な重要課題の解決方法を模索するにあたって、課題を直接経験している人々と手を携え、科学的なアプローチを使用する。

Argyris（1993）は、Lewinの業績を、核となる四つのテーマに要約している。第一に、Lewinは、現実世界の問題を研究する科学として社会科学を定立し、すべての問題を理論と結びつけて、理論と実践を統合した。第二に、全体を描き出し、そのうえで部分を区別するよう、研究のあり方をデザインした。第三に、特に介入者としての研究者という立場から、また、何であれ対象を理解するにはそれを変えてみなくてはならないという自身の考え方を踏まえて、個別事例の一般化と理解に役立つ構成概念をつくった。第四に、Lewinは、社会科学を民主主義に仕えるものと位置づけることに情熱を傾けた。研究される側の役割を、被験者ではなく、クライアントに変え、できる限りその生活の質を向上させ、確かな知識へと導く手助けをしようとしたのである。Lewinの伝記作家Marrowはこう記している。

理論は、理解を追い求めるLewinの、常に本質をなしていた。ただし、Lewinにとっての理論は、精緻な組織化と洗練を追求するものではなく、常に変化し発展するもの、データが広がるたびに更新されるものだった。Lewinを導いたのは、データと理論の両方である。データと理論はお互いがお互いを刺激し、ともに研究のプロセスを導いた。（Marrow, 1969: 128）

Argyrisら（1985）はLewinのアクションリサーチ概念を次のように要約している。

1. 社会システムの現実問題に対する変化実験を含んでいる。具体的な問題に焦点を当て、クライアントであるシステムに支援を提供しようとする。

2. より一般的なソーシャル・マネジメントと同様、問題の特定・計画・アクション・評価からなる反復的サイクルをもつ。
3. アクションリサーチのプロジェクトで意図される変化の典型が再教育（re-education）である。再教育とは、個人や集団にしっかりと埋め込まれた目下の思考やアクションのパターンを変革することである。変革の主体が意図しているのは、アクションを通して表現される、規範や価値のレベルでの変化であることが多い。効果的な再教育ができるかどうかは、現状診断や事実発見にクライアント自身が参加しているか、そして、新たなアクションへの参加についてクライアントが選択の自由を持っているかどうかにかかっている。
4. アクションリサーチは、参加者の視点から現状を変えようとする。参加者の視点が必要なのは、効果的な再教育を行う場合も同様である。
5. アクションリサーチは、社会科学の基礎知識と、日常生活での社会的なアクション、その両方に同時に貢献しようとする。理論を発展させるために高度な基準を設けることと、理論からまとめた提案を経験的に検証することは両立する。それは基準を犠牲にすることにはならないし、実践との関わりを失わせることにもならない。（1985: 8-9）

１９４７年にLewinが時ならぬ死を迎えた後、アクションリサーチは、組織開発（French and Bell, 1999; McArdle and Reason, 2008; Burnes and Cooke, 2012; Coghlan, 2012a; Weisbord, 2012）の理論と実践を発展させるのに欠くべからざるものとなった。そして組織研究（Gummesson 2000; Eden and Huxham, 2006）、たとえば商業組織（Adler et al., 2004; Bradbury et al., 2008; Coughlan and Coghlan, 2009）、教育（Pine, 2008; Somekh, 2006）、地域活動（Stringer, 2013）、健康と社会的ケア（Parkin, 2009; Koshy et al., 2011）、看護

（Williamson and Bellman, 2012）などの研究に重要な意味を持つようになったのである。

Lippitt（1979）は、アクションリサーチという言葉が表す、異なる三つの意味を区別している。三つはそれぞれが、研究者の演じる役割を反映している。第一の意味は、診断型の研究で、アクションのプロセスで進行する様々な側面に注目する。診断型の場合、研究者は、何らかのアクションを取り得る立場の人からデータを集め、その人たちにデータを示す。研究は研究者の興味からスタートするもので、それが組織の役に立てられるのは、組織へのアクセスを許可した見返りという面が幾分かはある。なおLippittに言わせると、このような研究はアクションリサーチには当たらない。第二に、アクションリサーチは、システムの成員からデータを集め、そのデータからのフィードバックを返す手順のことを意味する。研究者は、得られたデータから、システムで継続しているアクションのプロセスに－おそらくは役に立つかたちで－介入し影響するような発見を見出す。このモデルの場合、研究者は、単独のデータ収集者という役割と、システムのメンバーを手助けする役割を同時に演じている。第三の定義では、アクションリサーチとは、社会システムの構成員が、自分自身に関するデータの収集過程に参加し、そこで生み出したデータから自分たちの真実を見直して、アクションの修正や発展に役立てようとする一連の手順のことである。このモデルでは、研究者と研究される側が協働している。Lippittの見方では、これこそが純粋なアクションリサーチである。

Cooperrider and Srivastva（1987）は、アクションリサーチは、その発達の過程で、問題解決の方法とみなされるようになってしまったと批判している。彼らは、アクションリサーチの性質について次のような暗黙の想定があると指摘し、それを乗り越えようとする。アクションリサーチは、組織を「解決」すべき「問題」とみなす、功利主義的で技術的な視点に捉われているというのだ。彼らはその代替案として、アプリシエイティブ・インクワイアリーを提案している。それは、不十分なものを指摘するのではなく、いま上手くいっているものの上に構築することを主眼とし、生産的な思考や解決法の出現を促すというタイプのアクションリサーチである（Bushe, 2012）。

Gummessonによると、アクションリサーチは「事例研究のなかで、もっとも高度な技能を要し、その効果がもっとも遠くまで及ぶ研究方法」（2000: 16）である。彼は、さまざまな事例研究をもとにアクションリサーチの特徴をまとめて、マネジメントの観点から検討している。

アクションリサーチャーはアクションする

アクションリサーチャーは、出来事をただ観察するだけでなく、それが起きるよう積極的に働きかける。

アクションリサーチは常に二つの目標をもつ

すなわち、問題解決と、科学への貢献である。先に指摘しておいたように、アクションリサーチで一番大切なのは、アクションの中でリサーチすること（research-in-action）である。アクションリサーチは、理論とアクションの区別など求めない。つまり、アクションリサーチに挑戦するとは、アクションを引き起こすべく活動することと、そのアクションから離れ、起きたことを省察すること―それによって知識体系に理論で貢献すること―その両方に携わることである。

アクションリサーチは相互作用的である

アクションリサーチには、研究者とクライアントの人々の協力、そして、新たな情報や出来事に関する絶え間ない調整が不可欠である。アクションリサーチでは、クライアントとなるシステムの成員は共同研究者である。アクションリサーチの研究者は、彼ら共同研究者とともに、そのシステムを解明し改善すべく課題に取り組み、知識体系の発達に貢献する。アクションリサーチは、広がっていく予測できない出来事の連続なので、そこに参加するアクターも、ともに手を携え、予測不能の物語の展開に適応していかなくてはならない。

■アクションリサーチは全体知の発展をめざす

このような複雑さを認識しつつ、絶え間ないプロジェクトを達成することが、アクションリサーチの目標である。組織はダイナミックな社会的・技術的システムである。それゆえアクションリサーチャーは、システムの挙動について広い視野を持っていなくてはならないし、フォーマルな構造や技術のシステムと、人々のインフォーマルなサブシステムの間を往復できなくてはならない。組織というシステムを扱うには、ダイナミックな複雑性に取り組み、それを記述できる力量が必要である。ディテールが膨大だから（すなわちディテールが複雑だから）記述するのではない。時間の経過の中で原因と結果が複雑に絡み合っているからこそ、システムの複雑さを記述するのである（Senge, 1990）。アクションリサーチは、原理的に変化を扱う。

アクションリサーチは、集団、組織、コミュニティの変化を理解し、その変化を計画し実行することに応用できる。アクションリサーチが原理的に変化を扱うものである以上、組織変化のダイナミックスに関する知識とスキルは不可欠である（この論点は第5章で展開する）。

■アクションリサーチでは倫理的枠組の理解が不可欠である

大切なのは、その研究が使われる特定の文脈における価値と規範を理解することである。アクションリサーチの倫理には、研究者と、クライアントであるシステムの成員の、真正な人間関係が含まれている。

それは、システムの成員がリサーチのプロセスを理解し、意味のあるアクションを取ることができるようにするためである。たいていの場合、価値と規範は倫理的な原則と結びついており、研究者と組織メンバーの協働のあり方を規定する（この問題は第10章で展開されることになるだろう）。

■アクションリサーチはあらゆるタイプのデータ収集法を含む

アクションリサーチは、伝統的な研究のデータ収集方法も排除しない。質的な道具も量的な道具も、たとえばインタビューもサーベイも、普通に使われる。大切なのは、こうした道具に関する計画や使い方を、組織のメンバーと十分に検討したうえで、アクションリサーチのプロセスに明確に組み込むことである（この問題には第7章で立ち戻る）。

■アクションリサーチには幅広い事前理解が必要である

事前理解（preunderstanding）とは、企業や組織を取り巻く環境、ビジネスやサービス提供の条件、オペレーティングシステムの構造やダイナミックス、そうしたシステムの土台となる理論などについて、あらかじめ理解しておくということである。事前理解にあたっては、アクションリサーチャーが計画に持ち込んだ知識も差し戻して検討されなくてはならない。事前理解が必要というのは、次のようなタイプの研究者にはアクションリサーチのアプローチは適していないということである―たとえば、フィールドに行きさえすれば地に足のついた理論ができると考えているような研究者は、アクションリサーチにはふさわしくない。

アクションリサーチはリアルタイムで行われるべきである

ただし、回顧的なアクションリサーチもあり得る。アクションリサーチは、その展開にあわせて記述される、生きたケーススタディである。一方で、アクションリサーチが、過去を回顧して書かれた、伝統的なケーススタディの形を取ることもある。過去の記述されたケースを使って、現在の組織に介入する場合がこれにあたる。この場合、ケースは「ラーニング・ヒストリー」としての役割を演じ、組織に省察と学習を促す介入者として使われる（Kleiner and Roth, 1997）。

アクションリサーチのパラダイムは固有の質的基準を必要とする

第1章でアクションリサーチの質という概念を導入したが、これについては第12章で立ち返る。言葉づかいこそビジネスコンサルタント業者のようではあるが、Gummessonの特徴づけたことは、あらゆる組織におけるアクションリサーチャーにあてはまる。研究プロジェクトは、計画、データ収集、アクションの実行、再検討、さらなる計画、というサイクルに沿って展開しアクションが演じられる。

アクションリサーチの哲学

本書の以前の版では、主観論者と客観論者の存在論や認識論など、伝統的な研究哲学の中に、アクションリサーチを大まかに位置づけてきた。アクションリサーチは、数多くの哲学的なアプローチの中にしっかりとした基礎を持っている。アリストテレスの実践（praxis）（Eikeland, 2008）、プラグマティズムの哲学（Pasmore, 2001; Greenwood and Levin,2007; Bradbury, 2008）、ハーバーマスのコミュニケーション的行為（Shani et al., 2004）、現象学（Ladkin, 2005）、批判理論（Kemmis, 2001）、心理的構成主義（Lincoln, 2001）、社会構成主義（Gergen and Gergen, 2008）、ヴィトゲンシュタインの哲学（Shotter, 2003）などが、アクションリサーチの基礎となっている。

論争が続いているのは、アクションリサーチを「科学的」と呼ぶべきか否か、あるいは「科学的」と呼べるとしたらどのようにしてか、という問題である。ある論者たちは、アクションリサーチの存在論的・認識論的な基盤を明確に記述し、それは科学的な研究方法の基盤─実証主義哲学と結びついたもの─とは対照的であると述べている（Susman and Evered, 1978; Riordan, 1995; Schon, 2004［1995］; Reason and Torbert, 2001; Eikeland, 2007; Greenwood and Levin, 2007）。他方、二つのアプローチの親和性を強調する論者もある（Aguinis, 1993; Stephens et al., 2009）。

問題は「科学」という言葉の使い方である。SusmanとEveredは、アクションリサーチのことを、「別の認識論を使って、別種の知識を生み出す科学」（1978: 601）と述べている。Argyrisらは「実践の科学」（1985: 4）であると言い、またTorbertは「日常生活の中で遂行される科学的探究」（1991: 220）と呼んでいる。「科学」という言葉が通常連想させる意味合いを、これらの用法は拡張している。CassellとJohnson（2006）は、アクションリサーチ実践の基盤になり得る、まったくちがった「科学」概念に基づく五つの視点を代替案として検討した。五つとは、実験的アクションリサーチ実践、帰納的アクションリサーチ実践、参加的アクションリサーチ、参加的アクションリサーチ実践、脱構築的アクションリサーチ実践で、検討の結論はこうである。問題は、「科学」が常に、実証主義をモデルとした特定の知識形態として定義されていることにある。それにも関わらず、科学哲学は、存在論や認識論が、互いのスタンスを表明しては論争ばかりしている。そんなわけで、彼らの見方によると、「アクションリサーチの基準となるような、議論の余地なき存在論的・認識論的スキーマなど存在しない」（2006; 806）。Lonergan（1992: 233）は、普遍的に検証された原理や理論に関する知識に限って「科学」という語を用いることを提案している。常識的な思考をもとにした学習や、他の社会科学については、「学問（scholarship）」という語を用いてはどうかというのがその提案である。

アクションリサーチは、アクションを志向するさまざまな方法を使って、伝統的な科学に挑む。実践的であることや、自己の主体性を何より優先すべきだというMacmurray（1957）の主張については先に触れた。アカデミックな調査や言説の目的は、単に世界を記述し理解し説明することではなく、世界を変革することでもあるのだという認識論的な前提のもと、アクションリサーチャーは活動する（Reason and Torbert, 2001）。ひとつの出版物は、ただ知識を形にしただけのものではない。使われたデータと証拠収集の方法という以上のものである。最初にその研究課題を取り上げようと決意した人や、その研究から直接利益を得る人の存在も、ひとつの出版物には含まれている。知識を生み出す力を、研究される側の人々と分かち合えば、研究者と政策意思決定者に占有された、知識や政策の発展を覆すことができる。アクションリサーチャーは、このような課題にこそ参加しなくてはならない。政治的にナイーヴとなることなく、アクションリサーチの価値観に沿って、組織やコミュニティの様々な政治的立場の間で巧みに行動できるセンスがそこでは求められる。

このような論争の核心からは、知る側と知られる側を分断したがる現代の強い傾向が浮かび上がってくる。知る側の立場とは「こっち」にいる主体のことで、その主体が「あっち」の対象を観察し省察する（Coghlan, 2010a）。経験主義の哲学者は、人間の内的な知覚とは、外部の存在が形を取ったアナロジーとして心に描かれるもので、その内的知覚をもたらす能力が意識なのだと考えた。カントによると、何であれ知識の対象は、まずもって感覚認識の対象でなくてはならない。近代的な社会科学は、このような知覚主義の立場に縛られて認識を捉えており、それが行動主義や実証主義となって現れた。現代哲学は、実証主義の影響で、意識の働きを考える際に主体の問題を避けてきた。そのため、マネジメントや組織の研究からも、主体は無視され排除されてきた。知覚主義が失敗したのは、意味によって媒介される世界にも、その世界を構成するのに人間の意識が果たす役割にも、関心を向けて来なかったからである。ポストモダンや現象学の議論は、このような、直接性や客観性の重視というこれまでの傾向を批判した。そして、意味と価値に私たちがいかに依存し、この世界が人間の意識と言語によってどのように構成されているかという問題へと焦点を移していった（Ladkin, 2005; Shotter, 2007）。アクションリサーチは、「言語論的転回（linguistic turn）」を越えて、現代はさらに「アクション的転回（action turn）」の時代であると論じている。そこでは「探究の活動は、人間存在と、そのコミュニティ、そして人類がその一部であるところのエコシステムの繁栄に、直接貢献する」（Reason and Torbert,2001: 6）。

〔内面（interiority）〕

これらの哲学的な議論は、第2章で述べた「経験に即した認識法」が、アクションリサーチをその内外から理解するのに役立つことを示してくれる。意識を、知覚の一形態などではなく、人間の知識操作を司る本質として理解しなくてはならないというのが、経験に即した認識法のポイントである。Coghlan（2010b）によると、経験に即した認識法は、理解がどのようになされるか、新しい経験や洞察がいかに理解を変革するかに関心を向けるよう私たちに促す。経験に即した認識法は、何かを洞察することは単に感覚知覚を研ぎ澄ますことではないことを明らかにしてくれる。そして、何かを探究することは、「こっち」にいる自己が「あっち」に実在する事物の世界を統合し呑み込むことだという前提をも問い直す。さらに、経験に即した認識法は、発見型の研究と検証型の研究という、誰かがつくった区別すら無意味にしてしまう。発見すること（理解を追い求めること）と検証すること（誰かが洞察して発見した事柄に判断を下すこと）は、どちらも知的なプロセスに属する活動である。すでに見てきたとおり、あらゆる知的活動は、その両方を含んでいるのだ。

経験に即した認識法に関する第2章の議論をもとに，命題知と実践知を結びつける**内面**という考え方を提案したい。アクションリサーチャーは，その内面を通して，理論と実践知という相異なる領域を行き来し，両者の違った貢献を認識しつつそれぞれを適切に評価している（Coghlan, 2010b）。実践知や理論という，いわば外の世界から，何かを知ろうとする存在としての自分自身，すなわち自己の内面へと，目を転じることが重要である。内面に目を転じるとは，「**何を知るか**」から「**どのように知るか**」へと発想を転換する，知的な自己意識プロセスのことである。内面を分析するとは，自分の心のはたらきに関する知識を使って，真実を求めるあらゆる領域の営みを批判的に検討することである。内面に目を向けるというのは単なる認識の問題ではない。それは，自己と自分の心の使い方を変えることである。内面という道具は，実践知と理論それぞれの力を認識し，それらの求めに応じつつ，両者を混同しないようそこから距離を取るのに役立つ。内面とは，実践知や美的な知の分野で夕日を詩的に語りつつ，太陽が決して沈まないことを科学理論として明瞭に意識できるようにする手段のことである。

内面は，批判的なリアリストというアプローチを導き出す。何がリアルかを自分の判断で断言でき，自分の洞察を自分で批判でき，最適な証拠を確認できるのがリアリストである。Burgoyne（2011）によると，批判的なリアリストは，過剰な経験主義と過剰な構成主義の中間に位置している。極端な経験主義は，世界を，十分実験すれば理解しコントロールできる，決定論的な機械のようなものと考えている。一方，極端な構成主義は，世界とは文化的な意味のうつろう海でしかないと考えている。内面は，実践知と理論のどちらも否定せず置き去りにもせず，それぞれを適切に評価し，両者の限界を認識しながら乗り越えていく。科学的な問いは，観察可能なデータに訴えることで確固たるものになる。しかし，内面の世界では，データは，知覚も観察もできない，内面の意識という個人的な世界に属する（評価プロセスについて説明した第2章の議論のとおり)。

省察(リフレクション)とは内面のプロセスである。それは経験から立ち戻って経験を問い直すプロセスであり、さらなるアクションのプランを描くための洞察と理解を得ることだと説明されている(Kolb, 1984; Boud et al., 1985; Moon, 1999; Raelin, 2008)。具体的な経験と、それに対する判断と、新たなアクション選択との間には、批判的な結びつきがある。Raelin (2008) によると、そこで鍵となるのが学習である。学ぶことは、実践の中で物事を計画し、そこで発見し達成したことを明らかにして、その意味を自覚していくプロセスだからだ。彼はこうも述べている。省察はオープンになされなくてはならない。自分の内密な憶測を乗り越え、自分の知識がどのように構成されているかを知るためである。アクションリサーチにおける省察とは、アクションとリサーチを統合する活動のことである。第1章で検討したように、アクションリサーチ・サイクルとメタ学習の両方で、その内容、プロセス、前提への省察が不可欠である。

内面は、私たちがどのようにものを見、考え、判断、想像、記憶、批判、評価、結論づけ等々をしているかという、自己に関する知識を要求する。内面の主たる特徴は、人間理解の活動を理解することにある。私たちは、経験に即した認識法を使うことで、データを検討し、適切な問いを発し、それを検討できる。いつ合理的な結論にたどりついたかを知り、その結論に責任を持つことができる。自分の誤りを省察し発見できる。自分たちの誤り、バイアス、推測、偏見、恐怖、不安、誤った判断の源を探究できる。面倒な問いを無視し、すべてのデータを検討しないまま結論に飛びついてしまうような探究プロセスをどうすれば克服できるかもわかるようになる(Argyris et al., 1985; Coghlan, 2008)。

Argyris (2004) はこう述べている。学問は信奉理論 (espoused theory) に捉われがちで、使用理論 (theory-in-use) を対象として扱うことができない。私たちの記述している理論を私たちがどのように創り出したかを、研究では扱うことができない。経験に即した認識法は、そのための枠組みと方法―アクションの科学や学問の基盤―を提供する。内面は、ある状況で共存している、異なる意味の領域に注意を向けられるようにし、私たちの思考のあり方や、私たちの保持する理論、私たちがともに行う実践についての洞察をもたらす。

Meynell（1999）はこう論じている。経験に即した認識法を、注意深く、知的に、合理的かつ責任をもって使うことで真実と価値に至ろうとするのであれば、内面を使うことは「新しい啓蒙」―近代思想とポストモダン思想の総合―なのだと言ってもよい。経験主義者たちが感覚経験に向けていたような注意を、私たちは、自分自身の感受性や心の働きに対して向けることができる。何をという問いや、なぜという問いを掘り下げることで、私たちは理に適った判断が下せるようになるし、証拠に沿った理解を心がければ、私たちは明確に、あるいは条件つきで、物事を断言できるようになる。善と悪、真実と偽りについて、筋の通った判断ができるようになるし、その判断に従って責任ある振る舞いができるようになる。自分の目指すものを自覚しているか、自分の理解は知的かそれともバイアスを帯びているか、自分の判断は合理的か、自分のアクションにどのような責任をもつか、これらの問題を自分で解決できるようになる。さらなる問いかけ、検討すべき新たな証拠、克服しなくてはならないバイアスが常に発生する以上、事実と価値に関する私たちの判断もまた常に変化し続ける。そうした状況のなかで私たちの挑戦すべき核心は、第2章で述べたとおり、真正であろうとすることである。別のものになろうとすることは、自己破壊に他ならないからだ。

アクションリサーチのモード（modalities）

「アクションリサーチ」という言葉は包括的で、まごつくほど幅の広い活動や方法のファミリーを指すのに使われる。核心部分について言えば，アクションリサーチとは，協働的になされる同時的なアクションとリサーチに焦点を当てた研究アプローチのことである。こうしたアプローチの中には，特徴を異にするさまざまなモードがある（Raelin, 2009; Coghlan 2010a, 2011）。あるアクションリサーチのモードは社会学から発達したもので，社会政治的システムとしてのコミュニティの変動に関心をもつ。このアプローチは組織の外側に焦点を当てており，構造的な解放という課題，たとえば教育，社会的排除，権力と統制などのテーマを扱う傾向がある（Chevalier and Buckles, 2013）。このタイプのアクションリサーチは伝統的に，特に南半球に多い。別のアプローチ，特に北半球に多いタイプは，応用行動科学を起源とし，組織を現場に発達してきたものである（Coch and French, 1948; Foster, 1972; French and Bell, 1999; Adler et al., 2004; Coghlan, 2012a）。このアプローチと同じ方向を向いたものとしては，職場の人間関係や，地域開発での社会的なパートナー同士の関係に焦点を当てたアクションリサーチがある（Fricke and Totterdill, 2004）。人間関係を構築する際の中心は，民主的な対話のプロセスである。本書は組織という現場でのアクションリサーチにまずもって関心を向けているので，その意味ではアクションリサーチの北半球的な伝統に属する。

アクションリサーチのモードは，そのいずれもが，物事を理解するための基本的な考え方を表現している。それぞれのモードは，そのモードを創り出した人や集団に固有の枠組みである発想の原点（generative insight）を土台としている。発想の原点は，それぞれのモードの中で，さらなる洞察や方法を次々と生み出す（Coghlan, 2010a）。代表的なモードのいくつかをここで紹介しておこう。組織開発，アクション・ラーニング，アプリシエイティブ・インクワイアリー，（組織）臨床的インクワイアリー，協力的インクワイアリー，ラーニング・ヒストリー。どのモードも，それぞれの発想の原点を土台として，際立った特徴やポイントを形成している。それぞれの依拠する発想の原点，および，経験に即した認識法の使い方に焦点を当てることで，各モード固有の発見を導き出し，アクションリサーチに対する自分なりの関わり方を見出せるはずである。

アクションリサーチを通した組織開発

アクションリサーチは、組織開発を特徴づける要素の一つであり、組織開発の中核的な起源の一つでもある（Schein, 2010［1989］; Pasmore, 2001; Bradbury et al., 2008; Coghlan, 2012a; Klev and Levin, 2012）。協働的、介入的な研究スタイルについてみれば、レヴィン的な実践学に根ざすものとして、アクションリサーチは基礎づけられる（Coghlan and Jacobs, 2005; Bushe and Marshak, 2009; Burnes and Cooke, 2012; Coghlan, 2012a）。先に触れたとおり、アクションリサーチにとっての発想の原点を、Lewin（1997［1946］, 1999［1948］）自身の識見のうちに見て取ることができる―物事を説明しようとするなら、それを変えてみようとしなくてはならない。この洞察から、人間システムを理解し変化させることができるのは、人がそのメンバーとして探究プロセスに参加したときだけだというアクションリサーチの強い信念が導き出された。組織変化のプロセスにメンバーとして参加するという伝統は、組織開発の品質証明とでも言うべきものであり、よいデータを得て変化を達成するための方法として、組織開発の科学的な前提ともなっている。アクションリサーチは、組織開発の土台となる二つの仮定に依拠している。仮定の一つは、クライアントや学習者を学びに参加させることが、学習の向上だけでなく、システムの実際の挙動に関するより正確なデータの獲得につながるというものである。もう一つの仮定は、システムを変えてみようとすることによってしかそのシステムは理解できない、変化する人間システムは伝統的な研究方法ではコントロールできない変数群を常に含んでいるから、というものである。組織開発のアクションリサーチは、行動科学者とクライアントの協働を土台としている。両者は、組織における介入（アクション）と、組織開発における課題の探究およびデータ生成（リサーチ活動）で協働する。両者は課題解決に向けたアクション計画を開発し、それを実行に移す。そして彼らはともに、意図されたものと意図せざるものの両方を含む、アクションの結果を評価する。そしてこの評価は、課題の見直し、アクションの立案、アクション実行とその評価という、さらなるサイクルを導き出す。計画とアクションから、評価と知識生成までの協働の動きは、循環的－連続的なフェーズ（cyclical-sequential phase）になっているだろう。これらの活動は、行動科学の新しい知識を生み出すことにも貢献する。生み出された知識は、一般法則、課題のタイプ分け、コンサルタントとクライアントの協働プロセスなど、他の行動科学者に役立つ情報を蓄積することになり、個々の事例を超えた研究テーマにもつながっていく。

■参加型アクションリサーチ（Participatory action research）

組織の外側に焦点を当てるアプローチの典型が参加型アクションリサーチである。参加型アクションリサーチでは、コミュニティの状況や構造をさまざまな面から変えていくため、コミュニティ全体の平等主義的な参加が必要である。ここでの発想の原点は、権力あるいは権力の欠如が、集団を意思決定から遠ざけてしまうというものである。それゆえ、参加型アクションリサーチでは、コミュニティの成員が自分で知識を形成し、それを自分たちのために使うよう人々に促す（Lykes and Mallona, 2008; Rahman, 2008; Chevalier and Buckles, 2013）。平等化と解放をめざすアクションリサーチの多くは参加型アクションリサーチのバリエーションである。本書ではこのアプローチは扱わない。

■アクション・ラーニング（Action learning）

アクション・ラーニングは、学習という課題を手段として、組織の人々の成長を促すアプローチである。

このアプローチは、人はまず最初に何かを学習し、続いてそれを応用する、という伝統的な学習プロセスを無効にする。アクション・ラーニングの発想の原点は、Revansの二つの言明に現れている。「アクションを欠いた学習などあり得ないし、学習を欠いたアクション（まじめに考え抜かれていないアクション）もあり得ない」(2008: 83)。そして「自分自身を変えられない者に、自分の周りで起きていることを変えることはできない」(2008: 85)。アクション・ラーニングの中核は、パズル(puzzles)と問題(problems)の区別である。パズルには、正しい解法が存在するという意味での難しさがあり、専門家や熟練者のアドバイスに従わなくてはならない。一方、問題には、単一の解などとうてい存在しないという難しさがある。異なる人々が、それぞれの価値体系や過去経験や期待する結果に沿って、まったくちがったアクションを求めるからである。

Revans(2008)による学習の公式に従えば、アクション・ラーニングは次のように公式化できる。

L＝P＋Q

Lが学習、Pがプログラムされた学習(すなわち、いま使っている知識、すでに知っていること、本に載っていること、等々)、そしてQが洞察の探求(questioning insight)である。

この公式は、Qすなわち洞察の探求をクローズアップすることで、私たちの使っている、経験に即した認識法の重要性を明らかにしている(Coghlan, 2012b)。Revans(1982)は、アクション・ラーニングの三つの重要なプロセスを整理し、それを「アクションの人間行動学」と呼んでいる。

1. **システム・アルファ**―検討中の課題について探究するプロセス：課題の歴史、これまで書かれてきたこと、課題の解決をこれまで阻んできたもの、これまでの試みなどを探究する。

2. システム・ベーター アクション・ラーニングは、アクションとリフレクションを通して課題の解決を追究する進行中の科学である。
3. システム・ガンマー アクション・ラーニングでは、個々人の批判的な省察、そして、最終的な学習をもたらす集団の相互作用の質が重要である。これがアクション・ラーニングのエッセンスである。

三つのプロセスで重要なのは、アクション・ラーニングが、作り事ではない現実的な課題への取り組みに関心を向けていることである。また、アクション・ラーニングが課題への取り組みにおいて科学的に厳密である一方、アクションから学ぶ者は批判的な主観の持ち主でなくてはならないという点も重要である。学びに参加する人は、自らの学習に責任を持ち、それをコントロールしているので、そこには最低限の専門家しか必要ない（Revans, 2008; Pedler, 2011）。システム・アルファ、ベータ、ガンマの人間行動学を実行すれば、アクション・ラーニングでともにグループをつくる同輩同士が、学習者として自分たちの経験を批判的に探究し、洞察を獲得し、問題に対してアクションを起こすリスクを取り、省察すべきさらなる経験がそこで発生する－そしてそのプロセスは継続する（Pedler and Burgoyne, 2008; Coghlan and Rigg, 2012）。アクション・ラーニングは経営教育の文脈で広がっているが、研究アプローチとしてはいまだ緒に就いたばかりである。アクション・ラーニングの理論とプロセスが、アクションを志向する研究の土台となるかどうかを検討する文献も刊行されつつある（Coghlan and Coghlan, 2011）。

■アプリシエイティブ・インクワイアリー

アプリシエイティブ・インクワイアリーはCooperriderの研究から生まれた。システムに欠けているものではなく、すでにシステムの中で動いているものに焦点を当て、それを価値付けることで、システムに大きな変化をもたらそうとするのが狙いである（Reed, 2007; Ludema and Fry, 2008）。探究（インクワイアリー）とはポジティブなものだ、というのが、このアプローチの土台であり発想の原点である。このアプローチでは、人々は、自分たちの言動の中の価値あるものをクローズアップし、その成り立ちを自分たちで調べようとする。そのことが、比喩や会話のもつ生成的な力を強化し、変革のアクションへとつながっていく（Ludema and Fry, 2008; Bushe, 2012）。

アプリシエイティブ・インクワイアリーを使うには二つのサイクルがある。「四つのD（発見（Discovery）、夢（Dream）、デザイン（Design）、実行（Delivery））」と「四つのI（着手（Initiate）、質問（Inquire）、想像（Imagine）、革新（Innovate））」である。二つのサイクルは、研究者と実践家が、その経験からアクションを選択するのに役立つ。また、ポジティブな問いのもつ力を理解し、そこから洞察を得るための手助けとなる。そのためには、サイクルの各々のステップに、経験、理解、判断が、必ず含まれていなくてはならない。たとえば発見のステップは、うまくいっている経験を探し、それがどのように、なぜうまくいっているかを理解し、下した判断によってそれを確認することを含んでおり、これらを踏まえて夢が創造される。サイクルの別のステップでも、経験に即した認識法が一貫して用いられている。

■（組織）臨床的インクワイアリー（Clinical inquiry research）

組織研究における組織開発のアプローチについて記した中で、Schein（1987, 1995, 2008）は研究に「臨床的」アプローチを持ち込んだ。Scheinの言う臨床的とは、人間システムに専門家として携わる、訓練を受けた援助者（たとえば臨床心理学者やカウンセラー、ソーシャルワーカー、組織開発コンサルタント）のことを指す。このような訓練された援助者は、組織の臨床家として次のような活動をする。

●学習と変化のプロセスをじっくり観察することを重んじる
●介入の効果を重視する
●健康なシステムで機能しているものをモデルとして介入し，健康な機能状態からの逸脱を示す病理，困難，異常に着目する
●システムのリアルな挙動を記述して概念を開発することにより，理論と経験的な知識とを構築する
(Schein, 1997)

(組織)臨床的インクワイアリーの根底にある発想の原点は次のようなものである。組織に招かれてアクセスを得たからには，組織の役に立ち，変化を引き起こせるような介入をすることこそが，組織を理解し変えていくための最も有効な方法である(Schein, 1987, 1995, 2008)。

ここでも，経験に即した認識法が，(組織)臨床的インクワイアリーの実践を支えている。クライアントが自分の経験と向き合い，自身の経験から洞察を獲得し，その洞察と証拠の適否を判断してアクションを取れるよう，経験に即した認識法は，臨床的な研究者を手助けしてくれる(Coghlan, 2009)。Coghlan (2009)によれば，(組織)臨床的インクワイアリーは，クライアントに対してだけでなく，研究者自身にも，経験に即した認識法を適用することを求める。(組織)臨床的インクワイアリーは，データを注意深く取り扱い，物事の知的な理解を心がけ，判断に際しても合理的で，クライアントに対する介入に責任を持つものだからである。本書では，(組織)臨床的インクワイアリーを個別の研究モードとして記述しているが，二人称的なスキルの中核をなすものとしても取り上げている(これについては先に第2章で述べた)。

■協力的インクワイアリー（Cooperative inquiry）

アクションリサーチで選択できるモードのひとつが協力的インクワイアリーである（Reason, 1988, 1999; Heron, 1996; Heron and Reason, 2008）。HeronとReasonは協力的インクワイアリーを次のように定義している。「二人称のアクションリサーチ形式で、すべての参加者が研究グループの中で共同研究者、共同主体としてともに活動する」（2008: 366）。Reason（1999）は、協力的インクワイアリーのプロセスを以下のフェーズに整理している。

1. グループで互いの興味や関心について話し合い、探究の焦点を何にするかで合意する。そして、メンバーが明らかにしたい問題について、質問や提案をともに開発する。
2. グループは、メンバー同士の日常生活の中でアクションを応用する。メンバーはアクションを開始し、それを観察し、自身および他のメンバーによる行動の結果としてそれらを記録する。
3. グループメンバーは共同研究者として自分たちの経験に没頭する。自身の経験に深く内在してもいいし、当初のアイデアや提案から離れ、新しい経験や、予想していなかったアクションへと方向を転じ、洞察を生み出してもよい。
4. 第2、第3のフェーズに入って以降の決めておいた時点で、自分たちの経験に照らして当初の問いを再考すべく、共同研究者がふたたび集合する。

協力的インクワイアリーを**理解**するには、次のような発想の原点に着目するのがよい―経験のフェーズでは、各々の参加者が、対象となる活動に**共同主体**（co-subject）としてどのように参加しているかが重要である。また、省察のフェーズでは、アイデアの生成、プロジェクトのデザインと運営、結論の導出に、参加者が**共同研究者**（co-researcher）としてどのように関わっているかを問うことが重要である。

協力的インクワイアリーでは、参加者たちの活動の中で経験に即した認識法が作動し、それがグループに提示され問いに直面する。グループメンバーは、一人ひとりが、自分たちの経験をどのように意味づけているかを探究する。そしてさらなる問いが投げかけられる。グループがメンバーの経験を探究するごとに、さらなる洞察が生まれ、その意味が明確になっていく。かくして、経験の共有、問いの投げかけ、洞察の生成、意味の明確化とアクションによる検証という絶え間ないサイクルが生まれ、さらなる洞察、検証、理解と行動へとつながっていく。協力的インクワイアリーで重要なのは、異なる理解の仕方があってこそそれがうまくいくという点である。それゆえ、経験も洞察も、人によって異なるかたちで表現される。第8章で、Meehanが自分の組織で実践した協力的インクワイアリーの事例を紹介しよう。

■ラーニング・ヒストリー（Learning history）

ラーニング・ヒストリーとは、「学習する歴史家（ラーニング・ヒストリアン）」として活動する外部コンサルタントの援助のもと、変革への意志をもつ参加者がつくりあげるドキュメントのことである（Kleiner and Roth, 1997; Roth and Kleiner, 1998; Roth and Bradbury, 2008）。「ラーニング・ヒストリーの目的は、未来の望ましい実践を生み出していくために、過去のアクションを対話的に省察するべく、その参加者を増やすことである」（Bradbury and Mainmelis, 2001: 342）。このアプローチは、組織を前進させる支えとなるよう、これまでの変化に影響された／されなかった人々の経験や理解を、彼ら自身の言葉で表現する。ラーニング・ヒストリーは、組織に介入することによるアクションリサーチのプロセスである。アクションリサーチのドキュメントが、学習を促進するという目的のもと、「組織の重大エピソードに関する語られた記述」（Kleiner and Roth, 1997: 173）として利害関係者にアクセス可能となっていれば、こうしたアクションリサーチのプロセスが発生する。

ラーニング・ヒストリーは、単独の著者や研究者グループによる一義的な声ではなく、組織の歴史に関する、同時発生的で、複数的で、往々にして互いに矛盾する声を表現する。共同で語られる物語は、語られたテキストと、参加者たちによる（たいていは意見を異にする）解釈の声や、ラーニング・ヒストリアンの声を並置したフォーマットとして表現される。共同で物語ることを通してグループの学びを取り出し、それを表現できたら、読者も組織変革について学習できるはずだというのが、ラーニング・ヒストリーの根底にある発想の原点である。読者はテキストに接し、複数の声や視点から得られる洞察を求めて、どの段から読むか、リサーチ参加者のナラティヴやラーニング・ヒストリアンのコメントをどう行き来するかを自ら選択する。その選択を通して、読者は問いを立てることを促される。KleinerとRoth（1997）は、そのやり方についての枠組みを紹介している。個々の物語に関わる重要な利害関係者は、それぞれの観点から、ページの右側の段に記されたナラティヴを読む。そのナラティヴを研究する社会科学者やラーニング・ヒストリアンは、さらなる討議の基盤となる省察や分析のためにページ左側の段を使うのである。

ここでは、経験に即した認識法が会話と書かれたテキストの両方で使われる。ラーニング・ヒストリーの中で複数の声と視点を聞き、それを読み解くことで、他者の洞察をもとに新たな発見がもたらされる。また、会話を通して新たな洞察が共有され、そこから決断とアクションの立案、そして実行という連鎖が生じる。

■協働的マネジメント研究（Collaborative management research）

Shaniらは協働的マネジメント研究を次のように定義している。

メンバーの少なくとも一人は組織の一員で、少なくとも一人は外部の研究者であるような、一つまたは複数のグループによる研究で、経営者の行動、そのマネジメント手法、組織の配置状況が、システムのもたらす成果やシステムそのものにどのような影響を及ぼしているかを明らかにしようとするもの。科学的な根拠をもち、集めたデータから誤った結論を引き出すことを避けられる研究方法を使用する。システムのパフォーマンスを向上させ、マネジメントの分野に広範な知識をもたらすことをあわせて意図している（Shani et al., 2008: 20）。

Shaniらの見解によると、協働的マネジメント研究はユニークで、アクションリサーチとは異なる。このアプローチでは、実践家と研究者が共同の理解を目指してともに参画し、お互いがお互いの学習と知識に責任を負おうとする。それによって新たな価値を生み出そうとしている点が、本章で述べてきたアクションリサーチのアプローチとの違いということになる。

アクションについて、さらに別のことを強調した表現もある。**マネジメントにおける介入的アプローチ**（intervention research in management）と**品質測定的介入アプローチ**（qualimetrics intervention research）というのがそれで、フランスで行われた、研究者が企業とともに活動するタイプのアプローチを指す（Hatchuel and David, 2008; Savall and Zardet, 2011）。**相互作用的アプローチ**（interactive research）は北欧諸国で使われる用語である。このアクションリサーチのアプローチでは、高いレベルでの研究参加を求めるだけでなく、参加者同士の関係が平等であることをとりわけ強調している。研究プロセスを通しての、参加者と研究者による共同学習こそが何より重視されているのだ（Nielsen and Svensson, 2006）。

■リフレクティブな実践（Reflective practice）

リフレクティブな実践は、個々人が自身のアクションをどこまで批判的に省察できるかに焦点を当てる。

このアプローチはSchon（1983）の研究と結びついている。リフレクティブな実践は、アクションリサーチの特定の一面である、一人称的なアプローチのようなものと見なされがちである。リフレクティブな実践に関する論考はおおよそ個人ばかりに焦点を当てており、組織のダイナミクスも、個々のアクションにつながるその影響も考慮していない。Schon（1983）は、リフレクティブな実践家が「リフレクティブな研究」に関わる方法として四つを挙げている。

1. **フレーム分析**－実践家が自らの「フレーム」を意識し、その代わりとなるものを考察するとき
2. **レパートリー構築の研究**－アクションに対する省察の事例を蓄積し記述するとき
3. **基本的な方法や支配的な理論に対する研究**－アクションの科学における実践エピソードに対して検討を加える場合
4. **アクションにおける省察のプロセスについての研究**－実践家がアクションへの省察を学ぶプロセスについての研究

■評価的インクワイアリー（Evaluative inquiry）

アクションリサーチと関わりが深いのが評価的インクワイアリーのプロセスで、組織学習を生み出す発見プロセスに沿って、伝統的な評価実践を位置づけ直したものである（Preskill and Torres, 1999）。アクションリサーチの数多くのプロセス、たとえば協働的探究、省察、共同での計画立案とアクション実施のたびに、プロジェクトに対する評価を行って介入することで、組織学習を刺激する。

初心者である読者にとっては、あまりにもたくさんのモードが出て来て混乱するばかりだったかもしれない。これらの異なる方法は、互いに相容れないものでは必ずしもないことを強調しておくのが、本書の

観点からは重要である。これらのモードは、それぞれの発想の原点から導き出された原則と道具の集合体であり、異なる研究テーマや文脈ごとに適したものを採用すればよい。それぞれが固有の特徴を持っており、他のアプローチとあわせて適切に使えばいいのである。重要なのは、アクションリサーチャーとして、目指す探究と置かれた状況に合った方法を探すのに本書を役立てることだ。

結論

本章では、アクションリサーチの本質を解き明かし、あなたの研究を、深く豊かな伝統によって基礎づける手助けとなるよう、アクションリサーチにおけるアクションのダイナミックスに立ち戻って検討してきた。アクションリサーチの基盤が、研究者と、組織やコミュニティのメンバーの協働的なアクションであることを示した。アクションとしての探究は、現在時制で設計され展開していても、課題の発見や問題解決を志向し、さらなるアクションへとつながる知識を生み出していく。残念ながら、アクションリサーチという言葉は、クライアントを研究に引き込むためのいい加減な惹句になりがちで、アクションの場で真実を明らかにする、パワフルな概念的道具という本来の役割を失いがちである。アクションリサーチは、実践知の領域に属する学問形式なので、実験的な物理学などは手本にならない。しかし、メンバーたちが変革を成し遂げようとしているシステムを注意深く観察し、その行動のもたらす効果を研究しようとしているのだということを考えれば、アクションリサーチは正真正銘の科学的なアプローチである。

本章では、研究哲学の複雑なニュアンスを議論するのではなく、理解でき検証可能な、経験に即した認識法に沿ったプロセスへ焦点を当ててきた。そうすれば、あなたが研究に際してどんな哲学的伝統やアクションリサーチのモードを選び取ったとしても、経験に即した認識法という、信頼のおける手段によって自分を基礎づけることができるからである。その基盤を奪うことは誰にもできない。

▶推薦文献◀

Cassell, C. and Johnson, P. (2006) 'Action research: Explaining the diversity', *Human Relations,* 59(6): 783-814.

Coghlan, D. with Brydon-Miller, M. (2014) *The SAGE Encyclopedia of Action Research.* London: Sage. (See especially: 'Critical theory', 'John Dewey', 'Kurt Lewin', 'Philosophy of science', 'Phenomenology', 'Postmodernism', 'Pragmatism', 'Ludwig Wittgenstein'.)

Friedman, V.J. and Rogers, T. (2009) 'There's nothing so theoretical as good action research', *Action Research,* 7(1): 31-47.

Heron, J. and Reason, P. (2008) 'Extending epistemology with a co-operative inquiry', in P.Reason and H. Bradbury (eds), *The SAGE Handbook of Action Research* (2nd edn). London: Sage, pp.367-380.

Levin,M. (2012) 'Academic integrity in action research', *Action Research,* 10(2): 133-149.

Ludema, J. and Fry, R. (2008) 'The practice of appreciative inquiry', in P. Reason and H. Bradbury (eds), *The SAGE Handbook of Action Research* (2nd edn). London: Sage, pp.280-296.

Pedler, M. and Burgoyne, J. (2008) 'Action learning', in P. Reason and H. Bradbury (eds), *The SAGE Handbook of Action Research* (2nd edn). London: Sage, pp.319-332.

Roth, G. and Bradbury, H. (2008) 'Learning history: An action research in support of actionable learning', in P. Reason and H. Bradbury (eds), *The SAGE Handbook of Action Research* (2nd edn). London: Sage, pp.350-365.

Schein, E.H. (2008) 'Clinical inquiry/research', in P. Reason and H. Bradbury (eds), *The SAGE*

Handbook of Action Research (2nd edn). London: Sage, pp.267-279.

エクササイズ3・1　自分の哲学的ルーツを探求する

基本文献や、アクションリサーチを根底で基礎づけ特徴づけている哲学書を読んで、自分の研究哲学の位置づけがわかるリフレクション・ノートを書いてみよう。

エクササイズ3・2　モードを選択する

いま構想している組織内アクションリサーチの計画を熟考し、そこで使おうとしているモードにおける発想の原点が、研究デザインをどのように特徴づけ、研究にどんな力をもたらしているか、リフレクション・ノートを書いて明らかにしよう。

PART II

内部者アクションリサーチの

実　施

IMPLEMENTATION

第4章 内部者アクションリサーチ・プロジェクトを構築・選択する

この章の根底にあるのは、「アクションリサーチのプロジェクトをどのように構築していくのか？」という問いである。課題を構築する際、課題に名前を与えるが、名前を与えることで、どのように分析し、どのような評価基準を作るのかにも目を向けることになる。課題の構築は、一義的に決まることではなく、試行錯誤的にアプローチする必要があるプロセスである。なぜなら、課題を設定し、定義すること自体が、意図していなくともすでに解決の方向性までも含んでいるからである。そのため、一旦課題を構築しても、その後に課題を構築し直すことも起こりうるし、一度立てた課題をあきらめて新しい参照枠をつくり直す、という努力が絶えず必要になってくる。

アクションリサーチ・プロジェクトを構築する

課題を構築することとは、簡単そうに見えるが、実は複雑なプロセスでもある。あなたにとって内部者アクションリサーチ・プロジェクトに興味を惹かれる点は、実務的な経営上の課題かもしれない。例えば、再発する問題や成長の機会があって、経営者や上司が、研究して解決することを望んでいるようなケースである。Bartunek et al.（2000）は、銀行と顧客との関係を改善するプロジェクトの例を提示している。明らかに、このような研究プロジェクトは、特に経営者にとって有用性の基準を満たしているし、研究者にとっても、研究の時間枠の中で目標が達成でき、管理しやすい。

一方で、アクションリサーチが進むと、このような明確な経営上の問題が、みかけよりも複雑であることが明らかになることもある。例えば、キーパーソンたちが自分の任務や考え方の変更を余儀なくされるような複雑な問題がでてくる。Bartunek et al.（2000）は、製造工場において、一貫生産製造システムを高度化したことで、企業の経営そのものが抜本的な変更を迫られることになった過程を明らかにした。

課題を特定し、選択することがより複雑になれば、研究に値する課題を設定することは、さらに難しくなる。では、内部研究者はどうすれば、研究するに値する課題群を正しく把握している、という感覚を養うことができるのだろうか？　およそアクションリサーチの関心を惹くような広義で多様な一連の課題の組み合わせを、ここでは「課題群（the array of possible issues）」と呼んでいる。もちろん、すべての課題が明確であると言っているわけではない。研究者が、一目瞭然にわかる課題もあれば、わからないものもある。組織のメンバーが、鍵となる課題をどのように認識しているのかを解き明かさない限り、わからないようなものもある。つまり、自動的に解決に導いてくれるような課題ばかりではないのである。鍵となるのは人間の認識であり、したがって組織のアクターの解釈が、すべてのプロセスの中で、きわめて重要なのである。

広範で多様な課題群の存在を認識すると同時に、いったん関心に基づいて「ある課題」を選択すれば、どのような課題でも関連する課題群に埋め込まれていることを理解することが重要である（Beckhard and Harris, 1987）。そうなると、どこまでできるか（という線引きの問題）に直面し、限られた研究の時間と、利用可能な資源の中で選択せざるを得なくなる。

そのため、最初から特定の方向に関心を誘導するような「解決するべき問題」や「解決するための好機」といったような言葉ではなく、中立的に「課題」という言葉を使うことが重要になってくる。なぜなら、言語やラベルというのは、ここで得られる結果に、重要な意味をもたらすからである（Dutton et al. 1983やCooperrider and Srivastva, 1987）。例えば、「解決すべき問題を特定する」や「解決するための好機を探す」という含みで、研究に取り組もうとすると、明らかにリスクがともなう。ある課題に過ぎないものを「問題」として構築してしまうと、問題を解決する中で関わる人々に影響を与えてしまう恐れがある。「問題」だとして取り組むと、組織のメンバーが、何かを失ったと感じやすくなったり、「満足する解決を導き出さなくては」という組織的な思いに疑いを抱いてしまったり、組織とは距離をおき「関わらないでおこう」と考えてしまうかもしれない。しかしながら、アクションリサーチ・プロジェクトというのは、伝統的な手順や陥りがちな考え方にも挑戦していくものでなくてはならない。

さらに、「好機」という前向きな言葉ではなく、「問題」というネガティブな言葉を使うことで、考え方がより一層萎縮してしまう可能性もある（Dutton et al., 1983）。問題解決に気持ちを奪われるあまり、考えうる代替案の幅そのものを狭めてしまったり、本当は別の解決策があるのに、そのことに組織のメンバーが気付けなくなったりする。それよりは、「好機」というラベルを使う方が、より広がるような考えができたり、それに関連した利益を得るという良い感覚を持てたりする場合がある。この方が、組織のメンバーは、何かを作り出せるような重要な機会に取り組むといった、ワクワクした感覚を感じることもできるだろう。Bushe（2012）は、肯定的な意味において課題を構築することは、新しいものを生み出す力強い行為である、と強調している。それは、参加するアクションと豊かな理論の両方を作りだす可能性を大いに秘めているのである。

最後に、言語やラベルは、リスク行動に影響しやすいという意味でも重要である（Dutton et al., 1983）。

なぜなら，「解決すべき問題」として考えることが，リスク回避的な文化を助長する一方で，「解決のための好機」として考えることは，リスクを引き受ける文化を育てるからである。「解決のための好機」を中心に考える姿勢であれば，責めるものは何もないのに，非難の的となる誰かを探すような「魔女狩り」をする可能性は低い。一方，考え方が「解決すべき問題」と結びついてしまうと，スケープゴートを探しだそうとする思いに捉われてしまう。このように考えると，最初から課題を下位分類しようとせずに，課題として考えるメリットがあることは明らかだろう。

Williander and Styhre（2006）は，エンジニア部門と製品の立案部門，またその他の関連部門のそれぞれの経験を高め合うような，介入的な協働研究をどのようにデザインしたのかを報告した。そのプロジェクトの後半では，組織内で共有されている価値を利用して，Volvoの企業価値を高めるために，社員一人一人の経験を普及することに努めた。このような介入研究アプローチは，会社の社風を変え，新たな価値を作り出すことに効果的であり，また効率的だと考えられた。なぜなら，試行錯誤にたよることがなく，個人から組織や制度までの変化を起こすような広がりがあり，学際的な研究や緻密な研究方法を採用しているため，それらの恩恵を受けられるからである。

この場合，重要なことは，いずれかの時点で，組織のメンバーがまさにこれが重要であると認めるような鍵となる課題を特定することである。こうした皆が認める重要課題には，複雑な組織的変化をともなうものもあるが，大概のものが，最初は実務的な「解決すべき問題」として分類されてしまう。すでに述べたように，すべての課題が一目瞭然であるわけではなく，そのため内部研究者にとって，明らかなこととそれほど明らかではないこと，この両方がわかる感覚を持っていることが重要である。一見すると明らかに見えていても，組織のメンバーにとって公然とは受け入れられない，より深刻な課題の「見せかけの姿」かもしれない。さらに、このような深刻な課題を特定することで、繰り返し問題を引き起こすような根本的前提を探究する必要性も出てくる。もし、明らかであるようにしか見えない課題でも、目の前にある課題の性質から、重要なことがよくわかっていないとしたらどうなるだろうか？ それが明らかになったのは、反対意見を取り込んで、組織のメンバーの結果へのこだわりを反映したからであって、根本原因には一切目が向けられていないのではないだろうか？

研究提案書がVolvoの上級管理者に渡され、承認された際に、予算が確保されていなかったことについて、Williander and Styhre（2006）は次のように振り返っている。内部者アクションリサーチャーは、自らのプロジェクトのための強力なサポートを得られていたが、それはせいぜいリップサービスであって、いざ研究を行おうとした会計年度において、研究資金として使用できる予算が全くついていなかったのである。

内部者アクションリサーチャーは、組織が成長する中で紡がれていく物語とともに進んでいく必要がある。最初の問いやデータが、課題に取り組むには不適切であっても、探究を能動的に続けられるように取り組むべきである。また、取り組むべき一連の課題群に関して、コンセンサスが得られているかどうか常に確認しておいた方がよい。このような一連の課題群は、組織のメンバーがどのように重要課題を認識しているかを常に考え続けることで、修正され、変更され、構築される。そうすることで、組織のメンバー間の考え方の違いが、良識的で多様性のあるものとして受け入れられるかもしれないし、現在ある課題の様々な領域の中に、葛藤を生じるような小さな、しかし、重要な領域があることが露呈するかもしれない。変化は、対立するアイディアや提案を支持する者同士の議論や論争を促す。そのような議論は、有用なデータとなるし、組織的な目に晒され、様々なアイディアをみんなで考えて試せるので、望ましいものである。

どのように一連の課題群を設定するのであれ、研究を構築するには、自分の身近な世界から一旦離れて、開かれた誠実な対話を通じて他者の世界に飛び込むことが不可欠である。必然的に、このことは、重要な概念やテーマを進んで探究し、課題をどのように捉えているのかという「他者の認識」が構築されるよう挑戦すべきだということを意味している。組織のメンバーが、必然であるかのように因果関係的に捉えてしまう課題も、まずは、なぜこのように課題を組み立てようとしているのかを考えることが必要なのだ。

これまでみてきたように、コンテクストから離れた組織内の課題などはありえない。課題を明らかにするには、「本当の事実」が複数あると示すだけでなく、組織の歴史や関係者のこれまでの経験が、組織のメンバーの複数の事実に対する認識にどのように影響しているのかを知っていることが重要である。同じように、どんな課題でも、政治的な行動と不可分に結びついていることを理解しておく必要がある。もし、その課題の解決方法がこれまでに取り決められているなら、なおさら重要になる。

Moore（2007）は、慈善団体の最高経営責任者として、どのように管理し、改善したのかを調査しようとしていた時、内部者アクションリサーチを引き受けることが、聖書の中にある、アダムとイブが犯した原罪のイメージ、つまり知識の木から禁断の果実を食べてしまうストーリーと全く同じであることに気付いた。彼はこの寓話の言葉で自らの経験をたどっている：研究を始めたときは、エデンの園の中にいるような気分で、問い続ける中で、組織の規範の細部にまで踏み込んで、禁断の果実を見つけてしまったと感じていた。隠されていた前提を暴いてしまった。それを「罪」と表現した。その前提によって、組織の役員会で幅を利かせていた支配的な見方や価値観に異議を唱えることになってしまった。その後、今まで表面化していなかった認識を暴いてしまったことで、彼の内部者と研究者としての役割の間に以前から存在していたコンフリクトの板挟みになり、自分が「裸」である事実を突きつけられた。「知恵の樹」から禁断の実を取って食べてしまったことで、「知っていること」と「知らないこと」、この両方の世界にいるストレスに耐えられず、最終的には辞任してしまった。

内部者アクションリサーチの経験をどのように理解したのかという、豊かな描写にあふれるMooreの論文は、ぜひ読んでもらいたい。

省察と議論のための問い

- 内部者アクションリサーチ・プロジェクトに対するエデンの園というMooreのイメージを、どのように関連づけるか？
- 一つのイメージは、アクションリサーチの第一歩を組み立てるのにどのように役立つのか？ このようなイメージからどのような洞察が浮かぶか？
- 自分自身の内部者アクションリサーチ・プロジェクトを構想するにあたって、浮かび上がったイメージが何かあるか？

課題を特定するプロセスには、流動的でダイナミックで創発的な特徴（Dutton et al. 1983）がある。「流動的」とは、課題と課題との間に正しく境界を定めることが難しく、一度境界を定めたとしてもたびたび変わるという意味で流動的である。「ダイナミック」とは、理解が深まるにつれて、中核部分が絶えず修正されるという意味でダイナミックである。さらに、「創発的」とは、課題が長い時間をかけてでてくるという意味で創発的である。これらの三つの特徴が指し示しているのは、解釈と再解釈の展開によって変化していくプロセスであり、それは組織のメンバーの判断、および、新旧のデータや刺激や認識から得られた洞察に基づく判断の改訂を、広範に活用することから成り立っている。

したがって、まず重要なのは、自他のデータ、刺激や認識の仕方をうまくまとめることである。次にようやく課題が意味づけられる。そのためには、うまく構造化し分析する能力が求められる。例えば、Krim（1988）は、自身の省察や観察を日誌としてつけ続け、それに対して研究のスーパーバイザーからアドバイスをもらい活用することで、安全な環境下において、省察や観察したことを検討するようにした。

意味を導くコンテクストにおいて、この段階では、どんな課題に対しても一つの支配的解釈をつけることをせずに、研究のプロセスの中で、広い範囲にわたって課題を組み立てることが有用である。そのため、一つの課題に対して、多様な解釈が存在していることが大切である。なぜなら、多様な解釈を取り込むことで、目の前の課題をより深く、より豊かに描写し、長い目で見てより効果的な解決の手がかりを得ることができるからである。

また、早い段階で曖昧さを減らすことで、課題を単純化しようとするプロセスの中にも、危険が潜んでいる。例えば、一つの課題に対するいくつかの解釈を無視し、解決を急いで、一つの支配的解釈を押しつけようとすることは、明らかにリスクである。このようなプロセスは、手近なところからさっと仕事に取りかかることに懸命な研究者にとっては、極めて理にかなっているように思えるかもしれない。しかし、合理的な振る舞いは、分析段階では役に立つが、合理的な分析が解決につながるとは断定できない。解決の過程は、交渉のプロセスを含んでおり、ギブアンドテイクの感覚が含まれるのが普通である。したがって、政治的な関心は注意深くマネジメントされる必要がある。政治的影響を無視することは、何もしないことと同じである。というのも、いかなるアクションを提案しようとも、結局最初から、無駄になるような見込みのない計画にしかならないからだ。だからこそ、ありうる倫理的課題や課題構築の帰結に対して敏感である必要がある。プロジェクトをどのように解釈するかによって、同僚たちをリスクにさらすかもしれないからである。

一つの課題に対してある支配的解釈を付けることは、他にも解釈があるという事実を認めつつ、必要性が生じたときに、そのような解釈を進んで疑うことができる限りにおいては、必ずしも悪いことではない。また、そのような支配的解釈の基盤を理解しておくことも同じように重要だ。ではそういった支配的解釈は、組織全体レベルでの共通意識の影響を受けているのだろうか。それよりも、管理部門や労働組合のような、特定のグループの共通意識の影響を受けているのだろうか。どちらか一方の解釈の影響を受けているというよりも、一つの課題に対する支配的解釈が広範囲にわたって共有されている場合もあれば、対照的に、ある組織のメンバーに解釈が共有されてる場合もあり、どちらも研究者にとって重要である。なぜなら、異なった戦略が、課題の解決を助けるために、それぞれ採用されていることを意味しているからである。さらに、一つの支配的解釈が広く共有されているような組織では、少なくとも早い段階で、下位レベルの政治活動を伴っており、解決プロセスに対する大きなコミットメントが得られやすい。対照的に、ある解釈が特定のグループの考え方に影響を受けているようなところでは、他のグループはその解釈を共有しておらず、政治的な理由から、それを絶対に受け入れられないと拒絶することもあることをよく理解しておく必要がある。Friedman（2001）は、さまざまな技術的・非技術的課題をそれぞれに抱える個人が着手したプロジェクトの例を示している。彼の見解では、技術的な運用上の課題を支援することはたやすいが、技術的ではない課題は、組織の保守的なルーチンの中にどっぷり浸っているので、変更することはより困難である。

最後に、どんな因果関係やどんな予測的判断も、必ず課題解決にかかる時間と深い関わりがあるので、課題を分類する際は、暗黙の想定だけでなく、明示的な想定のコンテクストに位置付けることが重要である（Dutton et al, 1983）。それは、そのような想定を明確にしておくことで、課題解決のプロセスを促進することになるからである。つまり、組織のメンバーが、組織の歴史、解釈の範囲、そして起こりうる成果の観点から、課題に取り組もうとすることで、その課題の共通理解がさらに進むのである。また、すでに知られている因果関係を明示的に特定しておけば、状況に応じて当の課題を組織内で現実的に位置付けられるし、組織のメンバーが、どのように事態を根本的原因に帰属させているかも、はっきりさせることができるので、解決の時間短縮につながる。しかし、課題についての予断を、ただ輪郭だけをぼんやりと示すだけでは、その課題を早く解決しようと時間的に追われることになるか、逆に、時間だけがかかって、なかなか解決にいたらない場合もある。

Angelaは、プロの公衆衛生サービスで働いており、クライアントの待機リストの問題を扱う内部者アクションリサーチ・プロジェクトに取り組み、同僚とともに、予約と治療を待つクライアントの待ち時間を短縮しようとしていた。このことは、差し迫った問題として受け入れられ、主導権も明確だったので、Angelaは、彼女の同僚や経営陣から幅広くサポートを受けることができた。彼女は、協力的インクワイアリーのプロセスに従事できるスタッフを募集し、そのスタッフに待機リストの課題を調査してもらい、ベストな状態で解決できるアクションリサーチに専念することができた。しかし、協力グループは数週間にわたって集まっていたので、Angelaは、グループが非常に彼女に依存するようになっていることに気が付いた。例えば、いつも彼女に会議の司会をさせ、主導権を握らせるために彼女が来るまで待っていたりした。こういったことは、発展途上のグループ（Wheelan, 2012）では予想可能な通常パターンであって、この事業において共有意識を共同で求めるような全体のプロセスが、彼女の同僚たちにとって、なじみのないものだったということに、彼女は気付くことができた。そこで、待機リストの問題について議論することで、サービスの基盤を支える優先順位と価値観について皆で考えるようにした。なぜなら、これまでこのグループで、このような話し合いをしたことがなかったからだ。要するに、それぞれのメンバーが独立したケースを持っていることがプロの組織であって、核となる価値観、優先順位や戦略を探究するグループとして、メンバー会議を活用するような慣習はどこにもなかったのだ。つまり、グループ会議を一人の人間が支配し始めていた、このことこそが取り組むべき課題だった。Angelaは、修士論文を提出するために決められたスケジュールに縛られていたことに気づいたが、待機リストのトピックが今、その期間内に十分取り組めないことは明らかだった。そこで彼女は、論文のトピックを、個々の専門家をよりまとまりのあるグループにするにはどうしたらいいのか、ということに集約できるよう枠組みを組み直した。待機リストの課題は、サービスのための関心ごとであって、その結果、あとで対処することになったのだが、Angelaは、修士論文の研究課題とはしなかった。

省察と議論のための問い

- Angelaの論文の枠組みの再編には、どのような意味があるのだろうか？
- 現在、内部者アクションリサーチにおける主導権をどう組んでいるか？　それは変えることができるのか？　何が主導権を変える可能性があるのか？　どのように他の選択肢を準備しているのか？

アクションリサーチ・プロジェクトを選択する

課題の範囲を特定した場合、特定の研究計画のコンテクストにおいて、ある課題か、それとも緊急の懸案事項か、どちらかを選択しなくてはいけないという状況に直面する。最終的な選択を行う前に、個人および組織のそれぞれの観点から特定された各課題について、次の点を参照しておくことが望ましい。

1. 既存のおよび／または新たに獲得した知識を試す機会を提供する程度はどのくらいか
2. 個人の成長や学習の機会を提供する程度はどのくらいか
3. 課題を解決することで、組織内での自分自身のプロファイルを高める可能性はどの程度あるのか
4. 首尾よく解決した場合の個人的利得と組織的利得のバランスはどのようなものか
5. 既知のリソースと時間的制約の中で、課題が解決される可能性はどの程度のものか

Bjorkman and Sundgren（2005）は、それぞれの内部者アクションリサーチ・プロジェクトを検討する中で、経営側の関心を得ること、同僚の間で一緒に関心事を作成すること、正当性を作り出し続けること、時間と財源を割り当てること、が重要な戦略であると述べている。彼らは、ともに共有の経験を描き出し、枠組み作りと内部者アクションリサーチにおける主導権をどう選択するか、について四つの特徴を提案している。

1. 組織にとって「白熱する」諸課題を見つける
2. 関連する議論の場を置く
3. 内部者を使う
4. 結果を利用し、拡散する

省察と議論のための問い

- 自分が今後担えそうな、または現在担っている立場において、組織のどのような「白熱する」諸課題を知っているか？
- どのように「関連する議論の場」に自分自身を位置づけるのか？
- このプロジェクトを行う内部者としての強みは何か？　また、その強みをどのように使うのか？

内部者アクションリサーチの計画書を書く

論文計画書は、自らの決意表明である。それを次のように示す必要がある。

- (組織の状態といくつかの関連文献、両方に精通していることを示すことで) 自分自身がどのような情報を持っているのかを理解している
- 自らがやろうとしていることには価値がある
- 研究には、知識を生み出す潜在的な貢献力がある。例えば、特定の支持者、大学の研究応用委員会、博士論文審査委員会、または同様の組織、に対して、である

内部者アクションリサーチの計画書には、取り組むべき四つの領域がある。すなわち、コンテクスト、アクション、研究、内部的プロセスである。

■コンテクスト

これは、研究における社会的、学術的コンテクストを指す。次の三つの領域がある。

1. 国際的あるいは全国レベルの広い一般的なコンテクスト
2. ローカルな組織や学問分野のコンテクスト。すなわち、組織の中で何が起こっているか
3. 具体的な研究トピック

アクションリサーチでは、社会的コンテクストは非常に重要である。したがって、自分自身の組織やコミュニティについて記述する必要がある。社会的コンテクストには、組織、コミュニティ、またはグループの詳細が含まれており、何をする組織なのか、歴史的背景、その関心事は何か、取り組もうとしている課題にはどのような意味があるのか、そして、このアクションリサーチ・プロジェクトによって、何が期待され、何が目指されているのか、などが含まれている。この記述には、組織の状況についての事実を提示するだけでなく、その状況を紹介する文献も含んでいる。ここで、トリニティ・カレッジ・ダブリンでの保健サービス政策とマネジメント分野の修士課程におけるアクションリサーチを紹介しよう。その研究に参加する修士課程の院生たちは、以下のような章を一つ設けることになっている。最初に、アイルランドの医療システムがどのように発展してきたのかを説明し、さらにこのアクションリサーチが、国家戦略の中にどのように位置づけられるか、最後に、その特定の学問分野やサービスの発展にこのアクションリサーチがどのように寄与できるのか、について書くことになっている。

■アクション

これは、自分自身がやるにしても、他の人にやらせて指導するにしても、どちらの場合でも、そのアク

ションにおける基本的な推進力をカバーしてくれるものである。第5章の「計画による変化のプロセス」の見出しは、この点で重要な構成要素を提供している。アクションとは何か？　このアクションの根拠は何か？　なぜやる価値があるのか？　将来の望ましい姿とは何か？　現状はどうか？　ここから望ましい状態へと移行するための計画はどのようなものか？　タイムスケジュールはどうなっているのか？　誰と協働するのか？　研究者としてそのアクションのどこに関わるのか？　倫理的な挑戦は何か？

■研　究

ここでは、アクションにおいて、探究をどのように絞っていくのか、について記述する。このアクションを研究する根拠はどこにあるのか？　この研究が紡ぎ出す知識の社会的組織的貢献とはどのようなものか？　どのように探究を進めていくつもりなのか？　どのようにアクションリサーチの質と厳密さを確保するのか？　などである。

■内部プロセス

ここでは、特に内部者による探究に焦点を当てて記述する。自分自身の組織という「ぬかるんだ低地」において、アクションリサーチをどのように行うのか？　どのように下調べをするのか？　どうやって内部者と研究者という二重の役割をこなし組織内の力関係を管理するのか？（これらのトピックについては、第8章、第9章、第10章で説明する。）どのように他者を巻き込むのか？　倫理的な課題は何か？（特に審査会に倫理的承認を申請する必要がある場合は、第10章の説明を参照のこと。）

計画書を練りあげる際に、心に留めておくべきことがある。これらは、アクションリサーチのアプローチを継続させることにおいて特に有用である。アクションリサーチは、伝統的な研究とは異なる形式であり、私たちが何を知らないかから始まり、何を知らないかを見つけようとするものである。伝統的な研究は、私たちが何を知っているか、から始まるのが常である。私たちが今知っていることの何を知らないか、これがアクションリサーチ特有の成果である。

第1章で説明したように、Zuber-Skerritt and Perry（2002）がコア・アクションリサーチ・プロジェクトや論文アクションリサーチ・プロジェクトと呼ぶ、同時並行的に動いている二つのアクションリサーチ・プロジェクトがある。ここでは、論文アクションリサーチの計画書についてとりあげている。それは、どのように「コア」アクションリサーチ・プロジェクトが設計され、実装され、評価されるか、また、その中で自らの役割をどのように果たそうとしているのか、そして、それをどのように振り返るのか、という「アクションの中での探究」ということなのである。

さらなるアクションリサーチのために

プロジェクトに着手すると、課題やそのコンテクストの理解をより深めようと、懸案事項の予備的な構築から始めることになる。そうすると、その状況に影響するシステム（および、より大きなコンテクスト）の中にあるプレッシャーを感じ始めることだろう。さらに、変化をもたらしてくれる重要な人物や重要な組織がだんだんわかってくるだろう。誰が知識や分別ある人間なのか？　アクションリサーチやその成果を発展させ、運営していくためには、誰のサポートが欠かせないのか？　このようなことを考えることもたいへん重要になってくる。アクションと省察のサイクルを起こすには、新しい情報の発掘が欠かせない。なぜなら、新しい機会がやってくるだけでなく、障害や制約も必ず起こってくるからだ。

並行して、協働関係を作りあげる努力が必要だ。協定を結び、ラポール関係を築き、どのような役割を担ってもらい、どのくらい関わってもらえるのか、を交渉するのだ。もし、以前からある関係において決まったやり方があるのなら、その役割と研究者としての役割の二重性に取り組むだけでも、十分な影響を与えることだろう。

修士の学位のための内部者アクションリサーチ・プロジェクトの一環として、Margaretは、どのように作業療法のサービスを改善するかという協力的インクワイアリーのチームに従事していた。彼女に与えられた課題は、特に初期段階において、そのアクションリサーチ・プロジェクトの中で、チームのメンバー一人一人が、彼女を助ける役割があると自覚することだった。その結果、メンバーたちは会議で調査することに関しては、彼女を立てて、「あなたが会議にいなければ、意味がないでしょう」という一人のメンバーの言葉に象徴されるように、彼女が出席しないという理由で、会議を取りやめにした。Margaretは、サービス向上を自分たちで実現しようとするプロジェクトを実行するためのグループ、さらに、協力的インクワイアリーを実行できる組織にするために、多大な労力を払わなければならなかった。彼女は、このことを、議長役と議事録役をローテーションさせることによって実現した。

省察と議論のための問い

- この物語を聞いて、自分のプロジェクトと共鳴するところはあったか?
- 依存のジレンマはどのように扱えばよいだろうか?

結　論

アクションリサーチ・プロジェクトを構築していくことは，それ自体が複雑なプロジェクトである。最初に明らかに見えていたことでも，プロジェクトが展開していくにつれ，その「明瞭性」を失う可能性がある。プロジェクトに対する理解を構築し，何度も構築し直すことで，重要な学びをすることができるだろう。あなたに対して批判的な課題だからこそ，その課題が自分にとって慣れ親しんでいた状態だったと気づくことができ，そこから新しいプロジェクトとして構築できるようになる。アクションリサーチ・プロジェクトを構築する行為そのものが，アクションリサーチの学習サイクルとなる。言い換えれば，最初に構築したものが，組織に合っているのか，または合わないのか，何度も振り返り，どういった意味で構築したものが合っているのか，または合っていないのかを言葉で説明することができ，その結果に従ってアクションを起こし，その状況を何度も確認するのである。同じように，最初に選択したものを何度も検討し，プロセスを構築する中で得られたデータに基づいて，どのように適合させるかを検討していくのである。

▼推薦文献▲

Arieli,D., Friedman, V.J. and Agbaria, K.（2009）'The paradox of participation in action research,' *Action Research*, 7(3): 263-290.

Coghlan, D. with Brydon-Miller, M.（2014）*The SAGE Encyclopedia of Action Research*. London: Sage.（特に，アプリシエイティブ・インクワイアリーや研究方法のところを参照のこと）

エクササイズ 4・1 アクションリサーチ・プロジェクトの構築と選択に対する問い

所属している組織や部署に照らし合わせて、次の点について考察せよ

1. 答えを求めて調査した経験から、どのような問いが立ち上がってくるのか？
2. その問いに対する回答は、どのようなものか？
3. このような問いを持つに至った根本的な原因は、どこから生じていると思うか？
4. どのような代替案があるか？
5. 問いによって定義された状況というのは、何に当てはまるのか？
6. 組織の他のメンバーは、あなたがこの課題に取り組んでいることに対し、どのような意見をもっているか？
7. どのようなサポートが期待できるか？
8. どのような反対が生じると想定できるか？
9. デリケートな課題はどこにあるか？
10. 制約となりうるのはどのようなことか？
11. 誰に関わってもらう必要があるのか。誰にサポートを要請するのか？
12. どこから始めるのが良いか？
13. データを発掘するには、どのように関わると良いのか？

エクササイズ 4・2 論文計画書を書く

1. コンテクスト

焦点を当てたいと考えている領域での、現在の課題と傾向は何か？

(a) あなたが所属する組織が置かれている環境での、広範な外部および内部のコンテクスト。何が起こっているのか、戦略政策文書など

(b) ローカルな組織や学問分野のコンテクスト。より広範なコンテクストに関連して、あなたの所属している組織はどのように位置づけられているのか？　あなたの病院、学校、ビジネスまたはサービス分野では、何が起こっているのか？

(c) 具体的なトピックの課題。前述した二つのコンテクストに見合うのはどこか？　あなたの仕事は、これらのコンテクストの中で、何に貢献しているのか？

2. アクション

アクションとは何か？　このアクションの論理的根拠は何か？　なぜやる価値があるのか？　求められている将来像とは何か？　現状はどうなっているのか？　現時点から目的までの計画はどのようなものか？　タイムスケジュールはどのようになっているのか？　研究者として、アクションの中のどこに関わるのか？　プロジェクト自体の中や、倫理審査委員会からの承認を求める中で、倫理的な課題はどこにあるのか？

3. 研　究

このアクションを研究する根拠は何か？　この研究が作り出そうとしている知識への貢献とはどのようなものか。直接関与していない人に、なぜこのことに興味をもってもらう必要があるのか？　アクションの中でどのように探究するつもりか？　アクションリサーチにおける質や厳密さをどのように確保するのか？

4. 内部者アクションリサーチ

自分自身の組織の中で、どのようにアクションリサーチをするのか？　どのようにこれまでの知識を活用し、どのように内部者と研究者という二重の役割を果たし、組織の権力関係をマネジメントするのか？

どのような質的プロセスをあなたが持っている主導権に組み込むのか？　あなたが直面するであろう特定の倫理的課題は何か？

第5章 アクションリサーチ・プロジェクトをデザインし実行する

本章の土台となる問いは「内部者アクションリサーチ・プロジェクトをどのようにデザインするか?」「それをどのように実行するか?」である。本章では、会社、病院、学校、組織内の課や部局といったシステムの中で、アクションリサーチ・プロジェクトをどのようにデザインし実行しうるかを探索する。以下に示す自分自身の組織でのアクションリサーチ・プロセスは、「経験に即した認識法」（第2章を参照）とアクションリサーチ・サイクル（第1章を参照）に沿って進められる。

1. 関係者と共に、最初の段階におけるアクションリサーチの望ましい結果を構築する。ある目的やニーズに関する現行システムの研究データを系統的に生成し収集する。
2. 生成、収集されたデータを関係者と共にレビューする。
3. データの分析を関係者と協働して行う。
4. 1~3を基に協働のアクションを計画し、実行する。
5. アクションの結果を関係者と一緒に評価し、更なる計画につなげる。

そして、このサイクルを繰り返す。

このようなアクションリサーチ・プロセスを裏打ちしているのは、「創造性への自信（creative confidence）」（Kelley and Kelley, 2012）を形作る一人称活動である。Kelley and Kelleyによれば、創造性は生まれながらの才能というよりも訓練されるものである。アクションリサーチ・プロジェクトをデザインするコンテクストで、Kelley and Kelleyの創造性への自信に関する研究を参照することは有効である。特に、未知のものへの恐れ、評価されることへの恐れ、第一歩を踏み出すことへの恐れ、制御できなくなることへの恐れのように、自信を持って自分のプロジェクトをデザインすることを妨げる可能性があるものに触れる。一人称のプロセスと重要な他者との会話に注意を向けることにより、柔軟かつ創造的にプロジェクトがデザインできるだろう。

本章のテーマは、変革プロジェクトとしてアクションリサーチをデザインすることである。変革の組織開発アプローチで取り組んでいることをまずは確認しておこう。組織開発アプローチは、アクションリサーチを土台にしており本質的に対話的なものである（Schein, 2010［1989］; Bushe and Marshak, 2009; Burnes and Cooke, 2012; Coghlan, 2012a; Klev and Levin, 2012）。そこでは、プロジェクトへの参加やコミットメントを強化すること、同僚や他者と協働し変化がなぜ必要なのかを理解すること、結果についての共有ビジョンを作りだすこと、変化それ自体および変化に伴う学習や知識生成を共同構成し実行することがポイントになる。

組織内で生じうる多様な変化を分類する方法はたくさんある（Coghlan and Shani, 2013）。ここでは、Mitki et al（2000）を活用する。これは、変化プログラムを、「限定（limited）」「集中（focused）」「全体（holistic）」の三つに分類するものである。

- **限定変化プログラム**は、チームビルディングやコミュニケーションの改善といった特定の問題への対処を狙いとするものである。恐らく、ＭＢＡや他の修士の学生の内部者アクションリサーチに適している。

- **集中変化プログラム**は、時間、品質、顧客価値といった少数の重要な点を同定し、それらをシステム全体にわたる組織変革のための手段として計画的に使用する。これも、ＭＢＡや他の修士の学生の内部者アクションリサーチに魅力的である。
- **全体変化プログラム**は、組織の（ほとんど）すべての面で一斉に対処することを目指す。

鍵となるのは、自身の内部者アクションリサーチを始めるにあたって、どのタイプの変化を問おうとしているかである。前述の通り、限定変化プログラムと集中変化プログラムは、おおよそ一年ほどでまとめられるので、期間が限定されている修士論文向きだ。全体変化プログラムは、その性質から、より時間がかかり、博士論文にふさわしいだろう。

一方、Buono and Kerber（2008）は、変化の三つのアプローチを列記している。

1. **命令による変化**（directed change）は、しっかりと定義されたゴールがあるところに起きる。リーダーは指示、命令する。
2. **計画による変化**（planned change）は、明確なゴールと将来のビジョンがあるところに起きる。リーダーは、ゴールとビジョンに到達するためのロードマップを立案し、どのように到達するかに影響を与える。
3. **誘導による変化**（guided changing）は、方向がゆるやかに決まっているところに起きる。リーダーは、方向性を示しプロセス全体を通して見守り続ける。このアプローチは、リーダーシップの「ニューサイエンス」として書かれている多くのことにあてはまる。また、このアプローチは、構築主義とポストモダニズムを活用している。Bushe and Marshak（2009）が「対話的組織開発」として言及した，変化についての対話と話し合いの基盤としてそれらを活用しているのである。

内部者アクションリサーチ・プロジェクトにおいては，変化へのアプローチを明確にする必要がある。厳しく管理された「命令による変化」アプローチを使うなら，アクションリサーチの参加という価値と対立することを覚悟しなくてはならない。「計画による変化」アプローチは，ほとんどの内部者アクションリサーチ・プロジェクトに，非常に有効である。このアプローチのプロセスは，次節で説明しよう。「誘導による変化」アプローチの扱う領域は，数年に及びアクションと省察の複数サイクルに協働して従事するので，博士レベルで扱うことが多い。

計画による変化のプロセス

内部者アクションリサーチにとって（特に修士レベル）最も適しているのは，計画による変化である。ここでは，「大規模システムの中で，計画的にアクションリサーチ・サイクルを実行するにはどうしたらよいか？」を問う。役者-監督は，映画製作において，ストーリーに身を委ねているが，同時に脚本を書き，それに従ってもいる。アクションリサーチの課題を同定し，対処するプロセスは，Richard Beckhardが明確に述べている（Beckhard and Harris, 1987; Beckhard and Pritchard, 1992; Nadler, 1998; Coghlan and Rashford, 2006; Pasmore, 2011）。Beckhardのフレームワークには四つのフェーズが含まれている（図5・1）。

図５・１　変化のプロセス

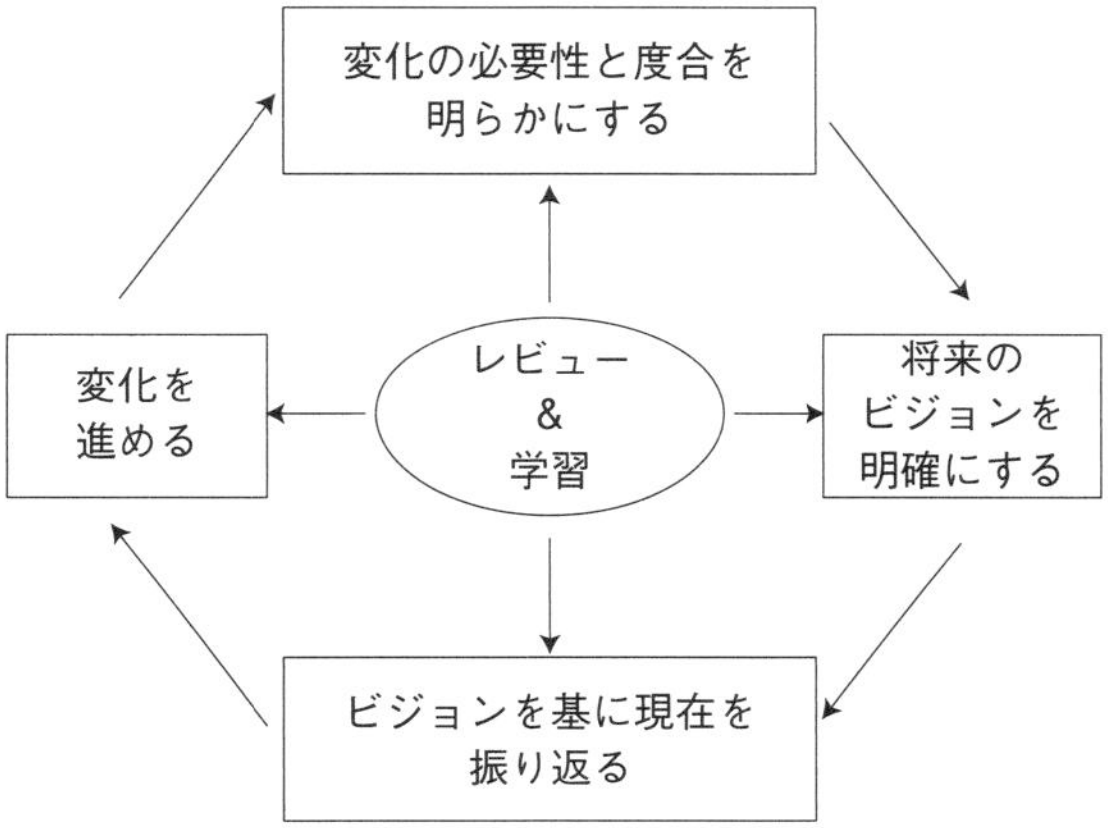

1. 変化の必要性を明らかにする。[ii]
2. 将来のビジョンを明確にする。
3. ビジョンを基に現在を振り返って、やるべきことを決定する。
4. 変化を進める。

第9章、第10章で議論するが、自分自身の組織でアクションリサーチを行うことは、組織の政治に関わることであり、政治的役割と研究者役割という異なる役割を同時にこなすことになる。また、二つの役割が矛盾する時もある。右記1～4のどの段階でも、理想像に固執するよりも政治的なシステムを調整する方が重要だ。

■変化の必要性を明らかにする

計画による変化の四つのフェーズのうち、変化の必要性を明らかにすることについて説明する。組織、課、係内の変化のコンテクストを調べることから始めると良い。変化の必要性とその原因を挙げることが不可欠なのは明らかであろう。変化を引き起こす力は、グローバル市場の要求、顧客ニーズの掘り起こし等々といった外的環境から生じるかもしれないし、予算超過、スタッフの士気の低さ、グループ間の派閥力学による機能不全等々といった内的環境から生じるかもしれない。こういった変化を引き起こす力について理解すれば、どこから変化が生じるか、どのような変化が生じるか、本当にシステムに変化を起こしたいと思っているかが分かる。変化を引き起こす力を吟味して、大きな変化を引き起こす力を捉えねばならない。この探究は、同僚、上司、関係者と協働しながら行い、それにより、同意と許可を得て、価値あるプロジェクト（Bjorkman and Sundgrenが言う「白熱する」課題）として認められるものを追求できる。

もう一つ鍵となるのは、どのぐらいの変化を選ぶかということである。これは見逃されがちな問いである。というのも、変化は、「変化する」か「変化しない」のどちらかというものではない。変化を引き起こす力を制御できないとしても（例えば、予算削減）、その力にどのように対処するかは大いに制御できる。何が変わり、どのように、どのような時間枠組みで変化が生じうるかについてはかなりの幅がある。アクションリサーチ・サイクルにより、変化を引き起こす力がどのようなインパクトを持っているか、対処するためにどのような選択があるかを関係者と共同で探究することができる。変化の必要性を明らかにすると、さらなる問いが出てくる。一次変化（first-order change）、二次変化（second-order change）が必要かどうかである。一次変化とは、組織がしていることや、組織のやり方の改善を意味する。二次変化、三次変化とは、組織の中核的な前提、考え行動する方法に関するシステム全般にわたる変化を意味する。一次変化のプロセスに留まるか、二次変化のプロセスに進むかは、検討中の課題だけでなく、組織の駆け引きによっても決まる。組織の鍵となるアクターが変化を引き起こす力をいかに解釈するか、続いてどのような選択があると判断するかは、政治力学によっても左右される。この段階でより多くの協働があればあるほど、前進するための関係性の基盤はより強固になる。

将来のビジョンを明確にする

なぜ変化が必要かが明らかになったら、次に重要なのは、望ましい将来のビジョンを明確にすることだ。要するに、組織、課、係が変化が生じた後にどのようになっているかを明確に述べるプロセスである。このプロセスが大事なのは、肯定的な観点で将来のビジョンを明確にするので、集中すべき点とエネルギーをもたらすのに役立つからだ。反対に、問題含みの、完璧でない現在に最初に目を奪われてしまうと、否定的な経験が過度に強調され、悲観主義に捉われる。システムの政治的な動きをうまく利用する最善の方法は、良いビジョンを作ることだ。

ビジョンを基に現在を振り返ってやるべきことを決定する

望ましい将来のビジョンを明確にできたら、今の現実に目を向け、以下のように問いかけてみよう。「望ましい将来像に向かうために、現状の何を変えないといけないか?」ビジョンに基づいて、現在、変更が必要なことと不要なことを評価する。有効な変化を引き起こすために、現在の構造、態度、役割、政治、活動で変化が必要かもしれない。どのような変化であれ、問題は可能な変化の集まりであるので、共通の見出しの下に(例えば、人的資源管理方策とその実践、サービス提供、情報管理、報酬システム、組織構造と組織設計、等々)、特定の問題をグループ化する必要がある。それから、問題をより具体化し、以下のように問いかけてみよう。「どれが、留意すべき重点分野か? Aが変われば、Bの解決はより簡単になるか? 何を最初にすべきか?」このステップでは、以下を含めて、包括的かつ明快に組織の現状を把握する。

- 変化に関する問題群の優先順位

・変化が必要な関連する下位システム
・変化への準備の程度や変化の可能性の評価

もう一つ重要なのは、組織の中で、変化に巻き込まれるはずの部分（変化に必要なキーパーソン）に目を向けておくことだ。これは組織の政治的システムを明確に考えることであり、「政治的アントレプレナー」としてのスキルを利用するところだ。例えば、特定のマネージャー、インフォーマルリーダー、情報技術（IT）の専門家等々を巻き込む必要があるだろう。彼らの変化への準備の程度と変化の可能性を把握しなければならない。**変化への準備の程度**（readiness）とは、変化に対するモチベーションと意志を指す。一方、**変化の可能性**（capability）は、心理的、その他の面で、変化することができるかどうかを指す。

「このプロジェクトの成功のために、誰に側にいてもらうべきか？」が重要な問いである。内部者としての舞台裏の知識により、誰がどのカテゴリー（例えば、障害を作る人、プロジェクトに消極的な人、手伝ってくれる人、実行する人のように）に入るかが分かる。「ある人を、あるカテゴリーから別のカテゴリーに移動するために、何ができるだろうか？」と問いたいかもしれない。ここでは、自身のアクションリサーチの価値に根差し、変化のプロセスをデザインする時にも、人を巻き込む時にも、組織の倫理的・政治的課題に敏感である必要があると言っておこう。

変化を進める

変化を進めるこのフェーズは、一般的に実際の変化プロセスと考えられるものだ（今まで見てきたように、変化の準備も必要不可欠なものであるが）。重要なのは、現状から将来のビジョンへと変化を進めることだ。現状から将来のビジョンへの移行段階は、特に難しい時期だ。過去には欠陥がありこのままではいられないように見えるが、まだ新しいビジョンは実現していないからだ。移行段階を、このような特別な段階として見て変化を進める必要がある。

変化を進めるということには二つの側面がある。一つは、戦略的な実行計画を持つことだ。望ましいビジョンに至るのに役立つゴール、活動、構造、プロジェクト、新企画を明らかにする。第二の側面は、コミットメント計画である。というのも、コミットメントなしには変化は起こらないからだ。コミットメント計画は、組織の中の誰が変化にコミットすべきかに目を向けるものだ。前節で論じたとおり、内部者としての知識により、必要不可欠な支援者は誰か、どの集団のコミットメントが必要かということが分かる。コミットメント形成の政治力学には、対立する見解の間で同意と譲歩の部分を見つけ出し、協力交渉をすることなどが含まれる（Fisher and Ury, 2012; Ury, 1991）

この変化を進める段階では、一緒に働いてくれる核となるプロジェクトチームを最も多く活用する公算が高い。論文化するのはあなた一人だけれども、チームは、プロジェクトを進めるための技術的能力と階層的地位を持つ。それゆえ、あなたはそのチームを設立し維持できなければならない（Wheelan, 2012）。

アクションリサーチを通しての計画による変化

Beckhardによる変化のプロセスは、自身のアクションリサーチ・アプローチを基にしており（Beckhard, 1997）、構築、計画、実行、評価が相互に影響を及ぼしながら継続的に展開する。アクションリサーチは現実のアクションの中での研究であるから、予測不能なことが起こる。物語が展開するように、予期しない出来事が起こる。周囲の出来事により組織内に危機が生じるかもしれず、鍵となるアクターが変わるかもしれない、等々。第1章のイメージで見ると、内部者アクションリサーチャーかつ役者-監督として、

図5・2　アクションリサーチを通しての計画による変化
（Arthur Freedmanの著作から）

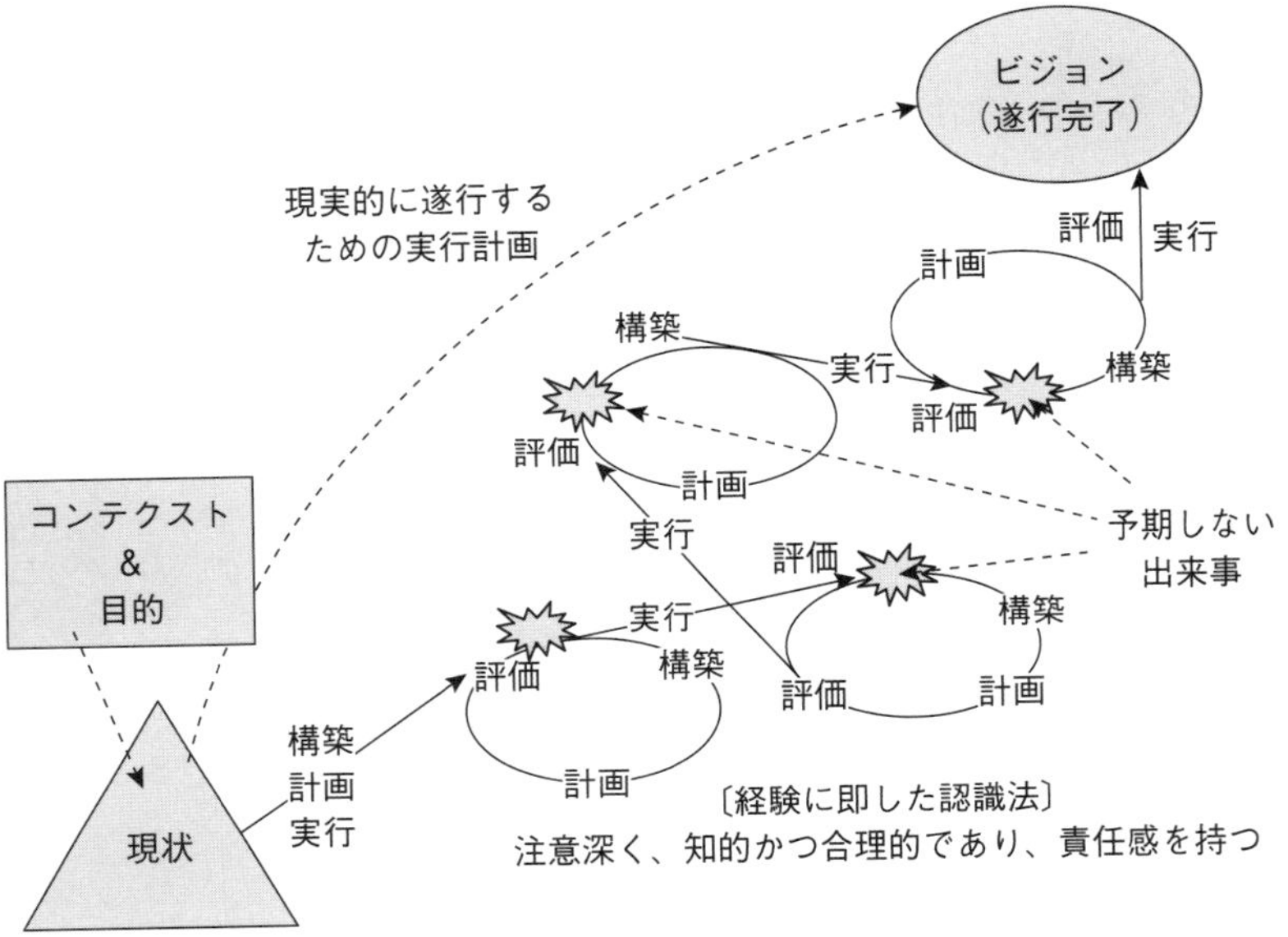

脚本を作りつつ演じるのだ。

図5・2は変化のプロセスを示したもので、プロジェクトの実施を通じて生じる計画した出来事と予期しない出来事について共に探究し、学習と変化を持続させるための条件と機会を作り出す枠組みを示している。ここでの目標は、現状から将来のビジョンへと移行することであり、プロジェクトのコンテクストと目的を統合しつつ、プロジェクトを現実的に遂行することが課題である。プロジェクトの遂行には、複数のアクションと省察の反復サイクルの中を動いていくことが含まれており、第1章の時計の例で述べたように、サイクルには、異なるタイムスパンと複雑性を持ったものが同時に起こる。各サイクルには、課題構築、アクション計画、アクション実行、アクション評価が含まれる。「経験に即した認識法」は、プロセス全体の中核となる。展開するアクションと出現する理論の両方

に対して、注意深く、知的かつ合理的であり、責任感を持つことで、アクションリサーチの核となるプロセスを維持できる。エクササイズ５・２は、本書の中でも中心的なエクササイズの一つであり、アクションと理論の両面に目を向けるものである。このエクササイズは、プロジェクトを通して、多くの機会で行うとよいだろう。

多くの省察は、アクションについての省察であり、何が起こったかについての回顧的な考察である。Darling and Parry（2000）は、「アクション後のレビュー」をUSアメリカ軍に適用し、事後検討が、いかに過去のレビューという状態から、アクションの中で課題を予期し新しい学びを生成する生きた実践へと移行できるかを示したが、図５・２とエクササイズ５・２はそのような省察を促すものである。

どのようにレビューや評価をするかが、アクションリサーチにとって重要である。レビューとは、要は経験に対する省察である。レビューでは常に批判的な質問がなされるが、それは、非難するためではなく、起きたことや調整の必要なことは何かについての学びを生むためにである。このような精神に基づいてレビューを行えば、個人やチームが保身に走る可能性が減り、学びが生じる可能性が増えるだろう。第２章で記したように、プロセスをレビューし、内容、プロセス、前提に関して生じてきた疑問を調べることにより学びが生まれる。

Pasmore（2011）は、変化を起こす介入の失敗要因を考察するために、相補的な四つのフェーズからなるフレームワークを提示している。このフレームワークは、内部者の変化の努力からより良い結果を生み出すような省察に役立つだろう。

1. 変化の必要性を理解する
2. 変化の枠組みを作る

3. 変化を始める

4. 変化を継続する

変化の必要性を理解することに関し、Pasmoreは、一般的な失敗理由として以下を挙げている―変化の必要性を示すシグナルに気づかないこと、緊急性やターゲットについて間違った判断をすること、熱心に始めたが強いコミットメントが欠けていること、変化の必要性についての話し合いから迷いやためらいが生じること。変化の枠組みを作ることに関しては、参加の欠如から生じる失敗、誤った介入を選んでしまうこと、準備の必要性を無視すること、様々なレベルのリーダーの協力とコミットメント確保の失敗を挙げている。変化を始めることに関しては、急に発生する課題、予期しない側面効果、不合理な感情的・政治的反応と抵抗、リーダーシップの欠如を挙げている。最後に変化が継続しない理由として、まとまりがつかなくなること、優先事項を変えること、鍵となる擁護者の離職、受動攻撃的な抵抗、リソースの枯渇、極度の疲労、外的な事情での予期しない変化を挙げている。制御できないこともあるだろうが、これらのことには注意が必要だ。組織変革に関する研究が指摘してきたことを知っておき、少なくとも文献が明らかにしてきたトラップに引っかからないようにすることが重要だ。

Deane（2004）は、政府機関Oldorgの最高責任者であった。Oldorgの役割は、公立の継続教育セクターでの職業教育と訓練プログラムの基準を定め、監督と認証をすることであった。政府の新法律が制定されたことにより、２００１年に設立されたNeworgという新機関がOldorgの後を継いだ。Neworgは、Oldorgの役割を含めて、大幅に権限を拡大したものであった。Deaneはアクション・ラーニング・プロジェクトを始め、学習により組織内の変革がいかに後押しされるかを調査した。それは、Oldorgのスタッフへの学習プログラムをデザインし実行するプロジェクトであった。Oldorgにとって不確定要素がたいへん多い時であり、新しい法律の導入を巡って内外で活発な議論があった。

Deaneはプロジェクトの実行に際し、どのようにBeckhard and Harris（1987）のフレームワークを活用したかを報告している。法律の制定により生じる変化や生じる可能性のある変化を分析することで、将来のビジョンを練った。特に文化的側面に関して、現状を分析し、核となる変革上の課題を明らかにした。そこで、将来のビジョンに向けて変化を進めることが必要になった。すなわち、組織全体で変化を非常に積極的に受け入れていく必要があった。実際、外部環境の変化の速さに対処するために、個人レベルでも組織レベルでも継続的な学習プロセスが必要であった。以前は直観的で偶発的な学習により変化に対処してきたが、Deaneはより系統的なアプローチを提案した。ここで、学習と変革というテーマが結び付けられた。第一に学習を通して変革を達成し、第二に変革がいかに学習の触媒として働くかを明らかにした。Deaneは、将来に向けて組織の準備を行うこと、変化を予期し計画を立てること、変革プロセスに影響を及ぼすこと、新しい状況下で組織にとって重要なものを保護し維持することが、自分の責務だと気付いた。自分のリーダーシップに対する大きなチャレンジであることにも彼女は気付いた。多くのことが、組織内外双方で効果的にプロセスを調整していくことにかかっていた。

変化の必要性が明らかになると、Deaneは「現状の何を変えないといけないか?」を考え始めた。具体的には、「新組織は、関係者とどのような関係を築けばよいか?」、「どのように新顧客のために働けばよいか?」、「どのような新しいプロセスや新しい技術を受け入れていけばよいか?」、「どのような新しいプロダクトと新しいサービスを市場に供給しなければならないか?」といった問いである。課題の間の相互関係の複雑なまとまりという意味で、変革課題群の「布置（constellation）」という考えが、特に役立つことが分かった。一つのことのみを変えることがほぼ不可能という考えと結びついて、「布置」という概念は、DeaneがOldorgの変革アジェンダを組み立てる助けとなった。先の分析から示唆された、組織の変化への準備の程度が低いという文化的な側面に注目して、「私たちはどのように変革できるか?」という最後の問いに向かった。

組織学習と学習する組織に関するDeaneの見解に基づいて、学習プログラムがデザインされ実行された。簡単に言えば、全職員に集中的な学習活動に参加する機会を保証することがプログラムの目的であった。学習活動は、続く変革の準備の助けとなるものであった。プログラムはいくつかの学習方法から成っており、個人と組織全体に、ある学習成果を生み出すことを目的にしていた。組織の政治的、技術的、文化変革課題を、学習監査、プロジェクトチーム、アクション・ラーニング・グループ、スタッフセミナー、将来に関するフォーカス・グループ、トレーニングを通して詳しく探索した。文化の面では、コミュニケーションと情報共有のオープンさにより、変革に対する当事者意識が生まれた。技術的な面では、トレーニングと新スキル開発への参加により、法律制定後の組織に備えた新しい技術システムが生まれた。組織の政治的な面では、将来に関するフォーカス・グループの提案が受け入れられ、プロセスの展開に貢献した。

Deaneは、アクション・ラーニング・プロジェクトのプロセス全体を、一人称、二人称、三人称の形で省察している。一人称で言えば、一般的なマネジメントの原則を自分自身やパブリックセクターに適用し、アクション・ラーニングという設定にチャレンジしたことが、Deaneにとって大切な学習となった。二人称で言えば、組織は学習と変革を経て、新組織の課題に応えるようにうまく適応した。三人称で言えば、新組織の顧客にとって大きなインパクトがあった。仕事等のコンテクストでアクションリサーチに取り組んだら、その功績を認められる。新組織は、学習者の必要に応じた柔軟な評価アプローチをもつ。プロジェクトの全体像に興味を持った読者は、Deaneの報告を読んでみてほしい。

省察と議論のための問い

- Deaneは計画による変化の際、どのようにBeckhard and Harrisのフレームワークに倣ったのか？
- この事例から自身のプロジェクトに持ち込める洞察は？

内部者アクションリサーチ・プロジェクトをデザインし実行する際、プロジェクトが終わり、活力が無くなっても朝露のように消えない持続可能性を、いかにプロジェクトの中に組み込めるかが重要だ。変革熱が流行している現代、このことを問うのは的を射ている。ここでは、内部者アクションリサーチ・プロジェクトから生じることを、いかに深く根付かせるかを考えるため、学習メカニズムという概念を利用する。

学習メカニズム

現代の組織学習の文献は、いかに組織が組織学習メカニズムを展開するかということに目を向けている(Lipshitz et al, 2007)。組織学習メカニズムは典型的には、組織能力を高める動的な学習を促す計画的な組織構造とプロセスのことである。組織学習メカニズムは、個人、グループ、組織、組織間のレベルに適用でき、学習を始めたり、促進したりできる。

Shani and Docherty（2003, 2008; Docherty and Shani, 2008）は、三タイプの学習メカニズムを列挙して

いる。すなわち、認知学習メカニズム、構造的メカニズム、手続き的メカニズムである。

■認知学習メカニズム

認知学習メカニズムにより、学習課題を考え理解するための言語やシンボル、理論、価値、概念が得られる。例えば、シングルループ学習とダブルループ学習[iii]という概念により、最初の状態を同定し、アクションにより生じた変化の状態を評価できる（Argyris and Schon, 1996）。経験を疑問視し、データを加工・重みづけし、判断する際に、いかに精神（mind）が機能しているかをつかむことが重要である（Coghlan, 2010a）。認知学習メカニズムの視点を利用することで、熱意を考え、省察する言語や概念が明らかになる。熱意を現実化するには関係性や手続き的ステップが必要である（後続のメカニズムのポイント）。

■構造的メカニズム

構造的メカニズムは、組織的、物理的、技術的基盤から成る。例えば、アクション・ラーニング・セット（Marquardt, 2004: Pedler, 2008）、並行学習構造（Bushe and Shani, 1991）、品質チーム、継続的改善作業部会、組織間サプライチェーングループ（Coughlan and Coghlan, 2011）、フィードバック・チャンネル、データベース、イントラネット、文書共有システム、仕事場の物理的レイアウトなどである。

■手続き的メカニズム

手続き的メカニズムとは、学習ミーティングやアクション・ラーニング・プログラムのような、学習を促進し支援する制度化された手続きである（Marquardt, 2004; Pedler, 2011）。中心人物間の相互作用を認識し記録することで、相互作用の把握や学習成果の応用を促進する。

内部者アクションリサーチの観点から見ると、この三つの学習メカニズムと、三つが複雑に絡み合ったり変形したものは、第1章で議論したアクションリサーチの三つのコアプロセスに対応している。認知学習メカニズムは、あなたがどのように考えるかという一人称のプロセスに当てはまる。アクションリサーチでは、人々が認識することと行動すること（経験すること、理解すること、判断すること、決定すること、アクションすること）により、いかに「経験に即した認識法」がもたらされるかを捉えることが重要だ。その「経験に即した認識法」によって、自分の認識（your knowing）を認識するようになる。そうすると、経験について探究し、経験から洞察を得て、洞察がエビデンスに適合するかを批判的に検証することができる。そのことを通じて、内部者アクションリサーチャーとしてのあなたも周囲の組織メンバーも、自分の判断に自信を持つことができるようになる。というのも、どのようにその判断に至ったかに注意を向けるからだ。認知メカニズムは、課題の名付けだけではなく、どのように課題が名づけられ承認されているかにも注意を向ける。構造的学習メカニズムは、個人の認識（knowing）を超えて、協働の探究や共同アクションという二人称のプロセスに関わる。強調してきた通り、共同生成知識（co-generated knowledge）を生み出す際には、会話の質が最も重要である。会話により経験が共有され、共有の洞察と判断が生まれる。それらが共同アクションを導くのだ。手続き的学習メカニズムは、内部者アクションリサーチャーや、プロジェクトに携わっていたグループを超えて、いかに学習が維持され拡張されるかという三人称のプロセスに関わる。つまり、内部者アクションリサーチャーが、自分を不要な存在にすることと言える。そうなればシステムが洞察の持続可能性を維持し発展させるような構造を持っていることになる。

持続可能な発展という考えによれば、組織は異なる学習メカニズムに開かれている必要がある。組織は組織の方向性や範囲、構造的学習メカニズムを決定する時、選択肢を持つ。つまり、既存の能力に頼り学習メカニズムを構築するかもしれないし、他でも実行可能な新しいメカニズムを構築するかもしれない。

また、上記の組み合わせを選ぶかもしれない。複合的に絡み合った独創的な学習メカニズムが、各内部者アクションリサーチの努力で展開しそうだ。どのような選択をするかや、どのように複合的に絡み合った特定の学習メカニズムをデザインするかより、重要なのは、選択後に続く学習プロセスだ。

Roth et al（2007）は、学習能力づくりという観点から、実施した内部者アクションリサーチを報告している。Roth et alは、バイオ医薬品会社であるAstraZenecaで、ビジネス戦略、内部者アクションリサーチ、学習メカニズムに基づき、新たな組織力（organizational capability）のモデルを構築している。プロジェクトチーム間で学習を生み出すさまざまな方法を試し、運営実践やチーム行動に関する省察や対話のための活動を生み出した。この介入は、系統的な形でチーム内、チーム間の学習を生み出すことにより目を向けるようになった。知識促進の方法（knowledge facilitation method）とファシリテーターチームの支援により、組織全体に学習概念が展開された。この構造は、チーム学習に取り組む方法として好まれ、組織力となった。プロジェクトの全体像に興味を持った読者は、Roth et alの報告を参照されたい。

省察と議論のための問い

- Roth et alの内部者アクションリサーチ・プロジェクトでは、どのような学習メカニズムが発達していたか？
- 自分の状況では、どのような学習メカニズムが採用できるか？

アクションリサーチを、個人や集団がその階段を（政治的意識は持っているにしても）合理的に進んでいくといったように、論理的で客観的なプロセスであると狭く捉えないように、本章の前半部で注意を促しておいた。そのようなアプローチばかりではない。研究者がストーリーテリング、ドラマ、写真をデータ生成の核となるプロセスで使うことは珍しくない。

Evans（1997）は、イギリスの大規模な中学校の副学長としての実践を研究した。階層的な組織機関において、Evansは教師たちと協働し、自らの発達を認め、価値ある地位を築き、互いに支援する学習コミュニティを対話によって作った。Evansは、学校での経験から事例研究を生み出し、それをストーリーとしてグループに提示した。例えば、「何をすればいいか、私に教えて」というタイトルのストーリーを作った。このストーリーは学校の文化を反映しており、他の教師はこのストーリーに共感できた。これらの物語により、教師たちは、自分達の視点を見直して、新たな視点を共に探索することができた。

省察と議論のための問い

- Evansのアプローチの効果についてどのような洞察を得たか？
- プロジェクトで参加者に発言権を与えるために、ストーリーテリング、ドラマ、アートといった技法が有効なことはあるか？

介入としてのデータ生成

アクションリサーチでは、他者とアクションリサーチ・サイクルに参与することで、データが生じてくる。つまり、データを収集しようとする行為そのものが介入だと認識することが重要だ。ある質問を尋ねることや職場で人々を観察することは、単純にデータを収集するということではなく、研究者と質問を尋ねられたり観察される人の双方にとって学習データを生み出すことでもある。簡単に言えば、研究者は中立ではない。すべてのアクション（単に研究する意図があることや研究の存在ですら）が介入であり、システムにおいて政治的な含意を持つ。そのため、データ収集よりもデータ生成について論じる方が適している。

アクションリサーチ・プロジェクトに関する毎日の組織プロセスに、内部者アクションリサーチャーが積極的に関与することで、データは生じる。内部者アクションリサーチャーは、存在を当然視されているので、目立たない観察者だ。同僚や他者との毎日の相互作用中に、組織の一員として観察をする。データは、職場チームへの参加と観察、問題解決、意思決定等々を通してだけ生まれるわけではない。プロジェクトを進めるために行われる介入を通しても生まれる。会議やインタビューといった公式の場面で観察や介入を行う場合もあるが、多くは、コーヒー、ランチ、他の娯楽の場面といった非公式の場面で行う。

あらゆる機会で、省察を文書化する必要がある。ジャーナリング活動以外にも、特に非公式の場面では、ノートを取りたい、手早く省察のメモを取りたい状況が生じることがある。もちろんメモを取っているように見えると疑念を抱かせることもあるから、これはデリケートなプロセスだ。原則としては、他の人がやっていることを採用するのが有効だ。会議で、大多数がノートを取っているなら、あなたも取っても大丈夫だ。誰も取っていない時は、ノートを取ってはいけない。誰もノートを取っていない場合は、記憶が鮮明なうちにできるだけ早く、後で省察を手早くメモすべきだ。

仕事場でのグループ・ダイナミックス（例えば、コミュニケーションパターン、リーダーの行動、権力行使、グループ役割、規範、文化要素、問題解決と意思決定、他グループとの関係）を観察していると、そのグループの、仕事と生活に関する潜在した基本的前提とその影響を探究する際の基本が得られる（Shein, 1999）。自組織で、すぐ目に付くことに対処している時、重要な課題は、見えていることをいかに探究し、同時にシステムにとって有益となるようにしたらよいかだ。例えば、スタッフ会議で、チームの仕事の仕方に影響しそうなさまざまな行動に気がつく。互いの話を聞かない、議題から逸れている等々。これらの行動に介入する時は、見えていることよりも、アクションリサーチ・プロジェクトの進展にとって有益なことに目を向ける。このような訓練がなければ、見えていることは示せるが、それはシステムの中にいる参加者に我がことのようには捉えられない。見えていることを示しても、参加者の経験的なニーズに合わず、ただ研究者がどれほど賢いかを示すかのように見えるからだ。個人、チーム、部門間のグループ、組織の間の全体的な関係がどのように機能しているかを観察し探究することが、組織の問題解決と課題解明にとって重要なのである（Coghlan and Rashford, 2006）。

調査に何らかの道具を使おうと考えるかもしれない（Nadler, 1977）。アクションリサーチ・アプローチによると、データ収集の道具は、その組織の状況と研究の目的双方に合うようにデザインされているべきだ。仕事や組織に関し、従業員の見方を質問紙によって調査するということは、単なる情報収集の手法と見られているが、質問紙調査がいかなる介入となっているかを見ることがより重要だ。従業員が質問紙を受け取ると、質問や疑い、不安や興奮が生じるかもしれない。このような反応が、本当のデータだ。これを無視すれば、組織課題がどうして解決しないのか、研究プロセスにどのような機会や障害が待ち受けているのかを見逃すことになる。

同じように、アクションリサーチの中でインタビューをすることは、単にデータ収集の手段ではない。先に指摘したとおり、誰かにある質問（一連の質問）をすることは、データ生成という介入だ。アクションリサーチの中でのインタビューは、オープンエンドで非構造的になる傾向がある。アクションリサーチャーが持っている仮説を検証するよりも、インタビューされる者がどのように言わざるを得ないかに注目する。第2章で、純粋な探究、診断的な探究、介入的な探究というインタビュー技法の類型を示した

（Schein, 1999, 2009, 2013）。第2章で強調したように、アドボカシーと探究を結びつけることは、内部者アクションリサーチャーとして決定的に重要なスキルだ。

内部者アクションリサーチ・プロジェクト内のグループを、「フォーカス・グループ」と言うのは、不正確とまではいえないにしても、よくない。フォーカス・グループは、責任を伴わない会議で、市民が匿名で、あることに対する自分の見方を示すために呼ばれ、そのことに対して関与せずに元の生活に戻っていく。組織内でさまざまな視点を引き出すために会議を開催する場合、その会議は、フォーカス・グループではない。参加者は組織のメンバーであるし、メンバーの考え方に立ち入って期待をもたらすからだ。むしろ、参加者との相互作用を伴う介入主義の特性を捉え、「コンサルテーション・グループ」等と呼ぶべきだ。

公式書類の研究（Gummessonが「デスク・リサーチ（desk research）」と呼ぶもの）とインタビューが区別されてきたが、Gummesson（2000）はこの区別は理論上のものだと主張している。研究者は、連続的なデータの流れに直面しているからだ。二次データには数値データもテキストデータもあり、進行中のアクションリサーチの疑問解決のためではなく、別の目的のために生じたものだ。二次データは、研究設問への適切性、利用可能性、正確性という観点から評価する必要がある。データの価値、妥当性、信頼性は、以下の質問に基づき検討すべきだ。

1. そのデータを収集したのは誰か？
2. そのデータが収集されたのはいつか？
3. 何が収集されたのか？
4. どうしてそのデータは収集されたのか？

関連する文書を研究することは、組織研究の重要な一部になる。文書へのアクセスは、研究に携わるためのアクセスレベルと一致している。秘匿性が高い会議報告、メモ、議事録等々へのアクセスは、組織マネジメントの許容度によるだろう。

テクノロジーの役割

テクノロジーはコミュニケーションの世界を変容させてきた。組織内でのＥメールやウェブサイト、イントラネットを通してのコミュニケーションは、標準的になってきた。バーチャル・チーム会議は、時間と場所という制約を外した。人々と組織間のコミュニケーションで、ＩＴが標準的方法になってきている。加えて、テクノロジーは、アクションリサーチ・プロセスの展開を形作りつつある（Koch, 2007; Dymek, 2008）

アクションリサーチ・プロセスにおいてＩＴが果たしうる役割は多様だ。情報収集、情報の加工、結果の提示をするのに、テクノロジーを使うことができる。共同研究者、同僚、顧客との一対一のコミュニケーションにも使えるし、バーチャル・グループ会議を開催して多くの人とコミュニケーションをとるのにも使える。後者のＩＴの使い方については、アクションリサーチャーは、ＩＴを使った時の参加の質に注意を払うことが重要だ。Schein（2003）が指摘しているように、「機能的親密性（functional familiarity[iv]：対面で共に仕事をする中で築き上げられた経験。その経験により、反応、ボディランゲージ、一般的な相互作用の仕方の読み方を知ることができる）」がないと、協働のプロセスが深刻な形で制約される。

やめ時をどのように知ればよいか？

前述のように、通常は、論文のためのアクションリサーチ・プロジェクトには、既定のタイムスケジュールがある。特に、1～2年の修士課程の場合、課程の条件に合うように、アクションリサーチ・プロジェクトを決められた期間内で行うことが期待される。スケジュールに応じて、提出締め切りを考慮し、論文を執筆できる時間をとり、組織の物語が終わる予定を決める。基本的に物語が終わる時期は任意に決められるが、その期日以降何が起ころうと（それがどんなにワクワクするもので重要なものであっても）それは自分の物語には含めないとする期日を設定することは重要だ。

完了締め切りがより柔軟な場合は、終了時期は更に任意に決められるので、プロジェクトがある程度十分な学習を生み出したという判断によればよい。

結　論

本章では、アクションリサーチ・プロジェクトのデザインと実行について詳しく探ってきた。アクションリサーチ・プロジェクトの必要性を明らかにしたら、詳細（何をするのか、どのようにアクションへのコミットメントを築くのか）に立ち入る前に、将来のビジョンを明確にすることが有効だ。また、研究者が行う全てのことが介入だということを心に留めておくべきだ。質問したり観察したりすることが仲間に与える影響に敏感であるべきだ。どんな時も、その状況の政治的な動きを調整する必要がある。初めに記したように、「創造性への自信」を持っていることは重要だ。「創造性への自信」によって、柔軟にプロジェクトをデザインし実行できる。

▼推薦文献▲

Coghlan, D. with Brydon-Miller, M.（2014）*The SAGE Encyclopedia of Action Research*. London: Sage.（特に以下を見よ。'Asset mapping', 'Cognitive mapping', 'Collaborative data analysis', 'Cycles of action and reflection', 'Data analysis', 'Design research', 'Evaluation methodologies', 'Facilitation', 'Interviews', 'Quantitative methods'.）

Docherty, P. and Shani, A.B.（2008）. 'Learning mechanisms as means and ends in collaborative management research', in A.B. Shani, S.A. Mohrman, W.A. Pasmore, B. Stymne and N. Adler（eds）, *Handbook of Collaborative Management Research*. Thousand Oaks, CA: Sage, pp.567-582.

Dymek, C.（2008）'IT and action sensemaking: Making sense of new technology', in P. Reason and H. Bradbury（eds）, *The SAGE Handbook of Action Research*（2nd edn）. London: Sage, pp.573-588.

Mead, G.（2008）'Muddling through: Facing the challenges of managing a large-scale action research project', in P. Reason and H. Bradbury（eds）, *The SAGE Handbook of Action Research*（2nd edn）. London: Sage, pp.589-601.

エクササイズ5・1　実行のプロセス（グループディスカッション用）

ステップ1：変化の必要性を明らかにする
　変化を引き起こす外力は何か？　変化を引き起こす内力は？　外力と内力はどのぐらい強力か？　どのような選択があるか？
ステップ2：有効な介入がない状態でこのまま進んだ時、予想される結果は？　別の望ましい結果はどのようなものか？
ステップ3：ビジョンに基づいて、現状の何を変えないといけないか、既に変えたことは？　いかに変わったか？　構造、態度、文化？
ステップ4：変化を進める主な手段は何か？
　手段の中で具体的なプロジェクトは何か？　長期、中期、短期？　このプロジェクトに対して、いかに組織を巻き込んでいるか？　どこから始めるか？　最大限の効果、中程度の効果、最小限の効果をもたらすために、どのようなアクションを取るか？　どのように変化を進めるか？　どのようにコミットメントを築くか？　変化に対する準備ができている人とできていない人は誰か？　また変化することができる人とできない人は誰か？　抵抗をいかにしのぐか？　変化しても良いと思っている人は誰か？　変化を助けるのは誰か？　変化を起こすのは誰か？　更なる助けが必要か―コンサルタントやファシリテーター？
ステップ5：再検討の手続きをどのように定めておくべきか？
　学習していることを、いかに話し、共有するか？

エクササイズ5・2　実践の省察

（このエクササイズはBob Dickの著作物である。再掲を許可してくれたBobに感謝する）

アクションの前の省察

〝a〟の質問は実践に、〝b〟の質問は理論に通じている。

1a.　直面している状況の特徴は何か？

1b.　なぜそれが特徴だと思うのか？　どんなエビデンスを持っているか？

2a.　状況の認識が正しい場合、将来のビジョンは？

2b.　この状況で、なぜその将来のビジョンを挙げたのか？

3a.　状況と将来のビジョンについての認識が正しい場合、どんなアクションによって将来のビジョンに到達できるか？

3b.　この状況で、なぜそのアクションを挙げたのか？

アクション後の省察

0a.　将来のビジョンに到達したか？　より現実的に、得たものは何だったか？　得たものは、将来のビジョンとどの程度一致しているか？

0b.　得たものは欲しかったものか？　なぜそれが欲しいか？　またなぜ欲しくないか？

0c.　得られなかったものは、どうして得られなかったのか？

これらの質問は、より詳細には、前の計画の質問に戻る。

1a.　状況に関してどう思い違いをしていたか（あれば）？

1b.　状況に関してどんな仮定を持っていたため、その思い違いが生じたのか？

1c. 学習したものは何か？　将来似たような状況になったら、どんな違った結論に達するだろうか？
2a. 将来のビジョンについてどう思い違いをしていたか（あれば）？
2b. その将来のビジョンが良いと思った理由のうちどれによって、思い違いが生じたのか？
2c. 学習したものは何か？　そのような状況で次回、どのような将来のビジョンを描くか？
（3aは異なった取り組みであることに気をつけて）
3a. 計画したアクションを実行できたか？　できなかった場合、どうしてできなかったのか？　自分自身、自分のスキル、自分の態度等々に関して何を学んだか？
3b. アクションを実行した場合、アクションの影響についてどう思い違いをしていたか（あれば）？　アクションに関してどんな仮定を持っていたため、その思い違いが生じたのか？
3c. 学んだことは何か？　次回、同じような状況で同じような将来のビジョンがあったら、どんなアクションを試すか？

■訳者注■

i　訳語については、トム・ケリー、デイビッド・ケリー（著）飯野由美子（訳）（２０１４）．ＩＤＥＯ流創造性を取り戻す４つの方法　ハーバード・ビジネス・レビュー　２０１４年11月号62-71頁．を参照した。

ii　原著では、本文ではdetermining、図５・１ではdescribingと用語が異なっているが、訳では統一した。

iii　既存の方針を維持継続したり、目的を達成したりするプロセスを「シングルループ学習」と呼ぶ。シングルループ学習の働きは、サーモスタットになぞらえるとわかりやすい。サーモスタットは、温度が高すぎたり低すぎたりすると、それを感知して、適度な水準に調節する。仮にサーモスタットが「摂氏20度に設定するのは、本当に望ましいのか」とみずからに問うことができれば、誤りを察知するだけでなく、自分の作動プログラム、基本方針や目標などを見直すこともできるだろう。これはより突っ込んだ問いかけであり、「ダブルループ学習」と呼ぶのがふさわしいだろう（Argyris, C.（1977）: Double Loop Learning in Organizations, *HBR*, Sep.-Oct.: 115-125）。

iv　エドガー・H・シャイン、ピーター・S・ディリシー、ポール・J・カンパス、マイケル・M・ソンダック（著）稲葉元吉・尾川丈一（監訳）（２００７）．ＤＥＣの興亡――ＩＴ先端企業の栄光と挫折　亀田ブックサービスを参照のこと。

第6章 内部者アクションリサーチのレベル間ダイナミックス

本章を通底する問いは、理論的、かつ実践的である。組織の「ぬかるんだ低地」、あるいは、自分のアクションリサーチ・プロジェクトに生じている個人やチームの複雑な相互作用をどのように理解したらよいだろうか？　他の人とともにプロジェクトを動かすにはどうしたらよいだろうか？　あるいは他のチームとともに働く場合、チームとチームの間で働く場合はどうだろうか？

分析レベルは、組織のシステムを調査し、理解し、介入するための枠組みとしてよく利用される(Harrison, 2005)。分析レベルは通常、複雑な対象にどのように区切りをつけるかに言及するものだ。たとえば、個人、グループ、グループ間、組織などがその区切りとなる。アクションリサーチは慣例的に分析レベルを調査対象として扱い、その意味で分析レベルが重要であった。アクションリサーチは、チームというレベルの機能に焦点を当てるからである。本章では、この調査対象として分析レベルを扱う慣例的な見方を拡張し、異なるレベルの集合体や、レベルの間で生じるダイナミックスを考察していきたい。そして、自分自身の組織でアクションリサーチを遂行する上でレベル間ダイナミックスがどのように重要かを考察する(Coghlan, 2002)。レベル間ダイナミックスは、一人称プラクティス、二人称プラクティス、三人称プラクティスを照らし出す。

複雑性のレベル―個人、グループ、グループ間、組織―は、組織プロセスを理解するための枠組みとしてよく用いられる。ここで、**レベル**という用語のコンセプトや使い方について、本質的なポイントを明らかにしておく必要があるだろう。第一にレベル（Level）は**階層**（Echelon）のコンセプトと区別される（Rousseau, 1985）。階層は、一つの組織に存在する命令体系の中のポジションを指す。たとえば、社員、上司、マネージャー、グループ・マネージャー、チーフエグゼクティブなどが階層に該当する。一方、組織レベルとは「複雑さのレベル」を指している。これは、組織レベルを組織行動の構築物と見なす、あまり一般的ではない視点に由来するものだ。

Coghlan and Rashford（2006）は、人々が組織にどのように参加するかといった観点でレベルを表現している。そして、そうしたレベルを、マネージャー、コンサルタント、組織行動学の教員にとって有用な道具となるように結び付けている。彼らは、組織の行動を四つのレベルに分ける。個人、対面チーム、異なる部門に横断的なグループ、そして組織である。第一のレベルは、個人から組織への、また組織から個人への**マッチング**を扱う。個人にとってこのレベルは、人生の目標を達成するために組織の一員としての地位を活用したり、ある組織に参入したりすることを意味する。一方、マネジメント側にとって主要な課題は、個人を組織の目標・価値・文化に関与させ、より効果的に働いてもらうことだ。**対面チームでの効果的な仕事の関係性**を確立するためには、より複雑な参加のアプローチが求められる。部門間グループの交渉においては、さらに複雑な関与が求められる。複雑な課題を達成するためには多くのチームの**調整**が必要だし、政治的関心が競合するグループ同士の力のバランスを維持する必要もある。最後に、個人の観点からもっとも複雑であるのは、組織全体とその外部環境との関係性である。そこでは、似たような製品やサービスを生み出すための貴重な資源をめぐって他組織が自組織のライバルとなる。どのような組織においても鍵となるのは、変化を促す環境からの圧力に**適応**していく能力である。

分析レベルを通して可視化される組織の姿は、全体像の中のほんの一部に過ぎない。他の部分では、レベル同士がお互いに関係しあっている。一つの組織の中では、レベル間という構成要素こそが本質的であり、組織にある各々のレベル（個人、グループやチーム、部門間グループ、組織）が他のレベルとダイナミックな関係性を結んでいる（Coghlan and Rashford, 2006）。こうした関係性は、システムのダイナミックスの中に張り巡らされている。それぞれのレベルが他と取り結ぶ関係性は全体のシステムとつながっており、フィードバックループが、複雑な関係性のパターンを作り出している（McCaughan and Palmer, 1994; Williams and Hummelbrunner, 2011）。たとえば、どのレベルでの機能不全も、他のレベルでの機能不全をもたらしうる。個人レベルでの不満は、チームレベルでの機能不全として現れるだろうし、それは、チームが効果的に機能する能力を損なう。それがめぐりめぐって今度は個人の不満を強化していく。もしチームがうまく機能していないならば、異なるグループ同士が協働する効果も制限してしまうだろう。制限の度合いは、（機能不全の）チームから流れてくる情報の質と適時性、資源や仕上げられた仕事に依存する。もし、部門間グループが行っている複数の活動がうまく調整されないと、組織全体の競争能力も影響を受けてしまう。システム論による言い方を用いると、それぞれのレベルは互いに影響しあっている。組織のレベルを考えるとき、単純に一つ一つの「分析レベル」だけを見て、レベル間のダイナミックスを考慮に入れないとしたら、システムの関係性に関する論点を取りこぼしてしまう。個人とチームの関係性、チームと他のチームが持つ関係性、組織がその環境と持つ関係性など、レベルのそれぞれの間に論点がある。

あなたが上に述べたいずれかのレベルで働くとき、他のレベルの問題を自分の理解と介入に含めていく必要があると気づくだろう。たとえば、アクションリサーチ・プロジェクトの活動で、とあるチームと一緒に働くとしよう。この仕事のプロセスで、個人メンバーの誰かが組織との関係性について不満を表明し、チームの目標に貢献するための最善の努力を惜しむかもしれない。もしくは、他のチームから流れてきた情報が、一緒に働いているチームの仕事にネガティブな影響を及ぼすかもしれない。こうした事例の中では、自分が携わっているチームレベルへの介入を超え、チームに影響している他のレベルのダイナミックスを考慮すべきだ。

組織のレベルは、組織政治の中でも重要である。政治的な振舞いは、個人的なものとして現れるかもしれないし、チームの問題や、部門間グループの問題として生じるかもしれない。個人が組織での自分のポジションを向上させるために、秘密の政治的な行動に専心することもある。チームが他のチームよりもアドバンテージを得てより多くの資源を確保するために、公然と、あるいは秘密裡に政治的な行動を進めるかもしれない。

変化のレベル間ダイナミックス

組織の変化は、通常、従業者個々人も変わらなければいけないことを意味する。個人は、取り組んでいる仕事の内容、もしくは仕事の方法を変えるように迫られるだろう。仕事に対する態度や、ものの見方を変えるように迫られるかもしれない。その結果として、個人が持つ、変化した／変化しつつある組織との関係性は、ポジティブな方向にもネガティブな方向にも変わりうる。もしうまくマネジメントされなかった場合、組織の変化は、疎外感を個人にもたらしてしまう。組織における行動計画（アジェンダ）の変化は、とりわけチームの仕事に影響する。チームは新しいゴールと目標を定める。異なったやり方で働く必要があるかもしれない。資源が再配分され、テクノロジーや進んだ情報システムが情報の流れへのアクセスを変えるため、チームは職務内容や部門を横断する、より効果的なコミュニケーションを求められる。このように組織の変化は、個人の変化、チームの変化、部門間グループの変化から成り立っている。

一つのレベルで生じた変化は、別のそれぞれのレベルに影響する。たとえばヘルスケアの文脈で、不景気のため政府から病院に対する予算配分額が減るとしよう。予算の減額は、病院の各部局やサービスに割り振られる病院内の資源配分に影響する。チームの仕事に変化をもたらし、少ない人数で多くの仕事をこなす必要が出てくるかもしれない。そうなると個人はストレスにさらされ、専門的な仕事から疎外されていく。もしチームがうまくいっているならば、メンバー個人のモチベーションやコミットメントにポジティブな作用をもたらす。逆もまた然りである。一つのチームの働きは、他のチームの働きに影響する。このように、レベルはシステムとして他のそれぞれのレベルとリンクしている。一つのレベルで生じた出来事は、他のレベルでの出来事の原因でもあり結果でもある。

私たちがこれまでの章で描いてきた組織変化のプロセスには、決定的なレベル間ダイナミックスが存在する。変化のプロセスはどこかで始まる必要がある。変化のプロセスは通常個人のレベルで始まるが、その個人とは必ずしもチームのトップというわけではない。行動計画の変更を実行に移すためには、個人は行動計画をチームに持ち込まなければならないし、チームはその変化の必要性を受け入れなければならない。マネジメントチームが変化の必要性を受け入れて行動を始めたら、次に、システムの中で他のチームを味方に引き入れなければならない。これらの動きのそれぞれ―個人からチームへ、チームから他のチームへ―は、反復的なプロセスである。すなわち、チームがある個人の見解を採用するならば、その採用はその個人を強固なものにする。複数のチームが特定チームの見解を採用することは、チームを強固にする。そして言うまでもないことであるが、顧客が新しい製品やサービスを採用することが組織を強固にする。

未来のビジョンをデザインするプロセスは、レベル間ダイナミックスをともなう。チーフエグゼクティブが発したビジョンは、チーフエグゼクティブ個人からシニアマネジメントグループに向かい、そこから他のチームに向かい、さらに組織に向かう。このように、課題の提示とそれに対する反応、行動は、まるで潮の満ち引きのように個人から個人へ、チームからチームへと繰り返されていく。レベル間ダイナミックスは組織が変化していく状況できわめて重要だ。その変化の中では、個人とチームが変化に向けた行動計画の含意を読み取り、実現化していく。変化の行動計画は、個人の仕事の内容と方法に影響を与えるので、個人の関与は必要不可欠となる。また変化の行動計画は、常設チームの仕事に影響し、一時的な委員会やプロジェクトグループという形で新しいチームと新しい仕事をつくりだすので、チームのダイナミックスも決定的な役割を持つ。同様にして、変化の行動計画には複数チームのインターフェイスが必要だ。インターフェイスは情報共有や問題の特定と解決、資源の再配分、団体交渉を可能にする。チーム間のダイナミックスは変化のプロセスですばらしいマネジメントを可能にする場合もあるし、妨害する場合もある。

戦略のレベル間ダイナミックス

レベル間ダイナミックスは戦略を練るプロセスで多く生じるものであり、あなたが、内部者アクションリサーチャーとして活躍するために重要である。戦略的な思考や行動を生み出すための複雑なプロセスは、五つの戦略的焦点を通じて発達する（Coghlan and Rashford, 2006）。

1. 企業の絵に枠を付ける
2. 企業の言葉に名前を与える
3. 企業を分析する

4. 企業のアクションを選択し実行する
5. 企業の成果を評価する

企業の絵に枠を付ける

このステップでは、組織のキーパーソンと歴史を扱う。というのもそれらが戦略の立案と実行に影響を与えるからである。ステップの焦点は、コアミッション、組織の声明、キープレイヤーたちの性質である。企業の絵がシニアマネージャーからもたらされたのだとしたら、シニアマネジメントグループにその絵を受け入れるよう働きかける。さらに、部門を超えて別のグループに働きかけ、最終的にはその組織全体―ステークホルダーや株主、顧客にも働きかける。企業の新しい絵により、シニアマネジメントグループは新たな優先順位をつけ、各部局や部門にさまざまなやり方で仕事を配分する。部門間の問題については、新しい絵を実現化するために必要な新しい資源配分と情報フローに焦点が当てられるべきである。

企業の言葉に名前を与える

このステップでは、時間を経て中心的となってきた運営あるいは職務機能を扱う。これらはよく「推進力」として参照され、組織の重要な調整部となったり、ミッションステートメントの具現化を導いたりする。異なる職務は互いに優先順位と地位を競い合うため、企業がある言葉を選択する際にレベル間のダイナミックスが生じる。たとえば、エンジニアリングとマーケティングがその組織の最優先職務だと定義されているような組織では、双方の活動に参加していない人々が、組織貢献の面で過小評価され周辺的立場に置かれていると感じる可能性がある。

■企業を分析する

このステップでは、重要な情報を取得し、データを処理して、組織にとって包括的なシナリオや代替案のモデルを策定していく。分析のプロセスの焦点は、前段階の焦点―すなわち企業の絵に枠を付けた際のミッションとうまくつなげていくことが望ましい。また、分析のプロセスは、次の段階の焦点―すなわち共同体のアクションを選択し実行していく際のミッションともつながっている。一つの組織がどのように分析に関与するかは、文化的な課題である。それぞれの職務領域は、よく熟考して自身を分析し、自らの職務に修正を加える必要がある。職務領域とは、つまりは組織の中に存在しているサブカルチャーであり、各々の職務集団が独自の伝統や言語、基本前提を発達させている。こうした伝統・言語・前提は、自己完結型のサブシステムを作り上げることに役立つ。そのため各職務というレベルは、部門間グループで活動する際にも自らのサブカルチャーの視点から見た全体に対する世界観を示してしまう。各職務から提出される分析や「世界観」がどのようにお互いに関連するか、あるいは受け入れられるかはとても重要だ。というのも、複数の職務を統合する際に異なる職務が連結されることこそが、多くのトラブルの原因となるからである。

■企業のアクションを選択し実行する。

このステップでは、実行可能な計画を用いてアクションの戦略プランを選択し、実際に進めていく。企業のアクションでは選択と実行の最終的な意思決定者は、CEO（チーフエグゼクティブ）である。CEOはシニアマネジメントグループと交渉する。この交渉が長引くときに提案同士の違いが不明瞭だと、CEOは、過去のキャリアで得た経験をもとに決定する罠に嵌ってしまうおそれがある。

■企業の成果を評価する

このステップでは、適切な検証にもとづき選択した基準を受け入れ、結果として生じる組織の状態を評価する。企業の成果を評価するプロセスでは、適切さと公正さが重視される。こうした企業成果の評価は往々にしてシニアマネジメントグループとCEOが担当する。

外部からのレビューと内部からのレビューの双方を評価に含めることは、シニアマネジメントグループとCEOとのレベル間相互作用に対して重要な価値を持つ。この時の議論は、データから情報が形成される経緯に含まれる微妙な差異を浮き彫りにする。シニアマネジメントグループは、部門を横断した視点からデータを眺める。それがシニアマネジメントグループのものの見方である。一方、CEOは、組織全体の視点からデータを眺める。あるいは外部者の視点に立つことすらある。

五つの焦点はどのようなシステムにも存在する「核となるプロセス」を抽出し、五つの質問を私たちに投げかける。

1. 私たちは誰なのか？（企業の絵）
2. 私たちはどのようなことに得意でありたいのか？（企業の名前）
3. 私たちはどのように外部世界を評価するか？（企業の分析）
4. 私たちはどのように行動を選び実行していくか？（アクションの選択と実行）
5. 私たちはどのように今の私たちのやり方を評価するか？（成果の評価）

企業組織が絵に枠を付け、言葉に名前を与え、分析を実施し、アクションを選択して実行し、成果を評価しようと努力するとき、五つの戦略的焦点のそれぞれが変化のレベル間ダイナミックスを必要とする。ただし、各々のレベルはただ別々に動くだけではなく、相互に依存して干渉しあっていることをこれまでの経験は教えてくれる。

アクションリサーチの分析レベル

■個人レベルのアクションリサーチ

第2章では、アクションの中での学習に参加することでどのように一人称プラクティスを進めるかを明らかにした。組織の中で遂行する一人称プラクティス—自分のための研究の方法—は、組織へのマッチングの感覚と関係している。研究が自分の成長や役割、将来にどのように役立つかは、すでに見てきたように、自分自身の組織で実際に研究に着手する際に重要である。自己認識、課題への親近感、問題を図式化するやり方は、一人称プラクティスのプロセスで決定的だ。このプロセスでは、アクションリサーチ・プロジェクトの一部を成していることに自覚的であり、自ら意識的に働きかけていく必要がある。通常、個人のアクションの中での学習では、自分の経験を振り返る能力が身につき、その経験を理解した上で代替的行動を実行に移せるようになる。これに加えて、個人的推論を公的な検証にかけることで自分の思い込みを批判的に検証する方法を学ぶことができる。プロジェクトがどの程度あなたのキャリア形成を促進するか、もしくは今の組織にとどまるモチベーションを弱めるかも重要である。

■グループやチームレベルでのアクションリサーチ

二人称リサーチは、研究者が他者と会話し、アクションを起こす場面で登場する。二人称リサーチは、ある個人と一緒にアクションと省察を進める、一対一の状況で実現されるだろう。より頻繁に見られるのは、なんらかのグループの中で実施される二人称リサーチである。それは公的で組織的な階層構造のチームであったり、プロジェクトのために立てられた時限つきの委員会や作業部会であったり、さまざまな形をとる。アクションリサーチ・プロジェクトの課題を調べるためには平等な関係性を備えたグループを作ろう。その例としては、協力的インクワイアリーやアクション・ラーニング・グループが挙げられる。

アクションリサーチのステップに進んだグループやチームの経験はとても貴重だ。アクションを考え、計画し、実行していく中で、時には成功に至り、時には失敗に至るだろう。内部でコンフリクトが生じる場合もあるし、あるメンバー達の破壊的な政治的振舞いに苦慮するかもしれない。戦略や行動についてチームが合意に達するまでに苦闘するかもしれない。重要なのは、グループやチームは、グループやチームとしてどのように機能してきたかという視点で経験を省察する方法に習熟していく点にある。課題をこなす方法、周囲とコミュニケーションを図る方法、問題を解決する方法、意思決定の方法、コンフリクトをさばく方法などがここに含まれる（Schein, 1999）。これらの課題を調査するとは、個人を責めることを止め、その場に必要な改善的アクションを起こすための効果的なチーム開発と、チームプロセスの発展に目を向ける営みにほかならない（Wheelan, 2012）。たとえば、内部者アクションリサーチ・プロジェクトを動かすためのグループを立ち上げたなら、早い段階で、グループが、（メンバーの）包摂、コントロール、親密性の問題にいかに対処するかに注意を払う必要がある（Schutz, 1994）。Wicks and Reason（2009）が調べたところによると、課題を解決しようとしているメンバーのために心理的かつ社会的な空間を作成してやると、グループが個人の寄せ集めではなく一つのユニットとして潜在能力を開放し、協働的インクワイアリーや共同的アクションに従事する潜在能力も開放される。こうした活動は内容、プロセス、そして前提を含む。内容を学び、プロセスを振り返り、暗黙の了解を明らかにして検討する。Bartunek（2003）は、チェンジエージェント・チームの時間に沿った発達を、アイデンティティ、アクション、ステークホルダーの関係性の観点から描写している。彼女は次に述べる項目間の認知的・感情的な結びつきに注目する。

- メンバーの入れ替わりや、アイデンティティの明らかな強調、対面での接触を通じて、アイデンティティが進化してきた方法。
- 意図されたアクションが遂行された方法、アクションが感情に訴える方法。
- ステークホルダーの関係性をポジティブにするために進められてきた努力。

■グループ間レベルでのアクションリサーチ

研究と変化のプロセスは、個人やチームが単独で行う学習と変化に限られない。二人称プラクティスのさらなる応用として、個人やチームで出てきた学習や変化の方法が複数の部門にわたるグループの中で一般化される必要がある。この場では、ほかのチームやユニットも対話や交渉に加わる。この際にもっとも目を向けるべき焦点は、別の職務グループからもたらされた文化的視点が変化のプロセスに与えるインパクトである（Schein, 2010）。グループの間で対話するとき、組織の中のある職務領域が、別の職務領域からどのような想定を抱かれているのか、あるいは、ある職務領域が他に対してどのような想定を抱いているのか、そうした情報をよく考慮に入れておこう。

グループやチームは孤立すると機能しない。通常、グループやチームは広範なシステムの中のメンバーであり、そうしたメンバーとしての地位は、グループ間ダイナミックスを必ず必要とする。たとえば、ワークフローや情報処理の中でグループやチームは相互に依存している。グループ同士の相互依存は、結果として、情報共有、資源に関する駆け引き、グループ間の偏見やコンフリクトといったダイナミックスを生み出す。複雑なシステムを含むどのようなプロジェクトにもグループ間のダイナミックスが見込まれる。グループ間のレベルで働くということは、まったく、二人称リサーチの延長線上にあるのだ。部門間グループは、個別のグループの間に存在する差異を経験する。異なるグループは、取り組んでいる仕事、場所、関心に応じて互いに分断されているためである。異なった部門のメンバーが一緒に働くアクションリサーチでは、各々の部門がどのような関心を持ち、世界をどのように見て、いかなる政治的関心を持ち、どのような専門用語や言葉を使っているのか、等々を考慮に入れるべきである。部門を横断するグループワークは、本質的に文化横断的（Schein, 2010）なのだ。

グループ間レベルでのアクションリサーチの別の例は、現在急拡大している組織変革のための大規模な介入手法の中に見出される。集団に対する介入手法には、「サーチカンファレンス」、「フューチャーサーチ」、「ダイアローグカンファレンス」、「オープンスペース」、「リアルタイム・ストラテジックチェンジ」、「ワールドカフェ」などがある（Brown, 2005; Bunker and Alban, 2006; Holman et al., 2007; Martin, 2008）。これらの介入手法は、システムが今後発展していく際の共通基盤を作るためにメンバーを集める方法にほかならない。

■組織レベルでのアクションリサーチ

最後に、アクションリサーチのプロジェクトは一つの組織の内部で止まらない。組織レベルでのアクションリサーチは、組織を、競争の激しい経済的・社会的環境に置かれた一つの実体と見なす。開放系としての組織は外部環境に対しダイナミックで双方向的な関係を結ぶ（Katz and Kahn, 1978）。二人称リサーチのプロセスは、組織が、顧客やクライエント、ステークホルダー、地域コミュニティ、競合相手、広範な社会、他組織などの相手に影響を与えるプロセスと、それらの相手から組織が影響を受けるプロセスを含んでいる。したがって、プロジェクトは、個人、グループ、グループ間レベルにある組織内のステークホルダーはもちろんのこと、顧客やクライエント、競合相手といった組織外のステークホルダーとの関係性も含むのである。

さらに複雑性を増すには、組織間活動―通常は組織間ネットワーキングと呼ばれる仕事がプロジェクトに必要だ。組織間ネットワーキングでは、メンバーが異なる組織が、複雑な課題を扱いアクションの計画策定や遂行に関する協働の方法を練るため、自発的ネットワークを入念に発展させていく（Burns, 2007; Coghlan and Coghlan, 2011）。アクションリサーチ・サイクルの学習ステップには、組織やグループが持つ異なるマインドセットや政治的関心のもとでどのような協働が行われたのか、そうした協働の経験を当事者がどのようにこなし、解釈し、そしてアクションを起こしたのかの省察が含まれる。

結論

分析レベルは、組織のシステムを調査し、理解し、介入するためのフレームワークとして活用されている。分析レベルは、複雑性の区切りという形で課題を同定するもので、具体的には、個人、グループ、グループ間、組織がレベルの例として挙げられる。分析レベルは、慣例的にアクションリサーチの重要な研究対象であった。本章では、分析レベルに対する議論をレビューした上で、集合のレベルや、レベルの間で生じるダイナミックスへの考察を深めてきた。

本書で引用されている多くの事例は、一つの分析レベルのみを扱っているように見えるかもしれない。しかし、実際にはレベル間のダイナミックスが含まれている。たとえば、Krim（1998）の事例は、著者個人の学習に焦点を当ててはいるものの、著者は市役所の活動で鍵となる政治的プレイヤーとグループに関わり、複雑なレベル間の活動に巻き込まれている。OilCoの例は、ＣＥＯが、マネージャーたちを諮問

図6・1　アクションリサーチの組織的ダイナミックス

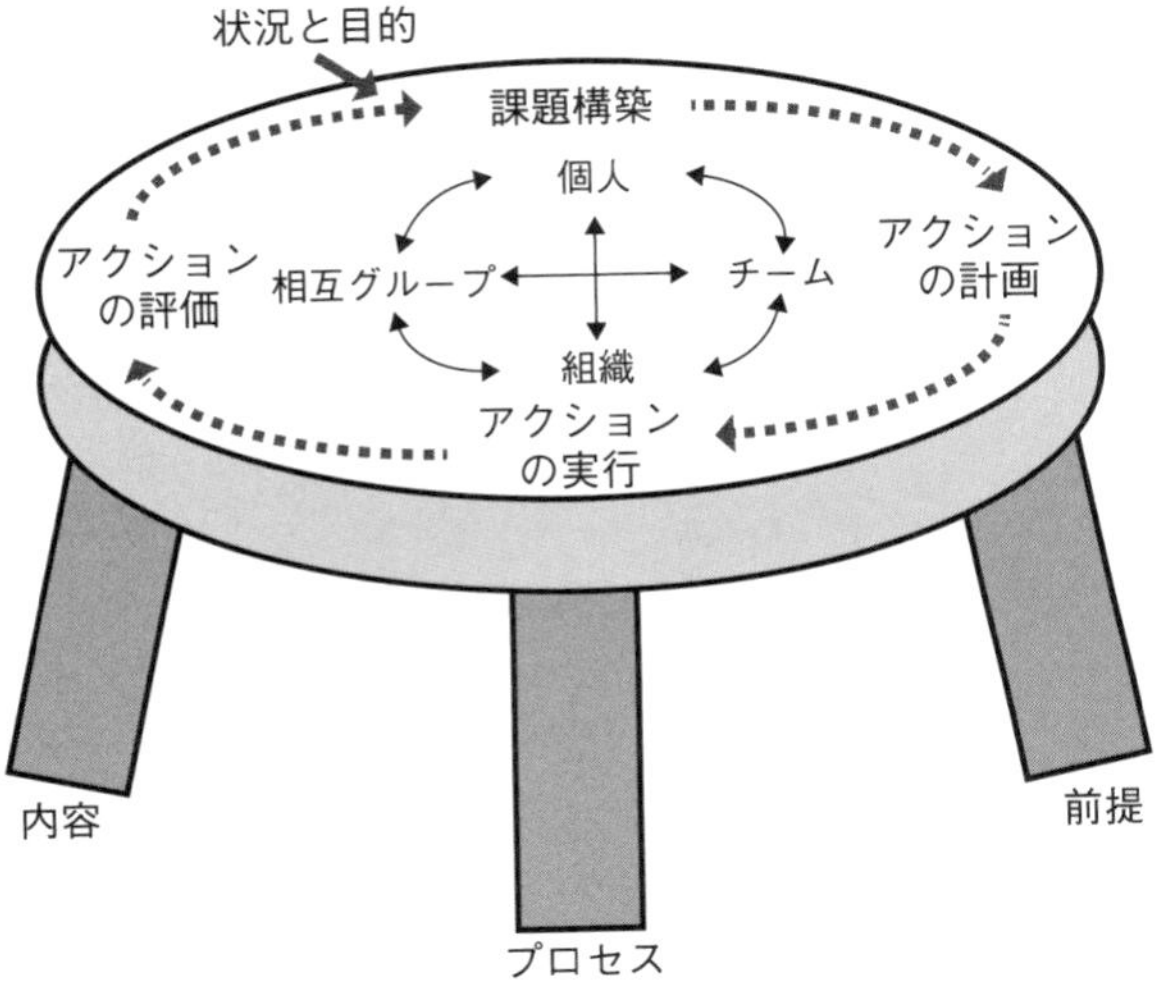

委員会のメンバーへと変身させた事例である（Kleiner and Roth, 2000）。マネージャーたちはそれまでチームとして働いたことがなく、協働はまったく新しい経験であった。彼らはプロジェクトを実行するためのサブチームを形成した。諮問委員会は、学習をともなうコンベンション（代表者会議）を通じて自分たちの業績をより広範な組織にまで普及させた。コンベンションで参加者は初めて会社に対する見解を率直に伝え、対話が始まった。基本的な考え方や感触の変化が、ＣＥＯから評議委員会にうつり、さらに、組織、重要なチーム、個人にうつることで企業全体のプロセスが進んでいったのである。

　レベル間のダイナミックスは、アクションリサーチのただ中にいる読者にとっても有効である（図6・1）。アクションリサーチ・プロジェクトを進めようとする対象のシステムの複雑さに直面するとき、まさにレベル間ダイナミックスに参加している。一人称プラクティス、二人称プラクティスを実施すると、あなた自身のアクション・ラーニングが必要となってくる。それは、グループ、グループ間、組織とその環境など、どのレベルでの仕事でも同様である。レベル間ダイナミックスを一人称プラクティスと二人称プラクティスに応用することは、アクションリサーチの特徴である経験的サイクルを理解するためにも、また実践を行うためにも重要である。

読者は、四つのレベルを、組織が持つ相互作用的な特質を理解するために活用してほしい。各レベルで生じている課題や、一つのレベルが他のレベルにどのように影響するかに意識を向けてほしい。また、個人、チーム、横断的チームと一緒に働き、レベルから別のレベルに対する効果を評価するためにも四つのレベルを活用できる。たとえば、一つの組織を貫く変化を実現させるプロセスでは、個人、対面チーム、部門間グループ、組織間の複雑な関係性や相互依存性をシステムと見る視点が必須である。

レベル間ダイナミックスはシステム全体としてのプロセスである。レベル間ダイナミックスは、人間システムへの参加が、複雑性を増しながら発展していくプロセスを理解させてくれる。参加は、個人からスタートして、グループやチームの一員としての個人、他組織や他グループと協働する部門間グループの一部であるグループのさらにその一員である個人、社会の一セクションである組織の一部としての部門間グループ、そして市場やグローバル経済まで複雑性を増していく。こうした枠組みは、ものごとの理解に役立つだけではなく、アクションの基盤となる（Coghlan and Rashford, 2006）。レベル間ダイナミックスの中で得られる気づきやスキルは、あなたのアクションの中での研究に大いに役立つだろう。

▼推薦文献▲

Arieli, D., Friedman, V.J. and Agbaria, K.（2009）'The paradox of participation in action research', *Action Research*, 7(3): 263-290.

Coghlan, D. with Brydon-Miller, M.（2014）*The SAGE Encyclopedia of Action Research*. London: Sage. (See especially: 'Cooperative inquiry', 'Dialogue', 'Dialogue conference','Inter-organizational action research', 'Large group action research', 'Learning window','Search conference', 'Strategic planning', 'World café'.)

McArdle, K.（2008）'Getting in, getting on, getting out: On working with second-person inquiry groups', in P. Reason and H. Bradbury（eds）, *The SAGE Handbook of Action Research*（2nd edn）. London: Sage, pp.602-614.

Wicks, P.G. and Reason, P.（2009）'Initiating action research: Challenges and paradoxes of opening communicative space', *Action Research*, 7(3): 243-262.

エクササイズ6・1　レベル間ダイナミックスを応用する

1.
(a) プロジェクトに携わる個人は誰か？　どのようにその人（たち）と働くか？
(b) プロジェクトに携わるチームは誰か？　どのようにそのチームと働くか？
(c) チームの間に存在する課題は何か？　どのようにチームの間で働くか？

2. プロジェクトチームで、個人はチームに対してどのようなインパクトを与えるか、あるいはその逆（チームから個人へ）のインパクトはどうだろうか？

3. 慎重さを要するが、一緒に働く必要のある相手との関係性で重要なパターンとは？（相手には、個人、チーム、部門間グループ、組織が含まれる）。

エクササイズ6・2　変化の課題

	個　　人	チーム	部門間グループ	組織
個人				
チーム				
部門間グループ				
組織				

1. 個人に関する変化の問題に名前を付ける。
2. 上図の影付きのボックスに沿って対角線に沿って作業する。一つのレベルは他のレベルに対してどのような影響を与えるか？
3. 変化がもたらす進歩を促し、機能不全を解決していくためには、あなたのエネルギーをどこに注げばよいか？
4. 組織全体に適用される変化の問題に名前を付ける。
5. 影付きのボックスに沿って斜めに作業する。一つのレベルは他のレベルに対してどのような影響を与えるか？
6. 各レベルで、変化を実現化していくための戦略を練る

エクササイズ6・3　学びの窓

（次頁の学びの窓は、有名な「ジョハリの窓」を応用したものである。「ジョハリの窓」は、ニューヨーク州コロンビア大学の教授であるLyle Yorksによって作成された。「ジョハリの窓」を使用する許可を与えてくれたLyleに感謝申し上げる。）

学びの窓はアクションリサーチを実施するグループで使用できる。グループが知っている内容と、推測している内容とを区別できるようになるのが目的である。グループは「知っていると考えている」内容の土台を吟味できる。この区別は、データに関心を向け続けるために役立つ。

●第一象限：グループが「知っていること」には、きわめて確実なデータが含まれているべきだ。そのデータは十分に検証され、グループのメンバーの同意も得られているようなデータである。

学びの窓

私が知っていること。なぜそれを知っていると言えるのかも分かっていること。 ・見解を支持するためのどのようなデータを私は持っているか？ ・他者は私の解釈を受け入れるだろうか？	私が知っていると考えていること。それを知るため、さらなる発見が必要であること。
知らないことがあると知っている	想定外に対してもオープンであるべき

（縦軸：知識 ↑　横軸：発見 →）

●第二象限：グループが「知っていると考えていること」は、グループメンバーが今現在行っている推定と原因帰属を示している。推定を明確にし、推論のはしごを通じて直接観察可能な行動へと落とし込む。推定を、検証されるべき仮説として扱い、受け入れられた事実として扱わない。

●第三象限：この象限は、さらなる関与が必要だとグループが自覚している知識のギャップを明らかにする。データ収集のための行動計画や、アクションで検証すべき仮説を作成するための道を開く。

●第四象限：この象限は、自分たちが何を知らないかすら把握できていない、不可視化された領域である。

エクササイズ6・3に示された「学びの窓」の枠内を埋めなさい。

それぞれの枠の中に何を書き込めるかを議論し、あなたの持つ証拠のうちどのような情報が枠の中に書き込めるかについても議論しなさい。

1．私たちの知っていること	2．私たちが知っていると考えていること
3．私たちが知っている、「知らないこと」	4．知らないという事実にすら気づいていないこと

第7章 アクションの中で組織を研究するフレームワーク

本章では、組織のダイナミックスを理解する際に用いられるフレームワークの特徴を紹介し、組織のダイナミックスを理解するプロセスとはどのようなものなのかを見ていきたい。根底にあるのは、「自分が理解しようとしていることを理解するためにどのようにフレームワークを用いるのか？」という問いである。これは、一見、泥沼にはまりそうな、厄介な問題である。そもそも、組織を理解するためのフレームワークは、外部者や客観的な立ち位置を想定していて、その内部で自分自身を含めて組織をどのように理解するかということは想定していない。組織の内部でアクションリサーチを実行する人間にとって、組織のダイナミックスを理解するためのフレームワークを考えることは最も重要な問題である。基礎文献や、フレームワークを開発した著者たちの著作には、数え切れないフレームワークが紹介されている。例えば、ビジネス戦略の世界なら、ある産業の競争的な性質や、その中でもあまり変動がない位置関係があるのはなぜかを分析可能にするフレームワークに馴染みがあるかもしれない。マーケティングの分野なら、生産や供給を展開するためのフレームワークを用いるかもしれない。すべての領域において、現状を理解し、結果を予測するためのフレームワークが存在している。ここでは、自分自身の組織の中でアクションリサーチを行うのに有用であると考えられる、システムアプローチに焦点を当てたい。特に、組織的な学習や変化の構造を見ていくことにする。たくさんのフレームワークを延々と紹介していくのではなくて、フレームワークを使用するとはどのようなことなのか、その例を提示したい。

組織診断

いくつかの基礎文献では、相互に関係する要素やプロセスを理解しようとする活動を表現するのに、「診断」（diagnosis）という言葉を用いている。

私たちは、組織の現状を検証したり、クライアントが問題解決のための方策を発見したり、組織の有効性を高めたりするために行う、行動科学における概念やモデル、方法論を用いた調査を診断という用語で表している。（Harrison and Shirom, 1997:7）

組織診断の原則の基礎をなしているのは、組織診断者が現状を評価するのに用いる組織の健全性（organizational health）という考えである（Schein, 1997）。そのため、組織を理解する鍵となる変数や関係を仮定するフレームワークが重要な診断ツールとなる。ただし、注意しなければならないのは、第1章で重要な点として強調したように、私たちは組織を理解することを、客観的な真実を明らかにしようとする診断としては見ていない。そうではなくて、私たちは、フレームワークを使用することで、会話を生み出したり、協働的にセンスメイキングしたり、アクションの計画やアクション自体に参画していくことをねらっている。

組織を理解するためのフレームワークは、データを分類したり、理解を深めたり、データを解釈し、共通言語をつくりあげるためのものである（Burke, 2011）。それらは、多くの場合、組織のダイナミックスにおける関係を、目的、戦略、構造、制御システム、情報システム、報償システム、文化といったものとして記述し、組織の理解に資するカテゴリーをつくるためにデータをどのように用いるのがよいのか、そして注目すべき部分はどこにあるのかを示してくれる。

フレームワークを選ぶのに有用ないくつかの指針がある。Weisbord（1988）は、フレームワークは四つの特徴を持つべきだと述べている。まず、フレームワークはシンプルであること。次に、組織のメンバーの価値観に合っているものであるということ。そして、彼らが重要だと思っていることに焦点を当てていること。最後に、新しい気づきを与え、実践的な行動を示唆することである。Burke（2011）は、三つの指針を示している。第一に、フレームワークを用いる人にとって理解可能で、手軽に使えるものを採用すべきだということ。第二に、フレームワークは、分析したい組織にぴったりと当てはまるものが選ばれるべきだということ。つまり、その組織がもつ多様な側面を包括的に分析し、その組織のメンバーにとっても十分理解が可能であるものだということ。第三に、重要な情報を除外することなしに、データ収集や解釈を可能とするものであるべきだということである。注意しなければいけないのは、フレームワークを用いる人が、自分自身のフレームワークに捉われてしまって、現象がかえって見えなくなることがあることだ。それゆえBurkeは、アクションリサーチャーは自分が用いているフレームワークに批判的でなければならないとも述べている。

システム思考と実践

システム思考とその実践は、状況分析に重要な貢献をなした。システム思考は、組織をホリスティックなものとして、そして相互に関係し依存する要素からなるものとして考える。人体がいい例であろう。人体は、相互に関係し依存する、骨や筋肉、細胞、臓器から成っている。人体を解剖して、その特定の部位の分析を行うことがあったとしても、基本的には、人体はすべての部位が相互に作用しあいながら動いていると考える必要がある。それと同様に、組織も、計画や制御、構造、技術、行動のシステムが、互いに関係し依存しあうシステムの集合として見ることができる。

組織を開かれたシステムとして、つまり生き残りのためには外部環境にも依存するものとして理解することは、組織理論において定着した見方となってきた（Katz and Kahn, 1978）。その中で、あまり強調されてこなかったのは、「再帰的な」システムモデルである。つまり、組織を、フィードバックが繰り返されるパターンとして、システムの要素を関連づけて統合する一連の相互作用として捉える見方である（Senge,1990; McCaughan and Palmer, 1994; Williams and Hummelbrunner, 2011）。システム思考においては、物事を単一の原因から結果が生まれるとする直線的な思考をするのではなくて、互いに影響しあう相互作用として見るのである。

「動的な複雑性」（Dynamic complexity）とは、システムが細かな無数の要素が集積していることによって複雑だというのではなく、複合的な原因と結果によってシステムが構成されていることからくる複雑性を指している（Senge, 1990）。「動的な複雑性」において、システム思考は、システムがアクションと反応を繰り返すというパターンや、関係、意味、隠されたルールや時間の役割によって保持されている様子を理解する見方を教えてくれる。システムがどのように機能しているのかを調べるために、以下のような体系的な質問（systemic questioning）をすることも可能である（McCaughan and Palmer, 1994）。

- **どのような回路があるか**─AがXをするとき、Bは何をするか？　次に、Aは何をするか？
- **どのようなパターンがあるか**─時間経過とともにどのようなパターンが示されるか？

- **意味を探る**――システムで保持されている意味はどのようなものか？　出来事やアクションに付与されている共通の意味にどのようなものがあるか？
- **隠されたルールを探る**――行動を規定する曖昧だったり隠されているルールはないか？
- **時間の次元を探る**――時間間隔はシステムにどのように影響しているか？

体系的な質問に答えるのは簡単ではない。システムで何が起こっているのか，その回路や，パターン，隠されたルールや意味，時間について，試験的で暫定的な説明を組み立てることは，システムの「動的な複雑性」を明らかにするかもしれないし，問いに見合う説明を発見するまで，さまざまな質問を何度も繰り返さなければならないかもしれない。

社会的に構成された組織について書かれた本の中で，Campbell（2000）は，1980年代初頭に，従来の一般的なシステム理論，つまりファースト・オーダー・サイバネティクスと呼ばれるものから，システムを観察している観察者自身も含めてシステムを捉えるセカンド・オーダー・サイバネティクスへとパラダイムシフトがあったと主張している。つまり，観察者がもたらす構成物へと力点が移行したのである。システムをフィードバックと差異によって結びつけられたものとしてみるよりも，システムを意味を生成するものとして理解するようになったのである。社会構成主義は，人々がどのように彼らにとっての現実を協働的につくりだしているのかを捉えようとする。セカンド・オーダー・サイバネティクスは，何が起こっているのかではなく，どのように起こっているのかを問うという点で，そしてアクションの観察ではなくアクションの説明という点で，システム思考とは区別されている。さらに，対話において誰が含まれていて，誰が除外されているのか，対話はどのように進み，何についてなされているのかもまた問うている（Bushe and Marshak, 2009）。

■システム思考とアクションリサーチ

内部者アクションリサーチャーは、思考システムのパターンやシステムにおける行為を理解するだけではなく、そもそも自分自身が研究に持ち込む社会的な構成物や意味についても、理解したいと思うだろう。それゆえ、私たちはシステム思考を、自分自身がその中にいるシステムをみる方法として、そして、多様な社会的な構成物が出来事にどのように影響を与えるのか、あるいは、人々が自分の意図やアクションの結果生まれたと考えている社会的な構成物や意味に、出来事がどのように影響を与えているのかをみる方法として捉えたい。言ってみれば、組織を社会的な構成物として見ること自体が、社会的な構成の結果である。

システム思考とアクションリサーチは互いに相補的な役割を果たす。システム思考からアクションリサーチに対しては、暫定的な理解を物語として構成していくように働く。これらの理解は、システムの要素を理解できるように、そして変化させる必要がある要素にどのような介入ができるかを考えるための暫定的なフレームワークである。システムの理解をするのにとても有効な方法は、図示してみることである。図はどのようにシステムが作動しているのかを表現する強力な方法である。アクションのサイクルやその結果を図に描いてみると、システムのパターンについて鮮やかに理解することができるようになる。システムを図で表現してみようとすることと、描かれた図自体が、そもそも学習プロセスの本質的な要素である。まさにシステムの図を描くという行為が、説明することとそれが確かかを調べることを学習するプロセスなのである（Anderson and Johnson, 1997）。従来の研究のアプローチでは、直観はしばしば推論に反対するものとして位置づけられたり、研究プロセスには相容れないものとして考えられてきた。Senge（1990）の見方では、システム思考が、直観と推論を統合する鍵を握っているとされている。なぜなら、システム思考は、原因と結果の一方通行で物事を捉える直線的な理解を超えて、パターンを理解したり、類似点を取りだしてみせたり、創造的に問題を解決することを可能にするからである。

変化と学習

変化と学習はアクションリサーチの核をなす問題であり、アクションリサーチャーは、変化と学習がどのように生じるのかを知っておく必要がある（Schein, 1979）。ここまでの章でみてきたように、変化と学習は、個人だけでなく、集団や集団どうしの間、また組織においてもみることができる。変化についての理論は、変化のプロセスは三つの段階からなるとするLewin（1999［1948］）のモデルから発展してきた。三つの段階とは、変化の必要を動機づけられる段階、変化の段階、そして、その変化を定着化させる段階である。Lewinは、システムは、何かを学びなおす前に、あえて学習したことを忘れる学びほぐしが必要であり、先の三つの段階はすべて平等に配慮されなければならないと述べている。

組織の中でアクションリサーチを行う人は誰でも、組織にいる人々がどのように変化に抵抗することがあるのかを理解する必要がある。まず重要なのは、抵抗は組織にとって健全な反応であり、組織の自己制御の現れなのであり、尊重されるべきであって、アクションリサーチャーはそれを誠実に受けとめる必要があるということだ。Coghlan and Rashford（2006）は、変化の始まりについての二つの心理的な反応について述べている。変化すべき問題が現れたとき、最初、人々はその必要性を否認することがある。否認することがもはや不可能になったとき、人々は、変化を見ないようにするために、今度はそれをごまかすようになる。変化すべき問題について、特にそれが予期せぬタイミングで生じた際に、人々がそれを否認したりごまかしたりしようとするのは自然な反応である。Coghlan and Rashfordによると、否認とごまかしは、変化すべき問題が受けとめられ、組織が何らかの行動を起こして持続しようとする際の前兆である。

アクションリサーチに関連する変化と学習にはいくつかの段階がある。Bateson（1972）や彼の仕事を引き継いだ人々の著作によれば、変化と学習にも、日常的な問題を扱うものと、考え方そのものの変化に関わることや異なる精神モデルを適用するものがあり、その違いは、シングルループ学習とダブルループ学習の違いとして（Argyris and Schon, 1996）、あるいは、一次、二次、三次変化の違いとして定義づけられている（Coghlan and Rashford, 2006）。

■一次変化

一次変化は、既存の考え方の枠内で変化が特定され、実行されるときに起こるものである。例えば、Bartunek et al.（2000）は、銀行における顧客とのコミュニケーションの問題を扱った経営者主導のアクションリサーチを紹介している。この事例では、参加型のデータ収集、データ分析、フィードバック、アクションの計画、介入、評価という一連のアクションリサーチの作業を通して、問題が改善された。

■二次変化

二次変化は、一次変化が不十分であり、これまでの考え方に捉われずに自由に問いを立てて考えることや、状況の背後で核となっている暗黙の前提を変化させることが必要なときに起こる。二次変化の例として、Bartunek et al.（2000）は、当初は、柔軟性を維持しながら生産量を増やしたり、原材料を自動で管理したり、よりよい計画を立てることで、製造工程の改善をめざした経営者主導のアクションリサーチの例をあげている。データを分析したところ、さらなる改善はその企業が仕事をする上で抜本的に新しい方法を必要とすることがはっきりした。そこで、原材料、組み立て、検査のそれぞれにかかわる職員と、監督者、経営者が一緒になって診断、分析、フィードバックの作業を行ったところ、全く新しく統合された製造工程をつくりあげることができたのである。このプロジェクトの成功の結果，この企業では，同様の方法を別のプロジェクトにも適用したのである。

■三次変化

取り組まれるべき問題が，何らかの態度や文化に起因する問題の徴候であり，その問題を解決することは組織の変容そのものにかかわることだと分かることがある。三次変化は，組織のメンバーが自分たちの考え方の前提や見方に疑問を持つようになったり，新しい見方をつくりあげるようになるときに起こる。第4章で述べたように，この時点で未だ問題は明らかではないかもしれない。二次変化が起こらない限り，一次変化は続けられることになる。二次的変化を何度も試みることは，三次変化のためにまずは何らかのスキルを身につけることが必要であることを示しているかもしれない。集団がどのように動いているのかを観察していると，特定の行動や行動パターンが意味しているのは何かという疑問が生まれるかもしれない。重要なことは，アクションリサーチャーとして，不確かな解釈を施して今後のアクションの土台とするのではなくて，それらのパターンを調べたり，検証して，その集団を支援することである。直接観察可能なことを意味の領域に持ちこむには，（第3章で述べたように）調査と介入の技術を必要とする。

結　論

本章では，複雑な組織にまつわるデータをどのように理解すればよいのか，その概略を説明してきた。組織にまつわるデータを理解したり，アクションを起こす基礎となるフレームワークをどのように選ぶのかについて，主要な問題を紹介してきた。どのようなフレームワークを用いるべきかという問題に煩悶し，実践が進まなくなってしまうことを避けるために、ここではシンプルなフレームワークを紹介してきた。とはいえ、これらは、あまりに単純すぎるようにみえるかもしれないし、読者は別のフレームワークや他のよりよいスキルを求めたり、自分自身で新たなフレームワークをつくりあげるかもしれない。総合的で、経験にもとづく方法論というものは、現象が何であるかを説明し、思考や理解をはっきりさせ、アクションの中でそれを検証することを可能にする。

ひょっとしたら、本章では、質的な研究アプローチにおけるデータ分析やディスコース分析などのテクニックが議論されるものと期待されていたかもしれない。たしかに、アクションリサーチのプロジェクトにおいて、インタビューを行ったり参与観察を行って、それらの分析を実施するアクションリサーチャーもいるが、本書ではそうした議論を行わないようにしてきた。内部者アクションリサーチャーとして、アクションを記述したり、説明したり、実行するという最も重要な問題から、目をそらそうとしているわけではない。そうではなくて、この本のPart Iで述べたように、これまでの私たちの経験からいうと、アクションリサーチについて十分な理解がないと、これらのテクニックに逃げてしまうことがあると考えるからである。このアクションリサーチについての理解の欠如は、学生だけでなく指導教員にもあてはまるかもしれない。

自分自身の組織で行うアクションリサーチの現象の理解が学術的な信頼性と照らしあわされるときは、その説明は文脈によって異なる妥当性をもつことになるだろう。MBAやそれに関連する修士課程のプログラムでは、本章で議論してきたフレームワークは、現場で起こっていることをより明らかにしたり、取り組むべき課題を解決するのに適切な介入を考えたりするために用いられている。研究が進んだり、博士課程に行けば、今度はフレームワークを何が起こっているのかを理解したり、次のアクションを考えるためのものとして用いるだけでなく、フレームワーク自体を批判的に捉えたり、新しい理論の構築のために、フレームワークを理論的に拡げていくことになるだろう。

▼推薦文献▲

Coghlan, D. with Brydon-Miller, M.（2014）*The Sage Encyclopedia of Action Research.* London: Sage.（特に、"Experiencial learning"、"Social learning"、"Socio-technical systems"、"Soft systems methodology"、"Systemic action research"、"Systems psychodynamics"、"Systems thinking"を参照）

エクササイズ7・1　組織を理解する

何らかの文献から適切な組織診断のフレームワークをみつけてきて、そのカテゴリーや因果関係をあなたの組織にあてはめて考えなさい。

1. どのような図が浮かび上がるか？
2. あなたが組織ですべきことはなにか、またそれは誰と行うべきか、図を見て考えてみる。
3. そのフレームワークの限界はどこにあるか？
4. 介入が必要と考えられるのは組織のどのような部分か？
5. あなたの組織についての理解と、必要と考えられる介入をどのように正当化するか？

エクササイズ7・2　システム思考をする

システム思考をしたり、システムを図示するのを助けてくれる有用な本に、Senge et al.（1994）や、Anderson and Johnson（1997）、Williams and Hemmelbrunner（2011）などがある。

紙を用意して、以下の事柄を実際に書いてみよう。

1. あなたが問題だと思うことを書く。
2. どのような問題か詳しく述べる。
3. その問題を図示してみる。例えば、AがXと言ったとき、あるいはXを行ったとき、Bは何をしたか？ 次にAは何をしたか？ CやDやEにとってどのような結果がもたらされたか？
4. 以上の出来事を、矢印でつなぐ。
5. 図の中であなたはどこにいるのか、あなたの関心はどこにあるのか考える。
6. 何通りのパターンで説明できるか考える。
7. システムの構造を変化させる介入にどんなものがあり得るか考える。そして、それぞれの介入がシステムにどのように異なる結果をもたらすかについて考える。

PART III

自分自身の組織を研究する際の
課題と挑戦

ISSUES AND CHALLENGES IN RESEARCHING YOUR OWN ORGANIZATION

第8章 自分自身の組織を研究する

Part IとPart IIの議論によって、内部者アクションリサーチ・プロジェクトに参加し、自分のアクションとその探究を進めることが可能となった。ここでは本書のトピック、つまり、自分自身の組織の中でアクションリサーチを行うことについて省察する。本章の基礎となる質問は次の通りとなる。「自分の組織の「ぬかるんだ低地」という舞台裏をアクションリサーチすることで得られる含意は何か?」そして「内部者アクションリサーチを行う際、自分が理解し考慮する必要がある特定のダイナミックスは何か?」という2点である。以下の3つの章では、Evered and Louis（1981）が記述する「厄介な模索の繰り返し」に参加して、自分の組織という「ぬかるんだ低地」にエキサイティングな冒険を取り入れる際に直面する問題と課題を探索していく。Smyth and Holianは内部者リサーチが登山の懸垂下降（abseiling）のようなものであることを示唆している。もし懸垂下降をしたことがあるなら、あなたは「重力に抗い、何もない空間に地面と平行にもたれかかって崖を降りていく時の感覚を知っている。」（2008: 42）。

自分自身の組織を研究することは、「完全なメンバー」である間に、自分自身の組織の内部および組織そのものを対象に研究を行うことを意味する（Adler and Adler, 1987）。「恒常的（メンバー）」という言葉は今日の職場環境では適用されにくい用語であることから、本書では自分の組織の正式メンバーであり、研究が完了したときに希望のキャリアパスの中に留まることを望む人々を、「完全な（complete）メンバー」と呼ぶことにする。

Adler and Adler（1987）が概説した「完全なメンバーの役割」は、自分の組織を調査する研究者に最も近い。これらの研究者には、「再構成された理解力」ではなく、「実践的な理解力」を獲得する機会がある。Riemer（1977）は、「手近な」知識や専門性を無視する代わりに、研究者はなじみのある状況やタイムリーな出来事、特別な専門性を調査対象にすべきであると主張している。参与観察（participant observation）がライフヒストリー（life history）に取って代わった際、こうした方向性はクラシカルな時代のエスノグラファーによって部分的に放棄され、広い範囲の客観性と（研究対象との）分離が強調された。参加型の一部のリサーチプロセスでは、人生でどのように生き、受け入れられ、正当化されたかを直接的に観察するために、組織の一時的メンバーになることもあったが、主観性、関与行為やコミットメントは無視されてきた。本書の中心となるのは、完全なメンバーが自分の組織内で自分の組織を対象としたアクションリサーチを実施する方法である。

第3章では、（リサーチ）システムのパフォーマンスを向上させマネジメント分野の幅広い知識体系に加えるために行われる、実践家と研究者の共同探索を含む、協働的マネジメント研究の概念について簡単に紹介した（Shani et al., 2008）。実践家と研究者とが協働を行うことは、内部者と外部者との協力を行うこととほぼ同義になる。実践家が内部者であり、研究者が外部者であると一般的に考えられるかもしれないが、これは必ずしも正しいわけではない（Bartunek, 2008）。Coghlan and Shani（2008）の探索によれば、内部者の視点は協働的マネジメント研究のプロセスにとって不可欠であり、実践家と研究者、そして内部者と外部者の協働による探究コミュニティをつくり出すことがチャレンジとなる。本章及び以降の章（第8章、第9章、および第10章）では、内部者アクションリサーチを個人として実行するという本書のコンテクストについてだけでなく，協働的マネジメント研究を行う内部者の視点についても探索している。

研究者と（対象）システムの焦点

自分自身の組織でアクションリサーチをすることには機会主義的な側面がある。すなわち探究が行われているか否かに関わりなく，とにかく発生している研究課題を選択しているかもしれない。私たちはこれらを，「コア・アクションリサーチ・プロジェクト」と「論文アクションリサーチ・プロジェクト」(Zuber-Skerritt and Perry, 2002) に区別して記述する。責任範囲が異なる可能性があることから，これら二つのプロジェクトは区別する必要がある。例えば，実際に責任を負っている主要プロジェクトについて女性研究者がアクションリサーチを行う，内部者アクションリサーチの事例がある。その際，彼女の指導教員はプロジェクトがどのように進行するか，どのような知識が外挿されるかといった探究の質とプロジェクトの活動との違いについて，彼女に説明を求めた。彼女の研究は，上司に対して責任を負う，管理下にある組織プロジェクトの規模と成功によってではなく，彼女の探究の質と厳密性によって評価される。また対照的に，内部者-研究者が組織変革プロジェクトで内部ファシリテーターとして働いているが，シニアプロジェクトマネージャーが責任を負うため，マネジメント全体について責任を負わない事例もある。

したがって大規模組織であれコミュニティであれ部門やユニットであれ，アクションリサーチが行われているシステムと研究者とを区別する必要がある。研究者とシステムの両方について，意図した目標を省察することは可能である。複数の内部者リサーチプロジェクトの事例を省察することで，研究者とシステムの焦点はさまざまであることがわかる。例えば，自分が実行中の組織変革について修士課程でアクションリサーチ・プロジェクトを行った，マネージャー個人の事例がある。鍵となる主人公間の政治力学とコンフリクトを管理する二人称の介入作業は、組織変革を主導する彼の経営上の役割と、アクションリサーチによる彼の論文の中心となっている。まさに彼のアクションを通じた省察は、彼の学位論文の中心となったのであった。同時に、彼の組織のメンバーは、彼が（組織変革の内容を）大学院の学位論文にしていたという事実にほとんど気づいていなかった。彼らの目から見た場合、彼は単に仕事をしていただけだった。同じ修士課程のプログラムの中で、組織が情報をどのように管理しているかを研究している別の事例もある。この事例では彼の研究は周りで起こっていたことに焦点を当てており、彼の上司や他のメンバーにとって重要なことであったが、彼はそのことによりいかなる形であれアクションの中での意図した自己省察を行うことはなかった。

研究者とシステムの両方に焦点の範囲があるという仮定のもと、これらの焦点を有用な方法で捉えることはできるだろうか？　研究者とシステムの両方にとって、研究は意図された焦点を反映した連続体として見ることができる（図８・１）。ここでは、研究者とシステムの片方または両方の軸から、アクションの中での意図した自己学習（intended-self-study in action）へのコミットメントがある場合と、そのようなコミットメントがない場合とを区別している。

〔第1象限〕

第１象限は、研究者とシステムという両方の軸にて、アクションの中での意図した自己学習が存在しない象限と定義される。すなわち学習はあるものの、それがアクションの中で意図的に行われるわけではない象限となる。これは研究者が自分たちの外部と同様にシステム内のパースペクティブ、課題、問題に焦点を当て、研究プロセスの一環としてアクションの中での意図した自己省察に従事しない状況となる（Anderson et al., 1994; Flyvbjerg, 2001; Flyvbjerg et al., 2012）。同時に、システムそのものはアクションの中での意図した自己学習にコミットする形にはなっていない。研究者は統計情報のパターン、顧客の嗜好を調査したり、特定の戦略活動や期間を中心にケーススタディを書いたりすることもある。研究者にとって、本象限は確立された方法論を用いて収集・分析されるデータを扱う象限となる。

Alvesson（2003）は、自分自身の組織内のエスノグラフィー・リサーチの状況について論じている。彼はその研究方法について、内部者エスノグラフィー（insider-ethnography）や自己文化エスノグラフィー（home-culture ethnography）と呼ぶのではなく、「セルフエスノグラフィー（self-ethnography）」と呼んでいる。セルフエスノグラフィーには、研究者が他の参加者とほぼ等しい条件で参加する環境を、みずから調査することが含まれる。この研究は参加が前提となり、研究重視の観察は時々補完的に用いられるにとどまることから、「観察参加者（observing partcipant）」という表現を用いる方が、「参与観察者（participant-observer）」という用語よりも適切な表現であるといえる。セルフエスノグラファーは、実証的な出発点という環境に慣れているという前提がある。エスノグラフィーの伝統の中にいる内部者の研究者であれば、本研究の伝統的な知的要求に対応するために、主観から解放されるよう努力しなければならない。Young（1991）は自分自身の組織でエスノグラフィーを行う具体例として、彼がメンバーであった警察の中にどのように秘密の文化があったかを報告している。社会科学の研究は「トラばさみ（動物用のワナ）」と同じであり、それに従事する誰もが昇進を危険にさらしながら、「裏切り者」というラベルを貼られるリスクを冒している。したがって、彼は秘密裏に調査を行わなければならず、彼の作品は「スパイ行為の記録」とみなされる。

エスノグラフィーの役割とアクションリサーチャーの役割は密接に相互に結びついている一方、鋭く区別されてもいる（Schein, 1987）。エスノグラフィーの観察者は、組織内部の生活を邪魔しない、目立たない観察者であろうとする一方、アクションリサーチャーは目立つ変化を可能にするよう活動する。セルフ

図8・1　研究者とシステムの焦点

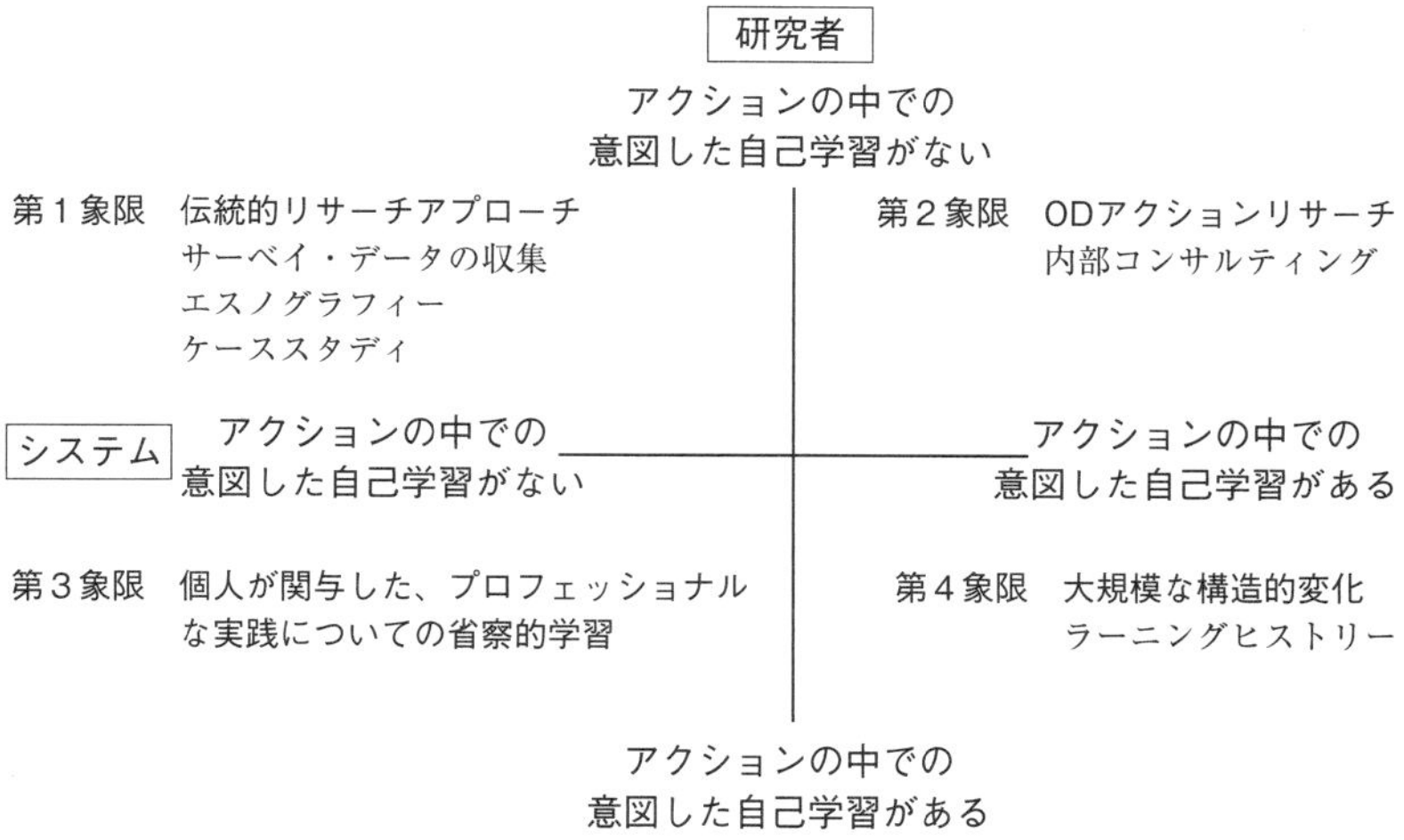

エスノグラフィー・アプローチについては本書の主題ではないので、本象限ではこれ以上探索しないこととし、以降では第2象限、第3象限、第4象限に含まれる研究プロジェクトについて議論を行うこととする。

〔第2象限〕

第2象限は、研究者の軸ではアクションの中での意図した自己学習が行われない一方で、システムの軸ではアクションの中での意図した自己学習が行われる。この象限は、マネジメント活動、社内コンサルティングプロジェクト、アクション・ラーニングを含む、組織開発型アクションリサーチと考えられる。Coghlan (2003) はこれを「メカニズム志向型 (mechanistic-oriented)」アクションリサーチと呼んでおり、この手法では組織変革や問題解決の観点から研究が行われ、事前に特定された課題に対峙・解決することが要求される。

第2象限の内部者アクションリサーチには数多くの例がある。Coghlan et al. (2004) は、アクションリサーチを行うマネージャーが直面する幅広い事例を示している。具体的には、多国籍企業子会社における影響力と成果の改善、グローバルな仮想コミュニティにおける組織間の関係構築、360度評価プログラムの導入と人的資源管理など、自分たちの会社が直面する特定の課題について論じている。またBartunek et al. (2000) は、内部者アクションリサーチについて3つの事例を提示している。3人の著者は銀行、製造会社、公益会社といった所属組織で、自分たちの裁量の範囲内でアクションリサーチ・プロジェクトを実施した。そのプロジェクトは実務上の改善を目的としたものであり、著者によるアクションの中での意図した自己学習については報告されていない。

ヘルスケアと看護の分野では、第2象限のアクションリサーチについて幅広い記述が存在する (Coghlan and Casey, 2001)。臨床領域におけるアクションリサーチの例としては緩和ケア (Hynes et al., 2012; Hockley et al., 2013)、助産学 (Deery, 2011)、膝関節置換手術 (Lucas et al., 2013)、集中治療 (Soh et al., 2011) といった内容が挙げられる。

第2象限のアクションリサーチの典型例としては、MBAおよび他の修士プログラムで行われる研究が挙げられるが、そこでは限られた特定の期間内にマネージャー主導で行われる業務プロジェクトに焦点が当てられる。これらは組織内で進行中のプロジェクトであるという理由から、マネージャーであるMBA学生によりアクションリサーチ・プロジェクトに採用されたといえる。そうした機会主義的な採用方法は明らかにMBAに限って行われるものではなく、教員、看護師、ソーシャルワーカー、臨床医などでも採用される。すなわちMBAコースの参加者は、既存プロジェクトを自分の研究トピックとして選択するのである。このような状況で、アクションリサーチャーは探究のアクションリサーチ・サイクルを、本来アクションリサーチ・プロジェクトとして設定されていないプロジェクトに持ち込もうと試みることになる。このことによりアクションリサーチャーは、社内政治の管理能力を厳しく要求されることになるかもしれない。本象限のプロジェクトの出発点と射程に応じ、場合によっては社内の研究者が、変革をファシリテートするために雇われた外部コンサルタントと協力することになるかもしれない。

マネージャー主導のアクションリサーチ・プロジェクトに関する三つの事例から，Bartunek et al.（2000）は多数の関連する課題とテーマについて次のように一般化を試みている。

1. アクションリサーチ・プロジェクトにつながる作業を行う許可は，プロジェクトを行うマネージャーの上司から出され，そのマネージャーの職務内容の一部になることが多い。
2. 介入の他の参加者は，その変革プロジェクトに参加することが必要な部下であることが多い。
3. 介入により生産性の向上が求められることが多い。
4. マネージャーたちは，介入を支援するコンサルティングチームを構築することが有益であることに気づく場合がある。
5. 様々な公式／非公式な手段を通じてデータ収集が可能となる。
6. プロジェクトの検討会は就業日に行われることもあれば，それとは別に行われることもある。
7. マネージャーは介入の成果と，個人的な利害関係を持つことが多い。
8. マネージャーたちは全員，介入を実施しながら，アクションリサーチのトレーニングを受けていた。

〔第3象限〕

第3象限は，研究者の軸ではアクションの中での意図した自己学習が行われる一方，システムの軸ではアクションの中での意図した自己学習は行われない。研究者はプロフェッショナルとしての実践を改善するための調査に従事しているかもしれない。これらは同時に自己省察のプロセスでもあり，アクションの中で仮説を検証し，出来事の拡大に応じて自己学習をしているともいえる。研究者は「省察的実践家」

(Schon, 1983) となるか、あるいは第1章で説明したとおり、学者-実践家になる。Coghlan (2003) はこれを「組織志向型 (organistic-oriented)」アクションリサーチと呼んでおり、そこでは探究プロセスそれ自体が価値を持つことになる。組織志向型アクションリサーチでは、自分の仮説や思考や行動の方法についての探究が研究プロセスの中心となるアクション・インクワイアリープロセスに、研究者は従事する。前述のとおりMarshall (1999, 2001) は、この一人称の研究またはプラクティスの特徴を次のように説明している。

1. 注意の内側と外側の弧の重なりの部分を探究すること。
2. アクションと省察のサイクルに従事すること。
3. 活動的であると同時に受容的であること。

自分自身がこの象限に位置する場合、第2章で説明したプロセスが最も重要となる。

Krim (1988) は第3象限のアクションリサーチについて、一つの事例を提示している。実際のアクション・インクワイアリープロジェクトの、やや劇的な記述の中で、彼は市役所の権力文化における変化のコンテクストを説明した上で、その中での政治的コンフリクトのダイナミックスと、自分の個人的な学習プロセスを記述している。彼はまた、市役所職員が参加する新たな労働者協力プログラムの導入者およびコーディネーターとして、自分のマネジメントスタイルが探究プロセスの中心となるように、鍵となる学習戦略として自分自身を活用しようとした様子について説明している。彼は市役所の権力文化における変化のコンテクストを説明した上で、その中での政治的コンフリクトのダイナミックスと、自分の個人的な学習プロセスを記述している。彼は5段階のピラミッドを用いて、自身の省察プロセスについて次のように説明している。

1. 1日単位および1時間単位で記録と観察を行う。
2. 1週間単位で重要な出来事を選択し分析する。
3. これらの課題について指導教員と探索する。
4. さらに本質的な出来事が発生することを予期して，指導教員とリハーサルやロールプレイングを行う。
5. 現実の状況においてパブリックな場で実験する（Krim, 1988）。

彼はこの連続的なリハーサルと成果のサイクルにより，高度に政治的でコンフリクトのある状況で，成果をどのように向上させることができたかについて報告している。このプロセスから，自分自身のマネジメントスタイル，中でもどのように「権威を失う」傾向にあったかというフィードバックを受け，彼は新しい行動を開発するのに役立つ実践的なルールを採用することになる。具体的には，自分の研究ノートがコンピュータから盗み出され，敵対している人々との間で回覧された際，彼がどのようにスパイとして告発されたかについて報告している。なお，Krimの内部者アクションリサーチの全体像については，彼自身の説明を読むことが可能である。

省察と議論のための問い

- Krimが学習戦略の鍵として「自分自身を活用する」ことには、どういう意味があったのか？ この具体例から、第3象限の内部者アクションリサーチにとってどのような洞察が得られるか？
- 第3象限のリサーチが適している場合、自分自身のアクションの中での学習プロセスをどのように構築するべきか？

第3象限の研究テーマはあらかじめ選択されていることも、突発的に創発することもある。研究アジェンダが研究者によって自己選択される場合、研究者の組織内の職務または役割に焦点を当てていることがある。すなわち第3象限の研究は、第2象限のプロジェクトから創発することがある。Meehan and Coghlan (2004) はそうした具体例を提示している。この事例では、地域保健分野での嗜癖《しへき》カウンセリングサービスの評価を、Meehanが組織的な役割として上司から依頼されている。このサービスは治療に重点を置いており、嗜癖《しへき》の問題を抱える人々が気分転換のために物質に依存しなくなり、家族、友人、同僚との関係を再構築するようなサービスを提供している。

Meehanはカウンセラーのグループと面談した。グループが評価の課題を探索するにつれ、抵抗が起こった。評価がどれほど優れたものであっても、組織はそれを受け入れない懸念があった。グループが抱いた疎外感が表面化し、そのプロセスが無意味であるという雰囲気がありありとしていた。この時点でMeehanは積極的にグループの意見を聴いた結果、効果的な評価が行われるためには、何らかの方法で参加者の気持を聴いた上で、それに対処する必要があると考えていた。その過程で彼は、自分が聞き取りとカウンセリングスキルを活用していたことに気づいていた。カウンセリングスキルは彼が精神科の臨床看護師の時に学んだものであり、それによりグループがこれらの課題に抱いていた感情を探索することが可能になった。時間が経つにつれ、アクションリサーチ・アプローチが本当に役に立つようなプロジェクトに取り組んでいることを確信するようになり、彼はこの課題についてグループと議論を行うことにした。この点についての彼の考えとしては、アクションリサーチ・アプローチが、他の方法では収集できない洞察をもたらす可能性が高いということだった。このプロセスにより、グループがサービスに対する新しい革新的な洞察を獲得し、それに基づいて行動を起こすことができるようになることを、彼は期待していた。

Meehanは協力的インクワイアリー（cooperative inquiry）の概念をグループに紹介し、そのプロセスを通じて経験を省察する方法で自分自身とサービスに関する課題を追求することに、グループが合意した。6カ月以上にわたる合計11回のミーティングを通じて、グループは疎外感と無力感、サービスの戦略的方向性の欠如、職業的アイデンティティと自律性という三つのテーマを探索した。グループはサービスのSWOT分析（Strengths：強み、Weaknesses：弱み、Opportunities：機会、Threats：脅威）を行い、自分達とサービスマネジメントの両方において変化すべき領域を特定した。

サービス評価を導入するためのアクションプランの策定を通じて、グループを率いてきたMeehanは、グループ内の無気力感に直面していた。ある階層では、彼の介入が役立ったというフィードバックを得られていたが、それがどのように役立ったのかは明瞭ではなかった。別の階層では、グループは評価の有用性について懐疑的であった。その階層のマネージャーは、過去に行われてきた内容と同じような気がしており、「ポイントは何なのか?」と思っていた。その後、そのマネージャーは自分の役割を、マネジメントチームと中毒カウンセラーとの間の仲介者・仲裁者として捉えるようになり、自分自身と嗜《し》癖《へき》カウンセラーからのインプットを利用し、サービスユーザーの視点からこの課題を解決することで、高い評価を得られることを理解した。しかし直感的な判断から、これはうまくいかないと言って回ることで、過去に彼は抵抗したり、反対する雰囲気を出したりしていた。

嗜癖《しへき》カウンセラーのグループは自分たちの経験を省察し、物事を見るための新しい創造的な方法を開発するためにグループで働いた。必要と考える変革を実行する方法も学び、より良いやり方を探索した。各メンバーは省察のフェーズでは共通テーマに対処し、アクションのフェーズでは共同研究者として行動した。グループは心理学的に安全な環境でアクションと省察というアクションリサーチ・サイクルを施行することで、経験を実感し変化を前に進めることを可能にしていた。全体的に、協力的インクワイアリープロセスの成果としては、グループ内の疎外感や無力感が減少し、その後の評価に従事する際に熱意が示された点が挙げられる。コミットメントが生まれることで、評価の際、すべてのステークホルダーとサービスユーザーとのパートナーシップが機能するようになり、サービスが開発されるようになった。グループは他の視点から課題を見始めており、これは敵意と恐怖を減らすように見えた。一方で組織内でのパワーに関する本当の課題もあった。すなわち、ある階層では自分たちをプロセスの犠牲者のように感じており、グループが変革に同意したことが明らかになるまでは、そのプロセスは実現されなかった。

やりがいはあるものの、プロセス全体が困難であることにMeehanは気づいた。それは進行中のダイナミックスであり、彼はそのプロセスで多くのことを学んだ。臨床家としての役割とマネージャーとしての役割とのギャップを意識的に橋渡ししたのは、今回が初めてだった。それにより彼は、マネジメントの分野で臨床家としてのスキルをどのように活用するかを理解することができた。また彼はアクションリサーチ・サイクルがとても有用であり，他の方法では収集できないと洞察を生み出すことを理解した。このプロセスはまた治癒的なプロセスでもあり，サービスの根本にある課題に対処する権限をグループに与えたと彼は信じていた。

このプロセスを通してMeehanは，マネージャーおよび人間としてさらに発達する方法について洞察を得たと信じていた。彼の行動とマネージャーとしての役割について，このプロセスで起きた一つの大きな変化により，現在では彼は自分の役割を異なったものとして認識している。これまで彼は自分の役割についてコントロールを行うエージェントとして見ていたが，現在では違った見方をしている。このプロセスを通じて，彼はマネージャーとしての自分の役割を見るための新しい興味深い方法を探索することが可能となった。それにより彼は，職場で疎外感や無力感を持って働くことを生み出す潜在的な要因について洞察を得ることができた。Frost and Robinson（1999）が「有害な管理職（toxic handler）」として述べたような機能を，これまで彼は果たしてきたが，現在ではそれは組織の痛みをマネジメントするには不健全な方法だと考えている。彼は現在，治癒者であることを自分のマネジメント上の役割の一つと捉えている（Quick et al., 1996）。

後から考えると，内部者として組織の政治プロセスを理解していたため，彼は多くの政治的要素を管理することができた。彼は自分自身について，組織内外の圧力を理解し個人的利益や利害の衝突をうまく満足させることが求められるミドルマネージャーであるとみなしていた。彼の個人的・感情的な課題はグループに秘密のままだったが，グループを通じて幅広い学習について議論がなされた。マネジメント構造の変更，指導上の課題，完成までの時間枠の再協議はすべてうまく処理され，これらの課題に関してコンフリクトはなかった。

Meehan and Coghlanを読むことにより、Meehanによる内部者アクションリサーチ・プロジェクトの全体像を理解することが可能となる。

省察と議論のための問い

- 第2象限でのMeehanの活動は、第3象限でどのように機能したのか？　彼は第3象限の学習を追求するために、第2象限を後まわしにしたのか？
- 当初の状況で第2象限にいる場合、第3象限に移動する可能性と選択肢はあるのか？　第3象限に移動したいと考えるのか、それとも第2象限に留まることを選択するのか？　Meehanの場合と同様に、両方を追求することは可能になっているのか？

〔第4象限〕

第4象限は、研究者とシステムという両方の軸にて、アクションの中での意図した自己学習が行われる。システムを通じて既に変革へコミットメントしたか、あるいはコミットメントしている最中となる。例えばシステムを通じて、その内部の具体例としてはすべてをレビューできるような、システム全体の変革プログラムを実行することが可能となる。ワークライフの質に関する活動、ビジネスプロセスリエンジニアリング、組織開発プロジェクト、ラーニング・ヒストリーアプローチによる活動などが挙げられる。これらの例では、経験と学習を省察することへの幅広いコミットメントが求められる。研究者の役割にはこの集合的な省察の一部が含まれており、発生していることを学習し関連づけて表現することが行われる。またその際、システムと個人の両方による積極的な参加が行われる。大規模なシステム変革プロジェクトでは内部者と外部者との協働が必要であるため、外部コンサルタントが参加する可能性が高い（de Guerre,

2002; Adler et al., 2004; Bartunek, 2008; Shani et al., 2008)。第4象限は規模と複雑性、概念的、分析的、実践的な知識とスキルの観点から、最も困難で要求の厳しいものとなる。

研究プロセス自体は、ある象限から別の象限へと移行する可能性がある。例えば第2象限で活動しているアクションリサーチャーは、研究されている技術的問題が、基礎となる文化的条件により生ずる症状であると見出す可能性があり、その場合には、当初想定されていたよりも、その解決に向けたはるかに広範な含意が導出されることになる。第3象限の研究の次元から第4象限に進化することもある。研究プロセスを通じた研究者の個人的発達により、第2象限から第3象限へと徐々に移行する可能性もある。例えばダブリン大学アイルランド経営研究所（Irish Management Institute）のマネジメント実践の修士課程プログラムはパートタイムのアクションリサーチ指向のプログラムになるが、参加者は二年間のプログラムを通じて第2象限から第3象限へと移行し、さらに第4象限へと移行しながら、長期的に望ましい成果がもたらされると論じている。

■Eddieによる経験の省察

そのプログラムはどちらかというと第3象限から始まった。学校の教師である私は、前から数学が特に苦手な生徒たちにとって、どのように代数を学習したらより有意義なものになるかという探究の問いについて、アクションの中での意図した自己学習により洞察を得ることができた。しかしながら自分が所属する大規模システムでは、この種の探究に結びついていなかった。その結果、このプロジェクトは私個人により形成され、私自身の専門性の実践による省察的調査の一つとなった。

しかしながらプロジェクトの進展につれ、第4象限に移行したように感じられる。私は指導教員の示唆に従い、「代数基礎Ｉ」のカリキュラムの分析に、同僚の教師達を従事させた。その状況を記述した後、共同探究の精神のもと、私は教師達に記述内容を渡し、私が準備した内容が教師達の現実に結びついているかどうか質問した。私は特に、教師達が何を追加し、同じ内容をどのように記述するのかに興味があった。その結果、私のプロジェクトは弾みがつき、受け入れられたことを実感した。私の同僚達がプロジェクトの中心にあった質問を理解することに関心を持つだけでなく、学校の管理者もまたそのプロジェクトに関心を示し、熱心に必要な支援を提供してくれた。こうした理由から、私はこのアクションの中での意図した自己学習にシステム（＝学校）がともに参加したことに興奮しており、その結果、私の学校で初級代数を教える方法の大規模な変革につながるものと考えている。

Georgeによる経験の省察

自分自身がアクションの中での意図した自己学習に取り組んでいたので、プロジェクトの多くは第3象限に位置していたが、私の部署そのものはそうではなかった。私の部署は年間目標を追求していたため、アクションの多くは第2象限に位置するような社内コンサルティングやアクション・ラーニングとして特徴づけることができた。私は新たな構想の立上げ途中で部署のチームリーダーとなったので、毎週の会議のアジェンダを開発し目標達成への進捗を報告する過程を通じて、学校の管理者と教師達が観察、計画、導入、省察のサイクルに参加するようになった。この出来事から第4象限のいくつかの特徴が見てとれることから、研究者とシステムはアクションの中での意図した自己学習に従事していることがわかる。自己学習への関与を明言したことはないものの、これは私たちがやっていたことになる。このことを理解することで、実践する上で有益と感じる目標を省察する、という人々が持つ好奇心に、より専門的に訴えることにより、人々を容易に動機づけることができるかもしれない。「プロジェクト」

という言葉を削除することで、人々の心理的な負担がなくなる。多くの人々にとって「プロジェクト」という言葉は「多くのハードワーク」を意味している。教師達を巻き込むために、この新たな構想をプロジェクトとして定義する必要はなかったといえる。

この縦軸・横軸は主題を選択するメカニズムとして機能する。次の項目に基づいて主題を選択することが可能となる。

1. 自分自身および／または自分自身のシステムにとって、望ましい結果。
2. 組織の範囲に対する機会またはアクセス。
3. 自分が保有していると思われる特定の象限で活動するために必要なスキルのレベル。

住宅でのアクションリサーチ

自分自身の組織のアクションリサーチが、すべて職場で行われるわけではない。以下は住宅でのアクションリサーチの例である。

Goode and Bartunek（1990）では、Goodeが直接的な個人的関心から問題に取り組み始めた、マンションでのアクションリサーチ・プロジェクトについて述べられている。Goodeが住んでいたマンションでは、郵便配達とセキュリティの面で問題を抱えていた。住民の懸念に対する唯一の取り組みはうまくいっていなかった。Goodeは懸念している複数の住民にアプローチし、マンション管理者を一方的に非難するという一般的な方法をとるのではなく、その問題について議論し、協働を可能にし、問題の複数の原因を探索する環境をつくり出すために、アクションリサーチについて説明した。Goodeが策定した情報収集計画の内容は、住民全員に配布するお知らせを作成し、住民とマンション管理者の一部との間で予備的なミーティングを行い、参加したい人とは誰とでも情報交換セッションを行い、関心のある人全員にインタビューをするというものであった。これらのアクションはすべて実行され、そこから生成されたデータは、「組織の強み」「現在の郵便セキュリティの問題」「現在のグループ階層の構造と問題」というような見出しをつけて分析された。特定の課題に取り組むために結成されたタスクフォースではフィードバックセッションが実施され、そしてアクションが実行に移された。

GoodeとBartunekは二つの課題からこの事例について省察している。第1に本事例はシステムが突然発生するという状況下でのアクションリサーチの例である（この主題は本書の中心的テーマではないので、この点についてはこれ以上省察しない）。第2に自分自身の組織のアクションリサーチというコンテクストで懸念される点としては、個人的に関係する組織でアクションリサーチャーがどのように研究を導入したかということである。GoodeとBartunekはアクションリサーチャーが果たす二つの役割について指摘している。一つの役割はシステムへの長期的な参加者という役割であり、仲間の住民と懸念を共有し信頼されているという点である。もう一つの役割は短期的なコンサルタントとしての役割であり、彼女のアクションリサーチに関する知識をもとに、その過程で指導が行われた。彼女は問題を解決し新たな制度を作り出すために、教育的で指導的で参加型のアプローチをとることを望んでいた。

省察と議論のための問い

- この非公式なアクションリサーチの構想から、どのような洞察が得られるか？

結　論

本章では、自分自身の組織で研究を行うことについて省察をした。自分自身の組織を研究することは、完全なメンバーである間に、自分自身の組織の中であるいは組織に関して研究を行うことを含んでいる。自分自身の組織の中であるいは組織に関してアクションリサーチを行う場合、システムと自分自身の両方によって、アクションの中での学習にコミットメントすることが、構造を定義づける上で有用となる。リサーチプロジェクトを行う際、アクションの中での学習にシステムがコミットメントする場合、二次的なアクセスはより容易になる。一方で、もし自分の組織の役割が内部コンサルタントである場合、研究上の役割と組織上の役割は一体となる。他方で、もし自分がマネージャーである場合、研究者の役割を引受けると混乱を招く恐れがある。

内部者アクションリサーチャーとして一人称の研究に従事する場合、自分自身の個人能力や専門性の開発に向けて、組織の知識についての自分の事前理解と組織研究が活用される。二人称の研究に従事する場合、同僚や関連する他の人々と協働して、自分の組織にとって懸念される実践的課題に取り組むことになる。三人称の研究に従事する場合、経験から導入された理解と理論が生成される。

自分自身とシステムがアクションの中での学習にコミットメントし、役割と二次アクセスの課題をマネジメントするという観点から自分自身の組織のアクションリサーチを行うには、アクションリサーチ・プロジェクトを明確にする必要がある。

▶推薦文献◀

Bartunek, J.M. (2008) 'Insider/outsider team research: The development of the approach and its meanings', in A.B. Shani, S.A. Mohrman, W. Pasmore, B. Stymne and N. Adler (eds), *Handbook of Collaborative Management Research*, Thousand Oaks, CA: Sage, pp. 73-92.

Coghlan, D. (2003) 'Practitioner research for organizational knowledge: Mechanistic- and organistic-oriented approaches to insider action research', *Management Learning*, 34(4): 451-463.

Coghlan, D. with Brydon-Miller, M. (2014) *The SAGE Encyclopedia of Action Research*. London: Sage. (See especially: 'Insider action research'.)

エクササイズ8・1　自分自身の研究の焦点を評価する

図8・1を参照の上、自分自身の最近の研究上の位置づけを考えなさい。

- 自分自身はどの象限にいるか?
- 自分自身はどの象限にいると思うか?
- どの象限が自分自身に最も適しているか?
- どの象限が自分自身の学位論文の要件を満たすのに最適であるか?

第9章 事前理解、役割の二重性とアクセス

自分自身の組織で行われる第2・第3・第4象限のアクションリサーチにおけるダイナミックスには、自分が既に持つ内部者としての知識を構築すること（事前理解）、自分が持つ二重の役割を上手くこなすこと（いつもの組織での役割と、アクションリサーチャーとしての役割）、アクセスの交渉をすることが含まれる。本章で検討する問題は、「組織と近い関係をどのように構築し、また距離を保つか？」、そして「自分自身の組織の中で確立された役割と研究者としての役割の間にある潜在的なジレンマや引力のバランスを、どのように保てば良いか？」である。本章ではこれらを探索する。

事前理解

「事前理解（preunderstanding）とは、研究プログラムへの参加以前における人々の知識、洞察や経験などを指す」（Gummesson 2000, p.57）。知識とは研究の中で生み出されたものを指す。内部者-研究者の知識、洞察および経験は組織のダイナミックスに対する理論的な理解力だけではなく、自分自身の組織での生きられた経験に対しても応用することができる。いくらかの人は事前理解の概念を誤解し、それを暗黙知と

同じだと考えているが、事前理解は形式知と暗黙知の両方を含むものである。自分のシステムと仕事における個人的な経験と知識は、内部者－研究者に特有の事前理解なのである。

内部者－研究者が外部者－研究者よりも優位な点の一つは、自分の組織における習慣や非公式な組織構造について有益な知識を持っているということである。組織は次の二つの生活をもたらす。まず、公式またはパブリックな生活は公式文書によって提示される。例えばそれらは会社のミッション、目標、資産、資源、年次報告書や組織図などである。次に、非公式または私的な生活であり、それらは経験的なものである。例えばそれらは文化、規範、慣例や派閥など、組織のメンバーによって経験された生活である。非公式の生活では、組織は愛、憎しみ、羨望、嫉妬、善意と悪意、かけひき、内部抗争、徒党心、政治的派閥などの中心になる。これらは、パブリックで合理的な表現をされる組織のイメージとは全く対照的なものである。あなたも、すべては知らないにしてもこのような価値ある経験をしたことがあるだろう。このような知識には有利な面もあり、不利な面もある。例えば自らが組織文化の一部である中で、その組織文化を評価あるいは批判するためにそこから一歩身を引くことを考えれば、そのことの難しさが分かる。このようなとき、自分の善意がどこに向けられているのか、自分の不満がどこにあるのかなど、組織の一員としての自分の気持ちを把握しておく必要があるかもしれない。

Nielsen and Repstad（1993）は、これらの経験や事前知識の要点を次のように説明している。あなたは自分の組織での日常生活に関する知識を持っている。日々使用する専門用語も知っている。そして、口にして良い事柄とそうではないものを分かっている。同僚が何を気にしているのか、非公式な組織がどのように機能しているか、そして誰が情報や噂話を求めているのかを知っている。重要な出来事とそれらが組織でどのような意味を持つのかを知っている。形式的な目標ではなく、その本質を見抜くことができる。探究をする際には、内部の専門用語と自分の経験とを活かしながら質問とインタビューをすることで、深い対話を可能にし、より良いデータを得ることができる。会議に積極的に参加することもできるし、傍観者のようにその経過をただ単に観察することもできる。注意を引くことや疑いを持たれることなく、自由に参加することもできる。あなたはまさに舞台裏にいる。

しかし、データに身近であるということには不利な点もある。インタビューをする場合、知識あるいは理解があるがゆえに過度な前提を置いてしまい、仮に自分が外部者である場合や状況を知らない場合よりも、詳細に調べなくなってしまうことがある。ある事柄について十分に理解していると思い込み、その時点での考えを別の視点から再検討しないかもしれない。内部者による研究では、認識的な再帰性（reflexivity）とは、理論的あるいは方法論的な前提だけではなく、自分の生きられた経験そのものを常に分析し続けることを意味する。このことは、他者の定義とそれらの理解力の重要性を意識し続けるために有効である。内部者アクションリサーチャーは部署、職務そして職位を横断しなければならない組織の一員であり、あるいは、外部者であれば拒否されないアクセスを、拒否されかねない内部者であることを考慮すれば、現場において適切なデータを得ることがいかに難しいかが分かる。Ferguson and Ferguson（2001）は内部者アクションリサーチャーに対して、彼ら彼女らの視点は部分的なものであるにもかかわらず、自分たちはコンテクストをすべて理解していると信じていることについて注意を促している。Fergusonらの見解によれば、モラルとは自らが依拠するパースペクティブに対して公正であり、反証を受け入れ、場合によってはそれをインタビューによって探し出すことである。

表9・1は、事前理解の強みと弱みとを理解して扱うために必要な基本的なタスクとスキル（プロセス）を示している。一人称プラクティスのタスクは、日常的に自然と受け入れている身近な状況から洞察を得るために必要な探究心を養うことである。これは第2章で探索したように、自己認識を省察するスキルが必要とされる。つまり、自らの前提に注意を払い、そして問い直すことを学ぶ。二人称プラクティスのタ

表9・1　一人称、二人称、三人称プラクティスにおける事前理解

	タスク	プロセス
一人称	自然に受け入れている身近な状況の中で探究心を養う	自らの前提に注意を払う、問い直す；自己認識を省察するスキル
二人称	探究心が弱められている身近な状況の中で探究／アクションを養う	協働的探究／アクション ●主張と探究とを結びつける ●幅広い介入の選択肢を持つ ●前提や推論を検証する ●学びの窓
三人称	「ネイティブ」として探究するための実践知を養う	実践と理論とを結びつける

スクは、探究心が弱められている身近な状況の中で、同僚との協働的探究またはアクションを養うことである。ここでは、主張と探究とを結びつけることができるようになること、幅広い介入の選択肢を行使することで前提や推論を検証することができるようになること、そしてこれらを適切に遂行することに熟達することが必要である。学びの窓（learning window）は、一人称プラクティスおよび二人称プラクティス両方の事前理解に取り組むために有効なフレームワークである。三人称の貢献は、「ネイティブ」として探究するための実践知を養うことの理解と、実践と理論とを結びつけることができるようになることを含むことができる。

Schein（2010）は、組織文化とは、そのメンバーによって世代を通して伝えられ、気付かれずに受け入れられている基本的前提のパターンであると説明している。文化的前提を調べる方法は、組織メンバーと外部のプロセス・コンサルタントとの対話が有効である。それによって価値や行為の基礎となる前提が調査しやすくなる。内部者-研究者として自身の経験の意味を探るためには、外部のファシリテーターの助けが必要になるかもしれない。その場合、指導教員がこの役に適している可能性がある。Krim（1988）は、指導教員との打ち合わせの中で、自分がフィールドの中でどのようにして重要な役割を果たしたかを報告している。これらの役割を果たした

ことは、彼の再帰的な学習プロセスにおいて重要なことであった。

Gorinski and Ferguson（1997）は、内部者アクションリサーチャーとしてのそれぞれの経験について意見交換をしている。そして、研究の背景と関係者に対する接近可能性、信頼性、信用性、関与および親密感の利点を明らかにしている。さまざまな障壁がコミュニケーションを難しくし、時間に制限を作り、力関係を作ることを明らかにし、自分たち自身が物事から締め出されていることを解明することで、文化的開放性がどのように変化したかを明らかにした。GorinskiとFergusonの結論は、「自らの足で歩いて道をつくる」しかなかったというものである。

事前理解に関する真正性を高めるには、自分の内的なダイナミックスと外的なダイナミックスに着目することが求められる。外的なダイナミックスは、ある環境を熟知しているかどうかが関係する。同じように現れる慣習について、何がどう異なっているのかを探究するためには、より深い洞察が必要になる。自分が考えたこと、感じたこと、行ったことによって、あるいは自分にされたことによって、今の自分は以前の自分と比べて変化しているかもしれない。それは他の関係者も同様である。背景はわずかに、そして微妙に変化しているかもしれない。内的なダイナミックスは、身近な環境における自分の思考と感情を意味する。それは、よく感じる力不足かもしれないし、いつもの状況にいつもと同じ人々といる中で生じる他の思考や感情かもしれない。知的であるということは、自分が身近な環境で働いているときにどのような根拠が示されているかを問うこと、そして自分が当然としていることは何かを問うことである。合理的であるということは、どの条件が満たされたかを判断することで自信を持って決断するために、根拠を比較考量すること、そして因果と推論とを区別することを意味する。責任を持つということは、自らの決定と行動に責任を負うということである。

ジャーナリングは、事前理解について省察することを学び、より深い洞察を得るために重要な仕組みである。自分の経験を記録することを通じて，プロジェクトを進めていく中で自分の思考と感情が変化していくことに気づく。そして，自分が知っていると思うこととそうでないこととの間のズレを明確にすることができ始めるようになる。あるいは，暗黙知と形式知とを明確にできるようになる。そして，かつての自分が当たり前だと思っていたことから，一歩身を引いて批判することができるようになる。諸課題や組織になじみがあることから，自分が知っていることとそうでないことを明らかにすることができるように，ジャーナリングの過程は自分の事前理解の内容，過程および前提を学ぶことに役立つ。

役割の二重性：組織での役割と研究者としての役割

アクションリサーチには，研究する側とされる側という従来の区別がない。前述のとおり図8・1の第2・第3・第4象限で研究する場合，内部者アクションリサーチャーには組織の完全なメンバーという役割も加えられる。

役割の二重性の詳細および洞察に満ちた省察について，Wirthは同僚，教員，友人そして研究者であることのバランスをとることが難しかった経験から，さまざまな役割とアイデンティティをうまく取り持つことは大変な困難であったと省察している（Ravitch and Wirth, 2007）。彼女が同僚の教育プログラムをサポートするリーダーの役割を果たした際，彼女は自分が評価者ではないことを保証していた。また，研究者としての役割を果たす際には，彼女は研究構想の予想をより明確に表現する必要があった。彼女は自分が内部者であったことが重要だったと指摘している。同僚たちは彼女のことをよく知っていたし，彼女も同僚たちのことをよく知っていた。同僚たちは，彼女には隠した意図はなく，文化，「人種」、社会的地位そして平等に関するような、より敏感になりうる問題もないと思っていたようだった。彼女は同僚たちのことを尊敬していた。そのため、同僚たちが作成した新たな構想の設計とその実施に関する提案を理解し、彼らの懸念を認識しながら取り組むことができたと感じたのであった。同時に、重大な課題と困難も存在した。それは、同僚たちは彼女のことを知っているがゆえに、いくらかの人は彼女が期待することをあえて無視できるのではないかという不安を持ったことであった。

Wirthは自分の重大な苦労の一つは、協働が促進されない学校の雰囲気の中で、教員との協働体制を維持することだったことを挙げている。教員間の様々な個性、視点とダイナミックスになじむことは、協調的な努力を組み立てることや変化を促進することに役立った。しかしその一方で、教員への先入観が教員たちをより客観的に見る能力を損ねてしまい、新しい種類の関係性と過程を築く可能性を制約したと指摘している。

省察と議論のための問い

- Wirthが示した課題について理解したか？　論文の全文を読み、それについて省察し、彼女が明らかにした課題とそれらにどのように対応したのかをグループで話し合ってみよう。
- 組織の中で、自分はどのような役割を果たしているか？　そこに研究者の役割も加えると、どのような課題に直面すると思うか、あるいは直面しているか。

Williander and Styhre（2006）は内部者アクションリサーチャーの役割を、学界と実践とにわたる二重の役割として省察している。情報はどちらの方向にも流れる。WilliaderとStyhreの経験によれば、内部者アクションリサーチャーの第一の役割は学界と企業との橋渡しであり、また研究と実践の二つの世界間での情報を翻訳することであった。第二の役割は従来型の研究者ではあるが、内部者としての利点を活かしてその企業と親会社のケーススタディを作成することであった。ネットワーク理論、マーケティング、そして消費者行動などのパースペクティブによって同一事例の研究をすることは、この課題への学際的な理解を提供し、アイデアの創出とそれらをどのように扱うかということについての重要な基礎となった。内部者アクションリサーチャーの第三の役割は、実験の対象として企業を用いることである。学界はテストし、観察し、介入し、実証する機会を持つ一方で、企業は直接生み出された知識から競争優位を得る。Willander and Styhre (2006) を読むことで、内部者アクションリサーチャーの役割に関するその省察についてより深く探索することを勧める。

Ashforth et al. (2000) は、多数の概念を用いながら役割の性質について探索している。役割境界 (role boundary) は、その役割の範囲によって定義される。役割境界には柔軟性がある。(それは場所的および時間的に柔軟なものである。) 役割境界には透過性がある。(あなたは物理的には一つの役割であっても、心理的および／または行動的には別の役割を果たしているかもしれない。) Ashforthらによれば、このような役割の柔軟性と透過性の構造が、ある役割から別の役割への移行を可能にする。自分の組織においてアクションリサーチを行う中で、あなたは会社のオフィスやミーティングにおいて身体的および空間的に組織の役割を果たすと同時に、研究者の役割として研究課題に対する答えを探しているかもしれない。Ashforthらは役割アイデンティティという概念についても探索している。例えば、どのようにしてある役割が特定の目標、価値そして行動などに影響を与えるかなどである。役割アイデンティティとは社会的に構成された自立的役割の定義であり、それは中核的な特徴と周辺的な特徴との対比から構成されている。

Ashforthらに従えば、柔軟性と透過性という観点から見た役割境界という概念と、中心機能と周辺機能の対比という観点から見た役割アイデンティティの概念とを組み合わせることで、分割度の高い役割から統合度の高い役割までを一つの連続体として説明できる。

Roth et al.（2004）は、Ashforth et al.（2000）のフレームワークを応用し、組織と学界との両方の環境下でのアクションリサーチにおける内部者アクションリサーチの役割を規定した。例えば、Rothらは学術的環境を基準とした準拠枠を組織的環境へと応用している。そして、組織と学界とはそれぞれ異なる方法ではあるが、互いに産業界と学界との橋渡しをし、両者の環境下で必要な知識共創（joint knowledge creation）を促進することができると述べている。Roth et al.（2004）の省察では、内部者アクションリサーチャーの二重の役割という性質が、研究過程と研究されている企業の広範な知識を通じて、産業界と学界との架橋を促進すると考えた。

通常の組織の一員としての役割を研究の企てによって強化することは、難しく扱いにくいこともあるし、混乱したり抵抗できなくなるかもしれない。このとき、あなたはKeegan and Lahey（2001）が示した「矛盾する目標（competing commitments）」を持っていると考えるかもしれない。組織のメンバーとしての役割と研究者としてのパースペクティブとを、十分にそして同時に保持しようとする結果として、自分の役割に対してコンフリクトに陥るかもしれない。組織の役割は全体的な参加と関与を求めるであろうし、研究者の役割はより距離を置いて、理論的、客観的、そして中立的な観察者の立場をとることを求めるだろう。このコンフリクトは役割からの分離という経験を引き起こし、両方の役割において自分を外部者のように感じてしまうかもしれない（Adler and Adler, 1987）。

Humphrey（2007）は、内部者であり外部者であるという彼女の立場が、自己組織化の論理的根拠を説明するために、内部者の知恵と外部者の研究の両方を動員できる貴重なリソースだったと省察している。いくらかの人は、問題が「外部者」というよりも「内部者」としての立場から現れたこと、そのときそれらが議論の「対象となっていた」こと、そしてそれらを利用する「理論」があったことに安堵を示した。

内部者であり外部者であることの危難は、彼女の立場と行動に利害関係を持つ他者によって、目には見えない内部者と外部者の連続体の間を行き来させられることである。その時々の異なるアクターと聴衆によって、ある時は内部者として、またある時は外部者としての役を割り振られることで、自分自身を見失いそうになってしまう。二重の役割を積極的に果たすためには、内部者かつ外部者である身としてのユニークさを認め、生活世界を渡り歩く技法を涵養することである（p.23）。

省察と議論のための問い

- Humphreyが提示した危難について理解したか？　論文の全文を読み、それについて省察し、彼女が明らかにした課題とそれらにどのように対応したのかをグループで話し合ってみよう。
- 内部者アクションリサーチを行う中で、どのような引き込みや引力を経験しているか？　それらは他の役割を差し置いて、特定の役割を選ぶように強要しているか？　それに対してどのように対応しているか？

その組織に所属し参加している限り、自分の組織上の関係性は一般的に所属組織のネットワークに埋め込まれて絡み合っている。これらの研究のつながりと友情は、その性質を開放的なものから制約的なものへと変えうる。様々な個人やグループから成る自分の組織が、自分が出会う他者との関係性に影響を与え、

表9・2　一人称、二人称および三人称プラクティスにおける役割の二重性

	タスク	プロセス
一人称	2つの役割の保持と評価を同時にすること	相反する要求への内的反応を捉え、それらに対処する
二人称	2つの役割への要求を捉えて上手くこなす。特に役割へのコンフリクトが生じている場合	重要な他者と自分の役割とをすり合わせる
三人称	1つの役割がアクションリサーチにどのように影響するかについての実践知を深め、内部者アクションリサーチにおける役割アイデンティティ理論に貢献する	二重の役割の経験を理論とつなげる

彼らから集めるデータの性質に作用することが分かるだろう。

表9・2は、役割の二重性をこなしながら働く上で必要なタスクとスキル（プロセス）について、その概要を整理したものである。一人称プラクティスのタスクは、二つの役割の保持と評価を同時にすること、相反する要求に対する自分の内なる反応を捉えること、そしてそれに対処する方法を学ぶことである。このタスクは二人称プラクティスにおいても行われる可能性がある。それは特に役割についてコンフリクトが起きている場面で、二つの役割への要求を捉えて上手くこなそうとする場合である。このような局面では重要な他者と自分の役割とをすり合わせる能力が必要となる。三人称プラクティスでは、二重の役割がアクションリサーチにどのように影響するかについての実践知を深め、内部者アクションリサーチにおける役割アイデンティティ理論に貢献することが可能である。

組織内でのある役割または複数の役割は、内部者アクションリサーチャーとして経験する役割の混乱、曖昧さ、あるいは状況に対処する能力それぞれの程度に影響する。一方で、もし組織におけるあなたの唯一の仕事が内部変革コンサルタントであるならば、あなたは既に自分の組織の研究者である。本書ではこれを役割の混乱が起きる可能性が低い役割の一つとしている。図8・1における第2象限および第4象限はそのような内部研究者を組み込んでいる。他

方で、もし自分の仕事がマネージャーであるならば、その仕事に加えて研究者の役割を務めることになる。したがって、マネージャーと研究者との2重の役割を上手く果たさなければならず、役割の混乱が起きる可能性が高い。図8・1の第3象限はこの状況を表すよい例である。仕事に研究活動が含まれている場合、研究活動は職務上の基本的な役割とは別の役割であることから、一つの役割の研究者は、二重の役割を持つ研究者とは明らかに異なる。本書の例に基づけば、Krim（1988）とMoore（2007）は二重の役割を持つ研究者であり、Humphrey（2007）は一つの役割の研究者である。

分離の感覚（feelings of detachment）はこれらの役割のいずれかに向けられ、研究の進捗に合わせて増減する。忠誠心の動揺、行動に対するクレーム、そしてアイデンティティのジレンマにとらわれてしまった時、まずは自分自身を組織の役割に合わせる。Elizur（1999）は「自律分化（self-differentiation）」という概念を用いて、彼が内部コンサルタントとしてどのようにして感情を抑えるか、そしてどのようにしてバランスを保ちながら感情的な問題に接するか、またそのような状況の中で自分の自律性とアイデンティティを保つかを再検討した。二つの役割に関わっていることは、組織のメンバーとの関係に影響する（Adler & Adler, 1987）。メンバーとの関係性の新たな次元、および／または外部者としての新たな関心は、いつものメンバーとの間に距離を生んでしまう。

Roth et al.（2007）は自分たちの内部者アクションリサーチを省察し、複数の役割に関する課題を明確にした。内部者アクションリサーチャーは次の三つの役割を持つと説明されている。

「内部者アクションリサーチャー」は第一に彼／彼女の組織における社員（employee）であり、第二に研究者である。これら二つの役割に加えて、第三の役割は内部者アクションリサーチャーが組織内のコンサルタントと見なされた時に展開される（p.51）。

Rothらは以下の四つの課題を提示した。

1. それぞれの役割をどのようにうまく果たすかを知る。
2. アイデアをそれぞれの世界に適した言語に翻訳する。
3. 組織と学界の言語を知る（これは固有の背景における適切な介入についてのデータを報告するために重要である。）
4. 「多くの役割を演じる」ことを理解することで、複数の役割を果たすことは負担ではなく資産であるということを学ぶ（Roth et al. 2007）。

省察と議論のための問い

- 自分にどのような役割を見いだすことができるか？
- どのようにして組織と学界との境界を越え、一方のコミュニティの言語を他方の言語へと翻訳するか？
- 自分が持つ複数の役割は、どのようにして負担ではなく資産であるのか？

Nielsen and Repstad（1993）は、内部者研究における二重の役割に関連する固有の利点と欠点を挙げている。例えばあなたは組織に影響を与えたい、そして組織を変えたいと望むかもしれない。同僚に共感することで、努力を続けようと動機づけられるかもしれない。それらは活力を保つために有益である一方で、間違った結論へと導く有害なものにもなりうる。発見事実を論文に書こうとするとき、上司や同僚からの反応に対処しながら事実をありのまま書こうとするか、自分の仕事を守るために事実を改ざんしようとするかというジレンマに対応しなければならない。仕事中に同僚を観察しながらそれを記録することは、

「スパイをしている」あるいは非常識だと思われるかもしれない。組織に残って出世したいと考えるのであれば、自分の組織のアクションリサーチャーである上で最も重大なジレンマは、おそらく組織政治にうまく対処することである。この点については第10章で考察する。

Roth et al.（2004）はタイミングという観点から、二つの役割の間にどのようにコンフリクトが生じたかを詳述している。内部者アクションリサーチャーが十分にデータを省察できておらず、時期尚早だと考えていても、組織にはそのような研究状況から結論を出すようにというプレッシャーがあった。Rothらは、「そうすることで、内部者アクションリサーチャーは十分な条件が整う前に研究者としての役割を正当化しようとし、逆の結果をもたらしてしまう。（p.212）」という見解を示している。

対処しなくてはならない現実的な課題は、自分が組織の課題や人々に近すぎるということであり、そのため探究の過程ではより意識的かつ明示的に働かなくてはならないことである。特定の分野で訓練されているか、特定の職務に精通している場合、他の視点から問題をみることを受け入れられないかもしれない。自分が研究している人々と状況に身近すぎるかもしれない。研究が友人や近しい同僚を批判する場合はどうであろうか。これまで問題視しなかったような状況、疑問、そして前提から距離を置くことは難しいかもしれない。正しく実行された認識的な再帰性は、人々や課題への近さから生じる難しい前提条件を含んでいる。

Homa（1998）はCEOと研究者の役割を兼務したことがどのようなものであったかを省察した。彼は多くの有用なアドバイスを提示している。

1. 経営責任を果たさずに研究することは心理的に難しいため、自分の仕事をこなすためには合理的である必要がある。そのため、自分のキャリアの中で研究を行う適切な時期を見極めることが、重要な意思決定となる。また、セルフマネジメントを効果的に行う必要がある。それは、まず時間管理、次に絶え間なく続く研究時間を確保するために仕事と研究とのバランスを取る能力である。

2. 優秀な秘書の助けが必要である（特に、自分でキーボードを打たない場合）。
3. その都度、経営者としての成果と、研究者の孤独な仕事をしつつ他者に適応することとのバランスを取る必要がある。
4. 有能な経営陣、有能かつ協力的なチェアマンが必要である。

役割の二重性に関する真正性を追求するためには、二つの役割を果たすことの内的なダイナミックスおよび外的なダイナミックスに注意を払うことが求められる。外的なダイナミックスは、自分に期待された役割と自分が果たそうとする役割、またはそれらの曖昧さやコンフリクトに関係する。内的なダイナミックスは曖昧さ、コンフリクト、あるいは自分が内面化する含意について、どのように感じ、どのように考えるのかを指す。知的であるということは、役割の構造的性質と、それが組織環境の中でどのように実行されているかを理解することである。合理的であるということは、根拠を比較考量し、相反する役割の期待への要求について判断することを意味する。責任を持つということは、自分が決定することそして自分が行うことに対して責務を負うということを意味する。

アクセス

一次アクセスは、組織に入り研究を始める許可を得る能力を指す。あなたは既に組織のメンバーであることから、一次アクセスを有している。一次アクセスを有していても、二次アクセスを得ている、あるいは得ていない場合がある。二次アクセスとは、研究に関連する組織の特定の部分へのアクセスである。これは、システムがアクションの中での自己学習にコミットしない、第3象限の研究によく当てはまる。組織の一部とは、部署のような職務上の領域だけではなく、特定の機密情報に対してアクセス制限があるような階層領域も意味する。しかしながら、内部者-研究者は自分が組織の一員であるということは、自分たちの組織での立場によっていくつかの道が閉ざされてしまうことを意味するということを分かっている。組織における研究者という肩書きは、どのようなものであってもアクセスに明らかな影響を与える。あるレベルでのアクセスは、他のレベルでの制限や他のレベルでのアクセスに自動的につながるかもしれない。研究者の地位が高ければ高いほど、特に下位の階層に向けて、より多くそしてより多方面へのアクセスが可能になる。もちろん高い階層にいれば、アクセスから多くの非公式かつ秘密のネットワークを除外することもできる。基本的に二次アクセスは文書、データ、人々や会議へのアクセスを意味する。第2象限と第4象限の研究に関連していえば、システムはアクションの中での自己学習にコミットするため、二次アクセスの責任を負う。

研究プロジェクトをうまく遂行する上での重要な側面は、二次アクセスにおいて何がどの程度まで許容されるかを見極めることである。二重の役割を持つ研究者は、一つの役割の研究者よりも多くの問題に直面する。当然、当初に認められることと実際に許可が下りることは、プロジェクトの進捗や重要な段階に達するかどうかによって異なる可能性がある。研究が純粋であることへの願望と現実との間には、重大なギャップが生じうる。アクセスがどのように実現されるかは、実施される研究の種類と情報が広められる方法によって異なる。

良い研究を目指してはいるものの、それが何か穏やかではない計画である場合、上司との交渉は一筋縄ではいかない。そのことは、プロジェクトを通じて満たさなければならない異なるニーズに対して疑問を呈する。あなたは内部者アクションリサーチャーとして，自らのキャリアと成長に貢献する研究をする必要がある（一人称プラクティスの研究，「自分」のため）。また，組織に利益を与える研究をする必要もある（二人称プラクティスの研究，「私たち」のため）。そして，より広く学界のため，一般理論に貢献する必要がある（三人称プラクティスの研究，「彼ら彼女ら」のため）。これらのバランスをとることは難しい。一般的に研究者の上司は機密保持，他者への感受性，そして組織政治に関するニーズを持っている。

学位を取得する課程の一環として，または出版を目指すために研究をしている研究者にとってのアクセスに関する特有の問題は，研究結果がいずれ組織外に公表されるということである。論文や学位論文は，その抄録が幅広い読者に広められることで，組織外の人々に読まれ図書館に収められる。Bartunek（2008）はこれを，内部者が果たす「外部者」としての役割だとみなしている。極端な場合には，組織は情報が外部に流出することに神経質になり，少なくとも不安になる。

いま一度，役割の二重性を探索する上でのジャーナリングの価値を強調しておく。役割の曖昧さとコンフリクトは，役割のアイデンティティにどれだけ柔軟性と透過性があるかを問う。絶え間ない役割の統合と分化の中に身をおき，組織での役割と内部者アクションリサーチャーの役割との両方をこなすことを可能にする，または抑制する力を探索することは，一人称プラクティスおよび二人称プラクティスの探究と実践の鍵である。

結　論

役割の二重性と二次アクセスは，研究に固有で組織依存的な傾向を持つが，一方で事前理解は研究者に固有の傾向を持つ。したがって，事前理解は図８・１で示した４つの象限と直接関連しているわけではない。その言葉どおり、事前理解は内部者が研究過程に持ち込むものである。要約すると、二次アクセスは研究に固有の性質に関係する。第2象限および第4象限では、システムは二次アクセスに責任を負い、関連するすべての部門がプロジェクトにコミットすれば、より容易に利用できる。システムがあなたのアクションリサーチに必ずしもコミットする必要がない第3象限においては、利用できるかどうかはより不確実となる。

▼推薦文献▲

Coghlan, D with Brydon-Miller, M. (2014) *The SAGE Encyclopedia of Action Research.* London: Sage.（「内部者アクションリサーチ」を参照すること）

1　知っている事柄	2　知っていると思う事柄
3　知らないことを知っている事柄	4　知らないことを知らない事柄

エクササイズ9・1　自分の事前理解を評価する

学びの窓の枠内に自分の事前理解と理解したことを当てはめなさい。

1. 自らの内部者アクションリサーチプログラムから特定の課題を取り上げなさい。
2. 前提、推論そして帰結を検証するために、知っていることをどのように知っているかを区別して、上の表に記入しなさい。新たに発見すべき領域を見出し、その道を開くためには、より深く探究する必要があります。
3. 以上のことを他の課題にも適用しなさい。

第10章 倫理と組織政治をマネージする

第2章では、私たちが善いものをどのように判断するかに関する、価値づけ（valuing）と価値判断の一人称のプロセスを取り上げた。そうした判断は、倫理的な意思決定とアクションの基盤となる。本章では二人称と三人称のプロセスを探索する。それらは、行って善いことを合意し実行するために他者と協働関係をつくると同時に、その際に不可避に発生する付随的な政治力学に、十分な注意を払うプロセスである。本章に通底する問いは、「他者と価値を共有する一人称のプロセスをどのように表出すれば、他者と価値判断を共有し、共有されたアクションを発達させることができるか？」、そして、「自分自身の価値観とアクションリサーチの倫理に適ったモードで、どのように政治的に行為するか？」である。本章では、自分自身の組織でアクションリサーチを行う際の倫理と政治を検討する。

一人称、二人称、三人称プラクティスのタスクとプロセスは表10・1に示されている。一人称プラクティスのタスクは、自分自身の価値観とアクションリサーチの価値観に適ったモードで、真正的かつ政治的に行為できるようになることである。二人称プラクティスのタスクは、自分のプロジェクトの価値を他者と協働して組み立てること、そして、自分自身の組織の政治力学の中で生き残ることである。三人称プラクティスの貢献は、倫理的および政治的アクションの中からアクション可能な知識を明示することであ

表10・1　一人称、二人称、三人称プラクティスの政治と倫理

	タスク	プロセス
一人称	アクションリサーチの倫理に適ったモードで、政治的に行為できるようになる。	政治的かつ真正的に行為する。
二人称	政治力学の中で生き残り成功する。	表舞台と舞台裏で活動する。
三人称	アクションの中から、政治的にアクション可能な知識を明示する。組織のリアルなあり様に関する知識に貢献する。	政治的経験を理論と結びつける。

る。

倫理

倫理的な諸手順は人生の一部であり、従って研究の一部である。現在、大学その他諸機関の機関審査会（institutional review board）や倫理委員会を通して、研究が制限されつつある。多くの場合、研究者は研究に先立って倫理承認申請書の作成を求められる。ここ数年間に刊行されたアクションリサーチ倫理に関する文献群は、自分の研究の諸課題を熟慮しデザインする助けになるかもしれない（Coghlan and Shani, 2005; Brydon-Miller, 2008a; Holian and Coghlan, 2013）。『アクションリサーチ』誌の倫理とアクションリサーチに関する特集（Brydon-Miller et al., 2006）は、本章の他の参考文献と同様に、特に貴重な文献である。探究を毎日の組織的アクションと統合しようとするアクションリサーチは、展開していく性質をもつため、アクションリサーチの倫理的課題は、善い人生を送るためのそれと大差ないということもできるだろう。Eikeland（2006b）はアクションリサーチの倫理的諸相を、哲学レベルと応用レベルに区別している。アクションリサーチは民主主義、正義、自由、参加の原理に根ざしている。ただし、Boserが言うように、「民主主義を志向するからといって、研究が諸個人や他のステークホルダー集団に及ぼす倫理的

含意を熟考し検討しなくて良いわけではない」(Boser, 2006: 14)。Hilsen (2006) はアクションリサーチの倫理が根ざす3つの軸の可能性を論じている。それらは人間の相互依存性、知識の共同生成(co-generation)、そして、より公平なパワー関係である。

〔関係の質〕

Rowan (2000) は、心理学における異なる研究形式ごとの倫理的諸課題を記述する、一連の5つの同心円を提示している。第一の円は、研究者達がいわゆる典型的な実証研究に従事する、「ナチュラルな探究(natural inquiry)」の領域である。研究者と研究参加者は単一の接触点で相互に関わる。その接触点は、参加者から情報を取得するという研究者のアジェンダである。この一方的関係から生じる倫理的諸課題は、典型的には善いことをなす、害を及ぼさない、そして、人格をもつ個人 (person) を尊重する (Eikeland (2006b) が「お為ごかしの倫理 (condescending ethics)」と呼んだもの) ことに焦点を当て、コミュニケーションを通じて実現される。参与観察は、研究者が関与する目的をしばしば偽装するが、それはまさに欺瞞が研究プロセスの一部であることを意味している。第二の円は「人間の探究 (human inquiry)」であり、解釈学と現象学の領域である。参加者たちは、測定されるべき変数の単なる集合ではなく、十全なる人間として取り扱われる。この領域では共感 (empathy)、一体感 (identification)、信頼、そして非搾取的関係が強調される。

Rowanにとって、第三の円への移行は大きな転換点である。研究者は研究プロセスの中で周到にお膳立てされた一点で参加者と出会うのではなく、研究の計画と結果の処理に参加者を巻き込む。これが「アクションリサーチ」の領域である。倫理的諸課題は、単に個人に関わるものではなく、コミュニティや組織全体に関わるものとなり、熟慮の焦点は、意図せざる諸帰結に当てられる。研究者自身の自己理解と社会構想が影響し、パワーに関する諸課題がこのプロセスの中心となる。第四の円はトランスパーソナルな研究、スピリチュアリティ、マインドフルネスに焦点を当てる、「超越的探究（transcendental inquiry）」である（Bentz and Shapiro, 1998）。この領域での倫理的諸課題は、人々のスピリチュアルなレベルに関わるものである。第五の円は「包括的でシステマティックな探究（comprehensive and systematic inquiry）」である。全ての他者を包含し、個別の研究状況で適切に思考し行動する能力が求められる。同時に、研究者と参加者、そしてより大きなシステムに関心を持ち、その取り組みのスピリチュアルな含意を考慮する必要がある。Rowanは、さまざまに異なる研究状況でアクションリサーチャーと参加者がつくる、関係の形式と質を考えるフレームワークを提供している。アクションリサーチャーに求められる倫理的行動として、アクションリサーチが基盤とする民主的で参加的な価値への関与を指示するものである。

Williamson and Prosser（2002）は三つの倫理的問いを提起している。アクションリサーチャーと参加者はこれらを明確に認識し、議論して答えに合意する必要がある。

1. もし研究者と参加者が密接に協働するならば、守秘性と匿名性はどのように担保されるのか？アクションリサーチは政治的企てであり、参加者と研究者に重要な帰結をもたらすので、匿名性と守秘性を担保するのは難しい。他者は、誰が参加したのかを容易に知ることができ、また誰が何を言ったか、あるいはどんな貢献をしたのかを特定することができるかもしれない。

2. もしアクションリサーチが「旅」であり「進化」するものなら、意味のあるインフォームド・コンセントとはどのようなものか？　アクションリサーチャーも参加者も、どこへいく旅なのかを事前に知ることはできないし、自分たちが何に同意しているのかを知ることもできない。変化のプロセスそれ自体が抵抗を生み出すこともあるため、アクションリサーチャーは反対があっても撤退できない。

（たとえ、プロジェクト内の小グループによる反対であっても）

3. アクションリサーチは重大な政治的帰結をもたらすこともあるため、アクションリサーチャーは、参加者に害が及ぶことをどのように回避できるのか？ WilliamsonとProsserは、これに対して2つの答え方があると指摘している。アクションリサーチャーのための倫理コードを確立することと、研究者と同様に参加者も研究成果を所有するように、協働と交渉の範囲を決めることである。

Walker and Haslett（2002）はアクションリサーチにおける倫理的課題を、アクションリサーチ・サイクルそのものに基礎づけている。倫理的問いは計画、アクション、省察のサイクルに関する潜在的なあるいは顕在化した倫理的問いとして提示される。同意を獲得し、匿名性と守秘性を保証し、相互に対立する異なるニーズの間のバランスをとるプロセスは、計画し、アクションをとり、データを集めて解釈するプロセスで実現される。WalkerとHasletはプロジェクト全体を貫く中心的な問いとして、Stringerの二つの重要な問いを引用している。誰が影響を受けるのか、そして、どのように影響を受けるのかという問いである。Gellerman et al.,（1990）は次の四つの倫理原則を提唱している。

1. 全体の善に貢献する。
2. 自分たちが他者から取り扱われたいように、他者を取り扱う。
3. 人々を常に目的として取り扱い、決して単なる手段としない。他者を存在者（being）として尊重し、決してその能力のために利用しない。人々を人格をもつ個人（person）として取り扱い、決して研究対象・被験者（subject）として取り扱わない。
4. より大きなパワーを持つステークホルダーが、より小さなパワーしか持たないステークホルダーに対して行使するパワーを、増大させないように行為する。

〔価値づけのための二人称の共同探究〕

Barden（1991）によれば、人々の立ち位置や答えについて討論するよりも、私たちが何かを知り、価値づけ、実行するという共通の作業と関連して他者と関係をつくるほうが、より多くが得られる。立ち位置や答えをめぐる討論はそれ自体不完全になりやすく、多くの場合極論に陥りやすい。私たちが何を経験し、それをどのように理解し、価値判断を行ったのかを共同で探究することによって、第2章で述べた一人称への焦点を、生産的に二人称に応用することができる。それは契約的倫理（covenantal ethics）に関与する基盤を提供する。Brydon-Miller（2008b）が示すように、契約的倫理は、他者の善のために行為することへのコミットメントであり、重要な諸課題への対応に一緒に取り組むことへの深いコミットメントを必要とする。私たちが善なるものをどのように価値づけ同定したのか、具体的な選択を行う際に諸選択肢の軽重をどのように測ったのか、実行したアクションをどのように決定したのかを明示することは、アクションリサーチの分野への貴重な三人称の貢献となる。そうした作業を明示することは、Reason（2006）が論じる透明性を促し、その意味でアクションリサーチの質に貢献する。

〔手続きと倫理委員会〕

一般論として、倫理委員会と機関審査会は、虐待行動を回避または防止することと、規則違反と大学への訴訟を防止する役割を担っており、倫理的実践の擁護者として働く。そこでは「誰がこのリサーチクエスチョンを考えたのか？」、「誰がこの研究で得られた知見の所有者なのか？」、「誰がこの研究の経費を支出するのか？」といったことは問われないが、これはアクションリサーチの視点からみると興味深い。そうした委員会のメンバーは，多かれ少なかれ，型にはまった実証主義研究の伝統を背負っている人々であり，研究仮説と方法，期待される成果が事前に良く明示されていることを期待する。このため，研究計画書のレビューは非常に率直なものとなる。委員会メンバーは，アクションリサーチ計画書に対して，この形式の研究をどう理解して計画書を評価すればよいか途方に暮れる（DeTardo-Bora, 2004）。アクションリサーチが展開していく創発的なプロセスであり，アクションと省察のサイクルを通して進化するものならば，起こりうるすべての事象に関する倫理的課題を詳細に予期し網羅することは現実的に不可能である（Morton, 1999; Walker and Haslett, 2002）。Lincoln（2001）は倫理審査の手続きは，対面状況での密接な参加を伴うアクションリサーチの審査には不適切で不十分だと述べている。しかし同時に，アクションリサーチャーの仕事の手引きとなるいくつかの倫理的原則を明示することはできる。Boser（2006）によれば以下のようなかたちでの倫理への注目が必要である。

- 研究参加者または研究によって影響を受ける人々の間の関係のセットに直接注意を払う，外部で開発されたガイドライン・セットに従う。
- ステークホルダーによる意思決定に情報を提供するために，アクションリサーチ・サイクルの各ステージに統合されている。
- より広いコミュニティに対して透明性が保証されている。

Brydon-Miller and Greenwood（2006）はそうした委員会審査に伴う困難には楽観的であり，通常の研究よりもアクションリサーチのほうが，主体としての人間を倫理的に取り扱うことについて，より多くの保証を提供すると主張する。アクションリサーチは，ステークホルダーによるパートナーシップへの自発的参加によって成立するもので，ステークホルダーは研究者と共に協働チームを構成し，共に手法を学び，応用し、実践して、その成果を共に分析するからである。Brydon-MillerとGreenwoodは、アクションリサーチを支援する各ファカルティが、倫理委員会および／または機関審査会と対話することを提案する。この対話によって予測可能性とプロセス、保護と参加、機密と信頼、強制と配慮（caring）との間の弁証法的緊張を生産的に探索できる可能性がある。

内部者アクションリサーチと倫理

内部者アクションリサーチで得られた知見の報告に関して、倫理的および信頼性にかかわる諸課題がある（Smyth and Holian, 2008; Holian and Coghlan, 2013）。そうした知見には商業的機密や個人的秘密、さらに組織とそのメンバーおよびステークホルダー、あるいは研究者であるあなた自身に関して、困惑を生む可能性のある情報が含まれているかもしれない。知見を刊行したり報告する際には、匿名化だけでなく、研究に関与した組織や人々が特定できるような詳細までも削除する必要があるかもしれない。こうした対応は、学術研究の一部として評価を受ける事例研究や課題などの提出物、あるいは外部審査者に送付される修士または博士論文の一部、さらには刊行や周知のため提出されるすべての論文やレポートについても必要かもしれない。

前章で探索したように、あなたが自分自身の組織の現職のメンバーであり、おそらく他にも複数の役割を担っていて、それにさらに研究者の役割を追加しようとする場合、情報収集やデータ分析など、あなたの研究者としてのタスクを巡る役割の明確化は複雑なものとなる。（Holian and Brooks, 2004）さらに、アクションリサーチの考え方が倫理委員会と機関審査会にとって不可解であるばかりでなく、自分自身の組織でアクションリサーチを行うという構想は、さらに不可解なものかもしれない。例えば、学生として内部者アクションリサーチを行ったJoanは、倫理委員会で研究計画書が二度にわたって却下された時に、こう反論した。「あなた方は、私が8年間やり続けてきた仕事を、してはいけないと言っている。私が承認してほしいのは、私が毎日している仕事なのです。」自分自身の組織役割の一部としてアクションリサーチを行うことに関するJoanのジレンマは、内部者アクションリサーチの倫理的承認に関する中核ポイントを明らかにしている。Brydon-Miller and Greenwood（2006）はそれを以下のように説明している。

- アクションリサーチに取り組むことと、それを報告することを区別する必要がある。アクションリサーチ活動はあなたの日々の仕事の不可欠な一部かもしれず、その限りにおいて倫理的承認は必要ではない。承認が必要なのは、そのアクションを、刊行または学術的クレジットを目的とする研究へと変換するプロセスである。この区別は特に重要で、倫理的承認は後者を対象とすべきであろう。
- ファカルティは倫理承認委員会と協働して、研究計画書と同意書の様式の開発を、アクションリサーチのプロセスの一部に組み込み、また、それら様式の中にアクションリサーチのパラダイムを組み込む必要がある。これはアクションの中での協働のプロセスであり、アクションリサーチを行うファカルティは、この課題への関与に慣れておく必要がある。
- 倫理的承認はこのプロセスの一つのステップに過ぎず、Boser（2006）が主張するように、倫理はアクションリサーチ・サイクルの各ステージに統合されている必要がある。したがって、ここまでで取り上げた疑問や課題は、研究が進行していく中で留意すべき重要なものである。

Humphrey（2007）は次のように振り返る。

「私は、自分の両サイドにそれぞれ陣取る学者とアクティビストの異なる見解と価値の間で引き裂かれたまま、暗い川を見下ろしながら、内部者と外部者をつないで張り渡された綱を、よろめきながら渡っていった。こうした状況でセーフティネットになるような倫理コードは存在しない。自分がいくつかの原理のために他の原理を犠牲にしていることに気づくたびに、次の呪文を繰り返して自分を慰めた。「汚れたのは着物だけ。私自身じゃない。」(Humphrey, 2007: 16-17)

政治

組織の中で行われるいかなる研究も非常に政治的だが (Punch, 1994)、自分自身の組織の中で、その組織について研究することは特にそうである。パワーについては、これまでに複数の視点からさまざまな文献で多くの研究が行われてきた。本書では、社会と組織におけるパワーと政治に関する研究と議論を改めてたどることはしない。しかし、自分自身の一人称、二人称、そして三人称の探究とプラクティスを基礎づけるために、この領域の文献をいくつか読み込んでおくことを強く勧めたい。Buchanan and Badham (2008) は、パワーと政治に関する卓越した研究を行っている。この研究は内部者アクションリサーチャーにとって非常に有益だと思われるので、あなたの洞察に役立つことを願っている。

自分自身の組織を研究することの政治

いかなる組織についてのいかなる形態の研究も、それ自身の政治力学をもつことは言うまでもない。政治的諸力は研究努力を妨げ、計画的変革の障害になることもある。アクセスの確保、データの使用、研究報告書の配布と刊行は、極めて政治的な行為である。第3章と第7章で検討した課題構築の行為 (act of constructing) を取り上げてみよう。課題構築は決して中立的な行為ではなく、さまざまなステークホルダーに同じかたちで影響を与えることは、ほとんどない。ステークホルダーの一部は恩恵を被るかもしれないし、別の一部は脅威を感じるかもしれない。業績上の弱点が明らかになることで、損害を被るステークホルダーもいるかもしれない。したがって、アクションリサーチの中で、課題構築は協働的な活動である。なんらかの疑問を呈すること、特定の課題について判断を行うことは、深刻な政治的意味をもつ。

内部者アクションリサーチャーは、通常の業務役割に関する倫理的責任とともに、たとえその期間が限られていても、研究者という追加的役割に関する倫理的責任をも負う。Hilsen（2006）が指摘するように、パワーと責任は、他の人々の人生に違いをもたらす地位にいる役職者が回避できない課題であり、役職者は自らの作為及び不作為の諸帰結に対して倫理的責任を負う。特に、意思決定の役割を担う役職者には、通常業務の一部として倫理的ジレンマが発生する。しかし、内部者アクションリサーチにおける役割の二重性は、追加的な曖昧さと役割葛藤をもたらす（Holian and Coghlan, 2013）。

したがって、自分自身の組織でアクションリサーチを行うことは、政治的なことである。それどころか、危険な体制破壊活動とみなされるかもしれない。アクションリサーチは体制破壊的な性質を持つ。それはすべてのことを検討し、耳を傾け疑問を呈することを強調し、そうするための勇気を育てる。人々を扇動して行動を促し、省察を唆（そそのか）し、民主的な参加を支持する。とりわけ階層的統制の文化に傾倒している組織にとっては、現行の組織規範に対する脅威となるかもしれない。Goffman（1959）は内部者の役割として、「情報提供者（informer）」、「腹心の友（confidant）」「裏切者（renegade）」に言及しているが、あなたはきっと「裏切者」とは見られたくないだろう。Meyerson（2001）は、自分たち自身の組織の中で変革を静かに実行する人々を、「したたかなラディカルズ（tempered radicals）」と呼んでいる。Cooklin（1999）は、組織内部のチェンジエージェントを、組織内の人々の支援者であり、組織の儀礼をサボタージュし、組織の信念の一部に疑問を呈する、「不遜な収容者（irreverent inmate）」と呼んでいる。あなたが、アクションリサーチの理論と実践（Argyris and Schon, 1996）に従うアクションリサーチャーとして、人々が十分な情報に基づく自由な選択を行ってそれにコミットできるように、人々の選択に役立つ妥当な情報を生み出そうとしていると考えているならば、Kakabadse（1991）が指摘するように、妥当な情報とは極めて政治的なものだと気づくかもしれない。

したがって、アクションリサーチに取り組む際には政治的に機敏（astute）になり、Buchanan and Badham（2008）が「政治的アントレプレナー（political entrepreneur）」と呼ぶ存在になる必要がある。BuchananとBadhamの考えでは、この役割は、政治戦略・戦術の行動レパートリーと、そうした政治行動がどのように実行されるかに関する省察的で自己批判的な視点を持ち、チェンジエージェントとしてのリスク取得的で創造的な役割を強調する。Buchanan and Boddy（1992）は政治的役割によるマネジメントを、**表舞台活動**（performing）と**舞台裏活動**（backstaging）という二つの活動の視点から描写している。**表舞台活動**はあなたのパブリックなパフォーマンス役割として、変革プロセスで能動的役割を果たし、人々の変革への参加を積み重ね、変革の予定事項を合理的かつ論理的に実行していく活動である。一方、**舞台裏活動**は正当化（justification）、影響力の発揮と交渉、抵抗の打破などを通じて、組織の政治・文化システムに介入するスキルで構成される。あなたは内部者として、自分の組織のパワー構造と組織内政治を事前に理解しているので、自分のプロジェクトやキャリアについて妥協することなく、組織の政治条件を満たしながら動くことができる。

アクションリサーチ・プロジェクトに取り組む際には、組織の政治システムとの折り合いのつけ方を考えておく必要がある。そこには、組織がプロジェクトに要求することに関する明文化された正当化と、あなたの政治活動に関する暗黙のパーソナルな正当化との間で、バランスをとることが含まれる。あなたはプロジェクト全体を通して、自分が有効な変革の駆動者であると同時に機敏な政治的プレイヤーでもあるという信用（credibility）を維持しなくてはならない。その鍵は、関連する諸ステークホルダーのパワーと利害関心を、プロジェクトの複数の側面と関連付けて評価することにある。あるマネージャーは戦略的意思決定に非常に大きな影響力をもつが、予算配分にはほとんど影響力がないかもしれない。Aについて支援してくれる人は、Bについては支援してくれないかもしれない。

Pettigrew（2003）は、政治的アントレプレナーとしての自らの役割を回顧している。それによれば、自分のアドボカシーと熱意、エネルギーが、明確ないくつかの成果を達成する上で望ましい効果をもたらしたように見える場合は、とてもうきうきした気分になり、ものごとがうまくいかなかった場合は、逆に同様の失望を味わうことがあるかもしれない。振り返ってみれば、政治的に機敏に行為することと非倫理的に行為することとの違いは紙一重である。Pettigrewの見方では、アクションリサーチャーは、異なるさまざまなメンタルモデルとレベルで動く人々との間に、関係性と信頼を確立しなくてはならない。しかし、チェンジエージェントとして働くためには、必ずしも常にオープンで正直で透明性をもつ存在ではいられない。こうしたことからPettigrewは、政治的アントレプレナーの本当のスキルとは、そのゲームがすべてであること、そして、信奉理論（espoused theories）よりも「アクションの中で使用されている理論（theories-in-action）」が重要だと知っていることだと結論づけている。

Roth et al.（2007）は、政治領域での自分たちの行為の経験を描写して、四つの戦略を提唱している。

1. プロジェクトを組織に投錨し、正しいステークホルダーとスポンサーを見つける。
2. 組織の中で「世渡り上手」になり、どうやればそこでものごとがうまく成し遂げられるかを理解する。
3. プロジェクトによる最初の介入と変革が、組織の幅広い層のメンバーに広範なインパクトを確実にもたらすようにする。

4. アクションリサーチ・プロジェクトを，組織変革プログラムとして説明する。

〔政治的関係をマネージする〕

アクションリサーチ・プロジェクトの内容とコントロールすべき事項をマネージできるようになるために，そして，プロジェクトに影響を与え保障するパワーポリティクス過程をマネージできるようになるために，あなたは自分の上位者や同位者，同僚をマネージする必要がある。以下では，鍵となる10のパワー関係を検討する。第3象限のアクションリサーチ，すなわちシステムがアクションの中での自己学習にコミットしないアクションリサーチを実施する際には，これらのパワー関係のすべてを考慮しマネージする必要がある。第2象限および第4象限の研究プロジェクト，すなわちシステムがアクションの中での自己学習にコミットしている場合には，最初の二つはあまり重要ではないかもしれない。

■（組織内）スポンサーとの関係

もしあなたの組織内地位が中位か下位ならば，多くの場合，あなたにはスポンサーがいるだろう。スポンサーはプロジェクトの最初と最後の段階の双方で，研究を行う許可と主要なアクセスを提供する。研究が学位取得プログラムの一部である場合，スポンサーはあなたが大学の授業に出席するために時間を割き，研修休暇（study leave）を取り，研究のために組織の諸資料を使用する許可を与える。スポンサーがあなたと同部門の直属上司である場合は，スポンサーとの関係は親密で支援的なものだろう。そうではなくて，スポンサーが組織の別の場所，より上位の経営的ポジションにいる場合は，あなたはその関係を維持すべく努力しなくてはならない。研究プロジェクトを継続できるか否かが，それにかかっているかもしれないからである。時間の経過の中で，そのスポンサーが組織内の諸問題の根源であることがわかってきた場合，この努力は特に難しくなるかもしれない。その場合も、スポンサーには遅滞なく進捗を報告して助言を求める必要がある。そのようにスポンサーに情報を提供し続けることで、あなたに味方してもらい続けることができる。

スポンサーと他のエグゼクティブたちとの関係

あなたの信用とアクセスは、組織内でのスポンサーの地位と名声に依存しているかもしれない。もしスポンサーが他のエグゼクティブたちに好意的に思われていなければ、あなたの研究プロジェクトの認知に負の影響がでるかもしれない。スポンサーと組織内の他の諸パワーがどのようなパワー関係にあるかは、より上位の経営・管理層に研究を受け容れてもらうために非常に重要である。二次的なアクセスの可否は、この層で決まるかもしれない。あなたがアクセスの交渉をスポンサーに委ねなければならないか、あなた自身で他のエグゼクティブたちにアプローチすることを許されるかは、プロジェクトの性格によって決まるので、あなたは何もできないかもしれない。プロジェクトがどのようなものであれ、自分の信用と研究プロジェクトの価値を確立するために、あなたは独力で努力しなくてはならないだろう。

エグゼクティブたちの相互関係

部門間あるいは部門長個人間のパワー・ダイナミックスは、研究を促進または阻害する関連要因の一つかもしれない。あなたがある部門の出身であれば、他の部門から協力を得ることは難しいかもしれない。内部者リサーチャーであるあなたにとって、これは最も重要な意味をもち、同時に最もコントロールが難しい政治的力かもしれない。対応の鍵は、他部門の重要な人々とパーソナルな関係を築いて協力してもらうことである。もしかすると、そのうちの何人かはプロジェクトのメンバーになってくれるかもしれない。

あなたと重要な他者との関係

スポンサーと他のエクゼクティブたちとの関係がどのようなものであれ、あなたは重要な他者(significant others)との関係を確立できなくてはならない。重要な他者の多くは、主要なエグゼクティブたちかもしれない。シニア・エグゼクティブにインタビューをして、奇妙な質問だと思われかねないようなことを尋ねたい場合、この関係づくりは特に重要になる。もしスポンサーが失脚した場合、あなた自身の評判とプロジェクトを維持するには、重要な他者との確立された関係が必要となる。

エグゼクティブたちと上級経営層との関係

法人レベルの上級経営層は研究を阻害するかもしれないし、同意を撤回するかもしれない。エグゼクティブたちはあなた個人を知らないかもしれないので、この関係は疎遠になりがちである。通常、エグゼクティブたちにとって、プロジェクトの詳細を知る必要はない。あなたはそうした人々にアクセスできないかもしれないので、影響力を行使するのは難しいかもしれない。

エグゼクティブたちと組織メンバーとの関係

この関係には経営層と労働者、および経営層と複数の労働組合との関係が含まれるので、これらをマネージすることで、研究はそれに関連する組織の諸部分に受け容れられることになる。研究プロジェクトは、現在進行中の組織的諸関係の犠牲にされるかもしれない。従業員たちは、組織内で政治的レバレッジを獲得するために、自分たちの不満を表出するパワーツールとして、あなたへの協力に難色を示すかもしれない。その不満とは、プロジェクトとは無関係な、組織生活で係争中の、ある局面に関するものである。そうした状況ではあなたは無力であり、争議の解決は他者に依存せざるをえない。

部門間の関係

このケースでは、いくつかの部門は他の部門よりも大きなパワーを持ち、さらに複数の異なる下位文化が存在して、それらすべてが研究プロジェクトを促進または阻害するかもしれない。例えば、もしあなたが本部か法人の中枢部門で働いているならば、本部で働く人々全員に偏見をもっている地域担当部門の人々の態度に対処しなくてはならない。対処の鍵は、協力してくれるであろう重要な人々と、パーソナルな関係を確立することである。

研究者と部下との関係

あなたは重要な情報を、この関係に依存するかもしれない。部下は、研究を行おうとする上司に対して、全く正直ではない対応をする必要を感じるかもしれない。あなた自身の行動のマネジメントスタイルが、調査対象である諸課題の重要な要因かもしれず、そのため部下は正確な情報やフィードバックを提供したがらないかもしれない。そうしたケースでは、第三者が収集したデータの入手が不可欠になるかもしれない。

顧客またはクライアントとの関係

これらの人々は研究の究極の受益者であるかもしれず、あるいは実際の研究プロセスに関与するかもしれない。クライアントと顧客にアプローチすることは政治的複雑性をもっており、その人々に提供されるサービスへの期待を高めるかもしれない。

あなたと同位者（peers）との関係

同位者には、あなたの友人もいるかもしれない。そうした同位者を巻き込む研究に取り組む際には、とりわけ繊細な注意が必要であり、研究プロセスはストレスに満ちたものになるかもしれない。もし同位者や同僚が観察とコメントの対象ならば、その人々には十分な情報が提供され、能動的に参加してもらう必要がある。その人々はまた、起こりうる上位者による報復から保護される必要がある。同時に、あなたが同位者や同僚に好意的な偏見をもっているかもしれないこと、関係の親密さに惑わされているかもしれないこと、そしてそれ故に省察し批判できないかもしれないことに、十分注意する必要がある。同位者、同僚、そして上司は次のような質問をしてくるかもしれない。「何を観察しているの?」「私について何を書いているの?」「私は批判されているの?」アクションリサーチというアプローチに不慣れな人々にとって、毎日の仕事の中で研究するという考え方は理解しにくい。仕事をしながら、どうやって同時に研究できるのか? この問いは、研究とは何かについての理解が限られていることだけではなく、自分たちの言動が背後から描かれ批判される恐怖にも根ざすものである。内部者アクションリサーチ・プロジェクトのマネジメントは、支援を構築し主要な他者を巻き込むことによって、重要な諸関係に注目することを含む。例えば、もしCEOがあなたの探究グループのメンバーになりたいと言ったとしても、それはうまくいくだろうか? あなたはグループのメンバーに、自分は反対だと言えるだろうか?

Bjorkman and Sundgren（2005）は政治的アントレプレナーの体験を回顧し、それぞれの内部者アクションリサーチ・プロジェクトを、これら鍵となる10のパワー関係と関連づけている。「白熱する」課題の発見は、スポンサーやエグゼクティブたちとの関係、スポンサーと他のエグゼクティブたちとの関係、そして、エグゼクティブたちの相互関係と密接につながっている。BjorkmanとSundgrenは、そうした諸関係を直接マネージする必要に対処する**関係的プラットフォーム**（relational platform）に言及し，これら10のパワー関係のリストを拡張して，外部ネットワークの利用を含めることを提案している。

Friedman（2001）は，非技術的課題を扱う個人の研究には，往々にして克服不能な諸障害と高度な防衛的ルーチン（defensive routines）が存在すると振り返っている。それでは，政治的アントレプレナーであるあなたは，パブリックな表舞台活動と舞台裏活動にどのように従事するだろうか？ Kakabadse（1991）は六つのガイドラインを提示している。

1. ステークホルダーを同定する。プロジェクトとその成果に利害関係または関心をもつ人々を同定し，その人々にアプローチして，その意図を同定する。
2. コンフォート・ゾーンに働きかける。他者に対して，その人が受容，耐忍（tolerate），マネージできる行動や価値，観念を使って働きかける。これらが脅かされない限り，人々はより広い問題関心に焦点を当てることができるだろう。
3. ネットワーク。必要に応じて，公式の階層組織や構造を超えて，利害関心の連合体（coalition）をつくる。この連合体は主要ステークホルダーに対して，階層構造よりも大きな影響力を発揮するかもしれない。
4. 取引する。個人と集団が，他の課題に関する支援の見返りとして，ある特定の課題に関する相互支援に同意することは，組織で広くみられる。政策に関する合意を達成するための，一般的なやり方である。
5. 差し控える（withhold），撤退する（withdraw）。あなたは情報の提供を常に差し控えることは望まないかもしれないが，反対する動きに油を注がないように，時にはそうすることも有益かもしれない。

また、時には対立状況から撤退して、課題の処理を他者に任せることも有益である。

6. 他のすべての戦略がうまくいかないときのために、複数の退却戦略（fallback strategies）をもつ。言うまでもないが、これらは状況の要請と、あなたがパーソナルに処理しマネージできるものに依存する。

Friedman（2001）は、より特定されたガイドラインを示している。

1. 自分自身のリアリティと状況を、できるだけ具体的に描写する。
2. 上級および中級マネージャーに、その説明が彼らの理解と適合しているかを尋ねる。
3. もし重要な違いがあれば、その源泉を探究する。
4. さまざまなアクションの背後にある理由づけを常に探究する。
5. 現在の状況と、それに類似した未来の状況に対処するための戦略をデザインする。

Ramirez and Bartunek（1989）は、ヘルスケア組織での自分たちの内部者アクションリサーチ・プロジェクト事例の中で、役割葛藤について明示的に振り返り、二つの特定の事例を引用している。一つの事例では、内部者アクションリサーチャーは、会議をファシリテートする役割と同時に、他の会議参加者よりも地位の低い部門長の役割という、二つの役割に対処しなくてはならなかった。第二の事例では、役割葛藤は、よりはっきりと政治的であった。他の組織メンバーたちは、アクションリサーチャーが自分自身のポジションを作るために研究しているという噂を広めた。研究者はそうした政治行動の対象となることを想定していなかったため、多くの傷みを経験した。

研究者たちはしばしば、自分たちは大きなパワーを持つ他者にアクセスを依存しているため、研究プロセスではほとんどパワーがないと考える。他者は、研究者たちはたくさんの知識を持っていて、研究に着手することができ、そこに誰を巻き込むかを選別しているため、研究者たちは大きなパワーを持っているとみるかもしれない。実際のところ他者は、リアリティについての研究者の見解が、所与のパブリックな見え方だと考えているかもしれない。したがって、自分自身の組織でアクションリサーチを行うことに関するいくつかの倫理的課題を、しかるべく検討する必要がある。

Williander and Styhre（2006）は、上級マネージャーたちがWilliánderのプロジェクトをどのように理解したかを振り返る中で、そのプロジェクトにおける社会的構築の特徴を暗黙に探索している。プロジェクトを開始できない理由として予算不足が語られたが、それはマネージャーたちが予算配分に消極的だったことが原因でもある。内部者アクションリサーチャーは、提案する研究プロジェクトを実施する明確な必要性と、実施によって生み出される変容状態を、十分明示的かつ財務的に好ましいものとして表現しなくてはならない。そうしない限り、上級経営層にとってプロジェクトは漠然とし過ぎていて、実施するわけにはいかないものである。WillianderとStyhreによれば、あるマネージャーはプロジェクトを「あなたの科学的ホーカス・ポーカス（hocus-pocus）（訳注：何かを変えるために唱える魔術の呪文）」と呼び、別のマネージャーは「これはあまりに理論的で時間がかかり過ぎるようだ。もっと単純に、なにかイノベーションをしようじゃないか」と提案したという。

省察と議論のための問い

- Williander のアクションリサーチ・イニシアティブへの反応はなじみのあるものか？　あなたはどのような経験をしたか？
- あなたは、他者があなたのプロジェクトに被せた構築を、どのように取り扱い、変更しようとするか？

役割と政治、倫理を統合する

アクションリサーチャーが、研究者の役割と組織的アクションの役割をどのように保持するかに関して、複数の倫理的ジレンマがある。組織的アクションの役割としては、組織のマネジメントに質の高いサービスを提供しなくてはならない。研究者としては、特定のプロジェクトの境界を超えて、知識の生成に貢献する責任がある。これらの別々の役割に関する倫理的ジレンマに加えて、アクションリサーチャーが同時に保持する複数の役割の統合に関わる、複数のジレンマがある（Benne, 1959; Lippitt, 1961; Kelman, 1965）。White and Wooten（1986）はKatzとKahnの研究を応用して、「役割エピソード（role episode）」という概念で、このジレンマに言及している。それは、「送る役割」と「受ける役割」の違いの曖昧さや葛藤を通して、倫理的ジレンマを研究することである。「送る役割（sending role）」は、アクションリサーチ役割が達成しようとする、さまざまな期待で構成される。「受ける役割（receiving role）」は、その役割と送る役割の両方を認識した上で、送る役割に同意または抵抗する役割である。White and Wooten（1986）が描写するように、この役割エピソードモデルは、チェンジエージェントとクライアントシステムの行動を調査し説明するのに有益であり、私たちのアクションリサーチャーに関する考察にも関連する。WhiteとWootenは倫理的ジレンマの次の五つのカテゴリーに、この役割エピソードモデルを適用している。

1. 誤った説明と共謀（misrepresentation and collusion）
2. データの誤用
3. 操作と強制
4. 価値と目標の葛藤
5. 技術的無能（technical ineptness）

Morton（1999）はアクションリサーチの二重の役割について、「役割汚染（role contamination）」の観点から、四つの倫理的ジレンマを記述している。

1. アクションリサーチャーたちは、クライアントに何を約束できるだろうか？ アクションリサーチャーたちは、自分たちが合理的に提供できることを超える約束をすべきではない。しかし、アクションリサーチのプロセスはイノベーティブで、一定のリスクを含んでいる。したがってアクションリサーチャーたちは、約束とリスクの両方を保持するジレンマに直面する。
2. アクションリサーチャーたちは、組織の時間と資金に関して、どれほど理論的になれるだろうか？ アクションリサーチャーたちはコンサルタント以上に、自分たち自身の知的関心を満たす価値の省察と理論化を行うが、それは組織のマネジメントには、ほぼ何の価値ももたらさないかもしれない。アクションリサーチャーたちは、自分たちの研究志向の活動とアクション志向の活動のバランスをとる必要がある。

3. アクションリサーチャーたちは、自分たちをどのように説明するだろうか？ 本業は学者で、同時にコンサルテーションも行うという説明にも、本業はコンサルタントで、学術的関心も持っているという説明にも、それぞれの落とし穴がある。それは聴衆がどのような人々で、その人々が学術研究者とコンサルタントを、それぞれどのように認識し何を期待するかに依存する。

4. アクションリサーチャーたちは、組織的アクションの質と研究の質との葛藤を、どのように解消できるだろうか？ 両者が調和することが望ましいが、必ずしもそうなるとは限らない。組織的アクションの失敗は、豊かな研究データを生成するかもしれない。もし組織的アクションが失敗する可能性の高い方向に向かっているならば、アクションリサーチャーたちは、どちらか一方を優先させなくてはならないという事態に直面する。

Humphreyは自分の内部者アクションリサーチにおける政治的ジレンマについての振り返りを、次のように締めくくっている。

「ハイフンを活性化することで、複雑な領域で生き残り成功する機会を増やすことができる。内部者-外部者の危難とは、彼女が何者であり何をしているかについて既得権益をもつ他者によって、目に見えない内部者-外部者の連続体の上で、彼女が押されたり引かれたりすることである。彼女は異なるアクターや聴衆によって、ある時は「内部者」にされ、またある時は「外部者」にされる。彼女は自分自身を見失ってしまうかもしれない。ハイフンを能動的に管理するとは、一人の内部者-外部者としての自分のユニークさを肯定的に評価することであり、複数の生活世界（life-worlds）の間を行き来する技法を涵養することである。内部者-外部者としての自分自身を大切にし、複数の生活世界の間の旅にコミットして初めて，彼女は自分自身とそのプロジェクトを他者から守ることができる。」（Humphrey, 2007: 23）

ジャーナリングは，政治的・倫理的諸課題を処理し探究するための，最も価値あるツールの一つである。第2章で説明したように，それは苦痛に満ちた体験の重荷を下ろすとともに，より省察的な空間でそれを明瞭に表現し省察するための道具にもなりうる。

Humphreyは彼女にとってのジャーナリングの意味を，次のように記述している。

「当然ながら，私のジャーナルは，「腹心の友（confidant）」と呼べる一人の「友人」となった。私がより多くのことを監視し，仲間の前で，より沈黙すればするほど，私はジャーナルにより多くのことを打ち明けたからである。ジャーナルは，私たちの不安な思考とフィーリングを，一切評価せずに吸い込んでくれる。私たちの身体の言語に即して絵を描き，魂の言語に即して詩を書くこともできる。さらに，私たちが後になって処理できるように，それらの資料を保存しておいてもくれる。私のジャーナルには，「難破船で砂漠の島にたどり着き」，「その砂漠で避難生活を送る」体験が書かれている。」（Humphrey, 2007: 18-19）

〔統合の事例〕

Holian（1999）は第9章と第10章で取り上げたいくつかのテーマを統合する事例を提示し，彼女の研究者としての追加的役割が，上級エグゼクティブとしての役割に，どのように複雑な次元を付け加えたかを記述している。彼女は，組織メンバーが彼女を信頼して「秘密裡に」情報を提供してくれた時，ある疑問に気づいた。その信頼は、研究者としての彼女への信頼なのか、それとも上級エグゼクティブとしての彼女への信頼なのかという疑問である。彼女がどちらの帽子を被っているかを、その時々に情報提供者に尋ねてみても、それだけではこの不確実性は解消されなかった。もしその情報が上級エグゼクティブとしての彼女に提供されたものであれば、彼女は他者に害が及ぶことを防ぐために、それに基づいて行動することが許された、あるいは行動する義務すらあったかもしれない。もしその情報が研究者としての彼女に提供されたものであれば、彼女はそうした行動をとる権利を持たないかもしれない。どのような役割であれ、組織メンバーたちは彼女が同一人物であること、自分たちが彼女に何を話したか、そして彼女がそれを忘れることができないことを知っていた。

組織メンバーが、彼女の研究者役割では使えるかどうかわからないが、エグゼクティブ役割では使用すべき情報を提供した時、彼女は倫理的ジレンマに直面した。役割の二重性の視点から見ると、このジレンマは、彼女の上級エグゼクティブとしての職位とアクションリサーチャーとしての役割の間の役割葛藤として理解できる。Holianの研究テーマは倫理的意思決定であったので、彼女は二重のジレンマに直面した。組織のための内容上のジレンマと、研究のためのプロセス上のジレンマである。彼女は協力的探究グループを立ち上げて、多様な組織で意思決定役割を担っている人々と一緒に参加した。グループのメンバーは、自分たちが経験した倫理的諸課題を議論し、お互いに励ましあって自分たち自身の経験を省察し、自分たちの組織で倫理的諸課題に取り組む新たなやり方を見出そうとしていた。

Holianは、組織の中で「議論してはいけない事柄（undiscussables）」を明るみに出すことへの反動に対して、自分がいかに準備できていなかったかを報告している。それらは隠蔽、知覚された権力の乱用、縁故主義、ハラスメント、報奨配分と不公正な差別に関わるものであった。これらの課題は彼女が想定していたよりも根が深く、よりショッキングで厄介なものであり、反動が襲ってきたときに、彼女は自分自身または他者の面倒をみる準備が適切にできていなかった。その結果、彼女は研究者、上級エグゼクティブ、そしてプログラムのファシリテーターという複数の役割のバランスをうまくとることができず、同僚の上級エグゼクティブとの決戦を最後に、辞任することになった。

アクションリサーチ・プロジェクトの政治力学から生まれるパーソナルな疑問やジレンマに注意を向け省察することで、真正性が生まれる。外的なダイナミックスは、他者の政治行動に注意を払うことに関するものであり、内的なダイナミックスは、あなたが政治活動に関与することをどのように考え、感じるかに関するものである。知的（intelligent）であるとは、政治的アクションの構造的パターンと、それらがその組織の状況でどのように展開されるかを理解することである。合理的（reasonable）であるとは、エビデンスを比較考量し、政治的アクションの要求を判断することである。責任を果たす（responsible）とは、自分がすると決めたこと、および二人称のアクションとして実行することに対して、責任をとることである。

結　論

自分自身の組織でアクションリサーチに取り組む時には、政治はパワフルな諸力である。探究プロセスのインパクト、主要なプレイヤーは誰か、プロセスの中でその人々にどのように関与できるのかを考える必要がある。倫理とは騙さないこと、害を及ぼさないこと、プロセスの中で誠実であることである。それは、誰にでもすべてを話す、または政治的にナイーブであることではなく、誰が主要な政治的プレイヤーであり、それらの人々が研究に参加することで、それをどのように価値づけるかを認識することである。政治力学は、自分自身の組織でアクションリサーチを行う際の、主要な障害物に見えるかもしれない。そのことであなたの意欲が削がれるかもしれない。にもかかわらず、政治行動で大いに盛り上がり、白兵戦を楽しみながら、自分たちのアクションリサーチ・プロジェクトを通じて違いを生み出そうと試みる人々もいる。

▼推薦文献▲

Brydon-Miller, M.（2008a）'Covenantal ethics and action research: Exploring a common foundation for social research', in D. Mertens and P. Ginsberg（eds）, *Handbook of Social Research Ethics*. Thousand Oaks, CA: SAGE, 243-258.

Brydon-Miller, M.（2008b）'Ethics and action research: Deepening our commitment to social justice and redefining systems of democratic practice', in P. Reason and H. Bradbury（eds）, *The SAGE Handbook of Action Research*（2nd edn）. London: Sage, pp.199-210.

Brydon-Miller, M., Greenwood, D. and Eikeland, O.（2006）'Ethics and action research'（special issue）, *Action Research*, 4（1）: 5-121.

Coghlan, D. with Brydon-Miller, M.（2014）*The SAGE Encyclopedia of Action Research*. London: Sage.（特に次を参照：'Ethics and moral decision-making', 'Feminist ethics', 'Institutional review boards'.）

Hilsen, A. I.（2006）'And they shall be known by their deeds: Ethics and politics in action research', *Action Research*, 4(1）: 23-36.

Reason, P. and Bradbury, H.（eds）（2008）*The SAGE Handbook of Action Research*（2nd edn）. London: Sage, pp.199-210.

エクササイズ10・1　倫理と政治を評価する

A　倫理的諸課題

1. あなたが他者と協働するときに、守秘性はどのように維持されるか?
2. あなたのアクションリサーチ・プロジェクトが「旅」であり、「進化する」ものならば、意味のあるインフォームド・コンセントとは、どのようなものか?
3. アクションリサーチは政治的諸帰結をもたらしうるものなので、他者に害を及ぼすことをどのように回避できるか?

政治的諸課題

1. 現状に挑戦する:あなたは、今までとはどのように違うやり方で、ものごとを行うことができるか?
2. 既存のパワー関係を変革する:あなたは既存のパワー関係を、あなた自身のために変革するパワーをもっているか?
3. 既存のパワー関係を再承認する(reasserting)システム:もしあなたがこのシステムを変える権限を持っていなければ、何をするか?

B:倫理と政治を評価する

表10・1をあなたのプロジェクトに具体的に応用するために、次ページ上の表中の各問いに答えて、自分で表を埋めなさい。

	タスク	プロセス
一人称	プロジェクトにおいて、あなたの特定の政治的・倫理的タスクにはどのようなものがあるか？	自分の諸目標を、倫理的および政治的にどのように達成していくか？
二人称	アクションリサーチ・プロジェクトの政治的ステークホルダーは誰か？それらの人々はどのような利害関心を満たすことを望んでいるか？	プロジェクトの目的を達成するために、異なるステークホルダーとどのように折り合いをつけていくか？
三人称	このプロジェクトに取り組むことによって、組織の政治力学を理解するために役立つどのような知識を、産み出そうとしているか？	自分の一人称および二人称の探究と実践から、そうした組織の政治力学に関するアクション可能な知識を、どのように作り上げていくか？

エクササイズ10・2　力場分析

Kurt Lewinの力場分析（force field analysis）は、さまざまな介入を、組織の政治的諸力と関連づけて評価し構成するための、最も有益なツールである。多くの組織開発のテキストで紹介されているように、力場分析は、問題解決や変革のマネジメントのために、Lewinによって創案された技法である。それは、いかなる状況においても、変化を駆動する諸力と抑制する諸力が存在すること、そして駆動諸力を増強するよりも、抑制諸力を減衰させることに重点をおくほうが、より有効であることを前提とする。一見すると力の場は、われわれがあるアクションを起こす際に、それを肯定する理由と否定する理由をリスト化する際に行うことと同じように見えるかもしれないが、実際は大きく異なる。肯定理由と否定理由は静的で合理的であり、正当化を必要とする。力場分析では、ある状況に影響を与えている諸力がリスト化される。したがって、政治的な駆動諸力と抑制諸力からなる力場は、組織政治で何が起こっているかについて、有益な洞察を提供してくれるかもしれない。そして、抑制諸力を減衰させる諸介入を構築するために役立つかもしれない。

力場分析は5つのステップで構成される。

ステップ1. 変革を必要とする課題と、望ましい変革の方向性を記述する。
ステップ2. 変革を駆動する政治諸力と抑制する諸力を、それらが相互に対抗するような形で図示する。
ステップ3. 諸力に重みづけを行い、どの力が他の力より強くパワフルであるかを明らかにする。
ステップ4. 抑制する諸力に焦点を当て、重要な諸力のどれに働きかけが必要であり、どれに働きかけが可能であるかを評価する。
ステップ5. それらの諸力を減衰させる計画を立てる。

第11章 内部者アクションリサーチを書き上げる

この章では、自分の内部者アクションリサーチの論文を書き上げ、広めていくことについて検討する。私たちはこれを二つのコンテクストで行うこととする。（一つは）修士や博士等、学術的単位認定のための論文を書くこと、（二つめは）レポートや記事を書くことである。前者についてはアクションリサーチの学位論文の執筆に関する価値ある論文が存在している（特にDick, 1999; Zuber-Skerritt and Perry, 2002; Herr and Anderson, 2005; Coghlan and Pedler, 2006; Zuber-Skerritt and Fletcher, 2007; van der Meulen, 2011）。私たちは上記の論文を引き合いに出し、これらの個別の論文の内部者アクションリサーチに関する私たち自身の省察を引き出すこととする。後者については本章の後半で議論する。

アクションリサーチの学位論文

学術志向のアクションリサーチ・プロジェクトの最後には、あなたは学位論文を書かなくてならない。非学術的コンテクストではレポートを書くかも知れないし、記事や論文を書きたいと思うかも知れない。あなたが出来事の記録を残し、自分自身の個人的なジャーナル紙や省察を更新することで、プロジェクト全体を通じて書き続けていることを、私たちは想定している。リアルタイムやその出来事の直後に、記録やノートを取り続けることは重要である。何が起こったのか、その時に何を考えていたのか、そして自分が行った洞察や判断について正確に記録するためである。

アクションリサーチは、伝統的な研究とは別の形態であることに留意されたい。

- 伝統的な研究は「知っていること」から始めて、「何を知らないのか」を探し求める。
- アクションリサーチは「知らないこと」から始めて、「何を知らないのか」を探し求める。
- 私たちが知らない、「私たちが知らないこと」は、アクションリサーチの特別な成果である。

第2章で議論したとおり、Zuber-Skerritt and Perry（2002）が「コア・アクションリサーチ・プロジェクト」、「論文アクションリサーチ・プロジェクト」と名付けた、同時並行的に実行される二通りのアクションリサーチ・プロジェクトが存在する。ここでは論文アクションリサーチに焦点を当てる。それは、どのようにコア・アクションリサーチが設計、実行、評価され、どのような役割が見出され、現在それをどのように省察しているのかについての、アクションの中での探究である。

学位論文は学術文書であり、それ故、学術的必要要件を満たす必要がある。その要件はトピックやアプローチの正当性、記述や方法論、探究の方法の厳密さについてのディフェンス、既存の内容についての精通、文献の扱い、知への貢献である。学位論文においてアクションリサーチであるが故の違いはない。しかし、その書き方と議論（の方法）は、伝統的な書き方とは異なる。

Zuber-Skerritt and Fletcher（2007）は、コア・アクションリサーチと論文アクションリサーチの相互関係性を詳細に検討している。図11・1では、コア・アクションリサーチ・プロジェクトは協働的冒険であり、第2章、第3章で議論したとおり、一人称、二人称プラクティスの多数の継続的、同時並行的サイ

図11・1　アクションリサーチ論文の概念モデル
(Zuber-Skerritt and Fletcher, 2007: 421) から許可を得て引用

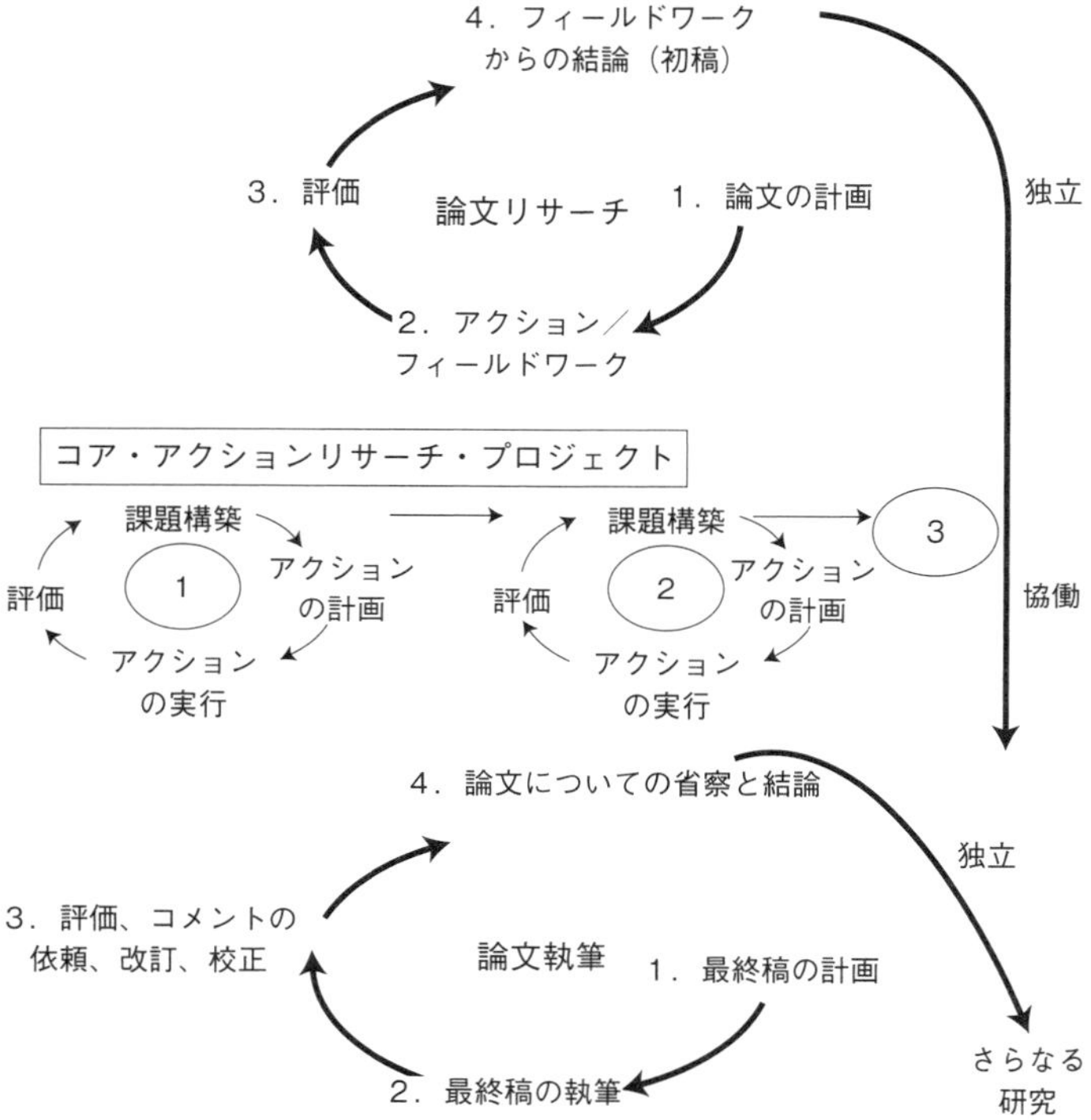

クルによって、アクションと省察のサイクルが起こる場におけるものである。**論文**リサーチプロジェクトは、全体のプロセスの両端における、独立した作業が含まれる。本章では、学位論文執筆サイクルに焦点を当てる。

学位論文の課題構築と執筆

アクションリサーチの学位論文の執筆に関する実践は、典型的には以下の構造を示唆している。

- 研究の目的と合理性
- コンテクスト
- 方法論と探究の方法
- 質について議論する

- ストーリーと成果
- 自己省察とアクションリサーチャーの学習
- 経験と理論に照らしあわせたストーリーについての省察
- 広いコンテクストへの拡張と、利用可能な知識の明瞭化

このような構造は、それぞれの見出しが必然的に章（chapter）になるべきことを意味しているとは言わないまでも、正式に扱われる必要がある。例えば、ストーリーは幾つかの章に広がるかもしれないが、それはその長さ、複雑さ、研究プロジェクトの程度によって決まる。

〔研究の目的と合理性〕

自分の研究の目的と合理性について提示する時、実際には学術的コンテクストにおいて提示していることになる。これには「何故、自分が選択したアクションは実行するに値するのか」「何故、それは学習するに値するのか」「何が、理論と実践の世界に貢献するのか」について述べることが含まれる。アクションリサーチの学位論文を書く最初の段階において最も決定的に重要な点は、自分がしている活動を学術的事例にすることである。それは信頼性についての議論だけでなく、自分の作業を学術的コンテストに置くためのフォーマルな努力をすることでもある。

〔コンテクスト〕

第4章で、コンテクストについて主要な議論を素描した。自分がプロポーザルで素描したことについて、ここではそれを深く書くことになる。学術的コンテクストは同様に重要である。自分のプロジェクトにお

ける社会的、組織的コンテクストをレビューするだけでなく、同様のコンテクストでなされた研究をレビューし批判する必要がある。私たちはこれらの研究文献を最初の（outset）文献と呼ぶ。それは自分の研究の最初の段階で読み議論し批判する文献で、自分の研究を実行に導き、自分の貢献についてドアを開くことを助ける文献である。

Williander and Styhre（2006）は、Williander自身による、Volvoにおけるエコ・カー（eco-benign car）の製作についての内部者アクションリサーチの、主たるコンテクストに関する論点を素描している。それは自動車産業全体を貫く外的要因やVolvoが直面している挑戦を明示的に議論し、Volvoは二種類の変革を必要としていたと結論している。「グリーン化（going-green）の可能性をより客観的に評価できるようになるために、技術パラダイムのロックイン効果（lock-in effects）に縛られたマインドを封じ込める」という変革と、「その可能性を開拓するために必要な諸能力を創造する」という変革である（2006: 243）。

〔方法論と探究の方法〕

自分のアプローチを素描し正当化する方法論についての主要な節である。ここで、自分のアクションリサーチのアプローチ、方法論、探究の方法を記述する。方法論は自分の哲学的アプローチである。方法は自分が実際にしたことを記述するものである。実際、あなたは方法論と探究の方法を明確にする必要がある。

どんな研究の学位論文でも、第一に自分の方法論、ここではアクションリサーチについて、その理論と実践をレビューする必要がある。それは定義と歴史、主たる哲学的教養を提供することである。第二に自分自身のフィールドにおけるアクションリサーチの実践について、例えば看護、教育、情報システムについての研究等をレビューする。第三に特に一つのアプローチを主に利用する場合、自分が用いるアクションリサーチの特別なアプローチを記述しレビューする必要がある。故に，例えばアプリシエイティブ・インクワイアリー，協力的インクワイアリー，アクション・ラーニング等の理論と実践について適切にレビューと批判をするのである。

方法論に関して，自分が関与しているプロジェクトに対して適切で，充分な厳密さと長い伝統を持つ，通常の自然な研究パラダイムを用いることを伝える必要がある。Dick（1999）が簡潔に指摘しているように，他のアプローチの限界をネガティブに批判するよりも，自分のアプローチをポジティブに議論をすることが重要である。前章で説明してきたとおり，アクションリサーチの文献は，どのようにアクションリサーチを科学的に厳密にするのか，広範囲な正当化（の根拠）を提供してきた。すべてのリサーチは厳密さを必要とするが，アクションリサーチは，より特定的に厳密さを示さなければならない。何故なら，あなたはアクションリサーチにおいて，典型的には曖昧な問いから始め，開始段階では方法論についても曖昧であり，初期段階では曖昧な回答しかもっていない。プロジェクトが進展するにつれて，自分の方法，答え，問いは，より曖昧でなくなってくる。曖昧さから明瞭さへの進展は，アクションリサーチ・サイクルのスパイラルの本質である。したがって，厳密さを達成し（学位論文審査の）ディフェンスを行うために，自分が用いた手続きを明瞭に提示する必要がある。Dick（1999）はこの点を以下のとおり強調している。すなわち，

- 自分が用いたアクションリサーチ・サイクル
- 矛盾したり確証させるような諸解釈を提供するため，どのように複数のデータソースにアクセスしたのか
- プロジェクトを通じて，どのように自分の仮説と解釈に挑戦し検証したのかについての証拠

・自分の解釈と成果が既存の文献によってどのように挑戦され、支持され、また、棄却されたのかを示すことを意味するのである。

〔質について議論する〕

第1章で議論した通り、自分のアクションリサーチ・プロジェクトの質をどのように確保しようとしたのか、明確にすることが重要である。質の基準を確立し、アクションリサーチにおける質を探索するのに有用であり、学位論文の作業に応用可能な、幾つかのフレームワークが存在している（Levin, 2003; Herr and Anderson, 2005; Reason, 2006; Zuber-Skerritt and Fletcher, 2007; Pasmore et al. 2008）。

Shani and Pasmore（2010〔1985〕）によるアクションリサーチの完全理論の点からすれば、プロジェクトの質は、

・コンテクスト
・関係性の質
・アクションリサーチのプロセスそのものの質
・成果

を、自分がどのように提案するかによる。

このシンプルな4点のフレームワークは、特に修士論文で使いやすい。同様にシンプルなフレームワークは、Levin（2003）の4点の基準：参加、現実的な問題、共同的意味構築、実行可能なソリューションである。

- 参加（Participation）―アクションリサーチは、自分とシステムのメンバーの間の協働を、どの程度反映しているのか？
- 現実的な問題（Real-life problems）―アクションリサーチのプロジェクトは、現実の生活における実践的な成果への関心に導かれているか？　プロセスの一部分として継続的、反復的な省察によって統制されているか？
- 共同的意味構築（Joint meaning construction）―自分とシステムのメンバーの間の協働的プロセスにおける出来事の解釈、意味の明瞭化、理解の構築となっているか？
- 実行可能なソリューション（Workable solutions）―アクションリサーチ・プロジェクトは、重要な実行と持続可能な成果を産み出しているか？

Herr and Anderson（2005）は以下の5種類の「妥当性（validity）」を検討している。すなわち、成果、プロセス、民主的、触媒的、対話的である。Reason（2006）の選択点を用いると、自分の研究がどのような点で評価されるか自問することが可能である。

- 実践の世界を明示的に目的としており、実践の世界に明示的に根ざしていること
- 明示的、アクティブに、参加的であること。：人々に**対して**（on）よりも、人々と**一緒に**（with）、人々の**ために**（for）リサーチをすること
- 知ることについて幅広い方法を描写していること。それは、概念的であると同様に直観的、経験的、提案的であることが含まれ、適切に理論構築に連結しているものである。
- 「意味がある（significant，重要である）」という言葉に値するものであること。

•新しく、耐久性のあるインフラが現れつつあること。

Reason（2006）は、研究においてこれらをすべて同じく高い質を保つことはできないので、アクションリサーチャーは上記の選択点を自覚する必要があることを示唆している。学位論文を構想する際、現在時制において、自分が（過去に）研究していた時にどのように選択したのかを述べる必要がある。第2章で概要を述べたとおり、経験に即した認識法を用いることによって、自分が経験した出来事の理解について、その洞察をどのように検証したのか、証拠に重み付けをしたのか、そして、どのように価値判断や意思決定をしたのかを示すことができる。つまり、あなたはどの選択点で判断されるかを選ぶことが可能であり、これらを明確に見える化（transparent）することが可能なのである。

方法論の節において、自分はどのようにアクションリサーチを実施したのかを記述し、そして、探究の方法として以下の諸課題の内容とプロセスに言及する。

•論点の構成と選択
•参加と支援の構築
•データへのアクセスと生成
•記録されたデータ：会議のノートや議事録、ジャーナル、どこで、どのような観察、インタビュー、質問票を用いたのか、
•プロジェクトの実施段階で、アクションリサーチ・サイクルにおいて他人とどのように関与したか
•第6章で示した政治的、倫理的次元の取り扱い、特に省察的学習に関して、等々

〔ストーリーと成果〕

学位論文の核心はストーリーもしくは一連の出来事である。初期の原稿では時系列の語り（narrative）に関連したストーリーを構想し、重要な時期もしくは特定のプロジェクトの点から構築するであろう。この段階の原稿ではこれらの語りは一定の時期、特定のプロジェクトをカバーしているものであろう。これは執筆の最初の段階において、論理的順序に従ってストーリーを紙に書くことを可能にする重要な構造である。ストーリーを書く次の段階ではこれを省察し、どのようなテーマが現れるか、自分の洞察を検証する。そうすることで、あなたは、ある時期のイメージやテーマ、自分が受け取ったプロジェクトの意味について影響を受けていることに気付き、綜合（synthesis）に導かれるのである。

アクションリサーチャーは、しばしば学位論文の執筆中に起こることに驚かされる。彼らはノートやファイルの中のことを機械的に書くことだけが仕事と考えている。しかし、執筆期こそが全く新しい学習経験であることを、経験が教えてくれる。ここが綜合と統合（integration）が起こる場所である。会議やイベントや組織のデータ、ラップトップPCに貼り付けられたメモ、不用な紙やディスク、本や記事のメモなどの大量の詳細データとして、以前は分断されていたモノから新しい現実が現れてくるのである。つまり、モノが意味を持ち始め、意味が形づくられ始めるのである。多くの研究者にとって「全体として何をしているのか」気付くのは、この時なのである。

ストーリーを書くことは綜合への鍵である。あなたは、必要とされ利用可能なモノ以上の詳細を扱いがちである。それ故、何を加え、何を外すのか、選択し始めることによって、ストーリーの中で何が重要かという視点が形成され始める。実際にはそれはアクションリサーチそのものの、次の段階における省察的実践となる。原稿を書き、改訂し、指導教員にコメントを求め、省察し、自分が書いたモノが全体に対して適切であるか、その方法を理解し、そして、結論が形づくられるサイクルに関与するに従って、執筆のプロジェクトはアクションリサーチのプロジェクトになる（Zuber-Skerritt and Perry, 2002; Zuber-Skerritt and Fletcher, 2007）。このことは、ノートから機械的に書き取る作業という、あなたが持っていたイメージとは、大きく異なるものである。

ストーリーを提示するにあたって決定的に重要なことは、起こった出来事（それは議論の余地がないものであるが）と、あなたがそれらの出来事に付与する「意味」を区別することである。あたかもニュース速報やビデオカメラで何が起こったのか記録しているように、基本的なストーリーを別途提供することが大切である。McTaggart（1998）が示唆しているように、語りは十分に包括的かつ明瞭である必要がある。何故なら、読者が最後まで読んだ時に、その研究の妥当性、知識創造への主張、推定への主張について、読者自身で判断ができる必要があるためである。この方式の書き方は、その証拠を事実に基づき中立な方法で提供する。出来事についての自分の見方やそれらの意味についての理論化と、ストーリーを伝えることとを混合してはならない。これは多分、章の最後やストーリーの特定のフレーズの後に来るものである。ストーリーとセンスメイキングの峻別、どれがストーリーでどれがセンスメイキングかを明確に述べることで、自分のアプローチに方法論的厳密さをどのように適用しているかをデモンストレーションすることになる。語りとセンスメイキングを結びつけることは、偏りのあるストーリーテリングとして批判され、読者があなたの仕事を評価することを困難にしてしまう。

Winter（1989）は、書き方は自分自身の学習プロセスを反映すべきであり、他人を評価するものとしてはならないと主張している。それに関連して彼は、他人の言葉を分析して、自分は何が起こったのかを理解しているが、他人は理解できないことを示すような、研究者として優位な役割に自分を置くコメントは除外すべきであると示唆している。彼によれば、あなたのコメントは、多くの人々が参加している仕事上のコンテクストにおける筆者の単独の声として、あなた自身でリスクを取るべきである。

あなたがストーリーを伝える際に、自分自身の省察を用いる有効なテクニックは、一定の時間間隔で、あなたがちょうど物語ったことについての省察を加える、ト書きの「**省察的休止**（reflective pause）」（の箱）を入れることである。ここでパブリックな省察を得ることができ、あなたの思考や洞察の流れを示し、次に何を計画するのか、その理由を共有するのである。このテクニックは、事実についての語りと、あなた自身の反応、解釈、アクションプランの、二つを混乱させないように記録するメカニズムを提供する。読者はストーリーで何が起こっているのか、あなたの思考やアクションの論理に引き続いて（ト書きの）箱を読むことで、「その時、あなたが何を考えていたのか」「展開している状況を、あなたがどのように解釈していたのか」を見ることができる。これは、「二人称の語り」に沿って「一人称の語り」を入れるツールである。あなたの経験に即した認識法の利用と「一人称の真正さ」の探究について、具体的なデモンストレーションを提供するのである。

アクションリサーチの学位論文では、あなたのセンスメイキングの記録は、しばしば三つの形式を取る。第一の形式は、例えば、右記のト書きの箱による省察的休止のテクニックで記述した、進行中の語りにおける特定の出来事についての意味付けである。Bourner（2003）は、省察的学習と批判的思考を行うには、どのようにそれらの出来事があなたを驚かしたのか、落胆させたのか等々を記録することが有用だと示唆している。これらの記録は省察的休止の中で共有されるかもしれないが、一人称による注意の内側の弧が、どのように二人称の外的な出来事とそれらに伴う洞察に適用され、三人称の洞察が創造されるかを説明する。第二の形式は、章や節の終わりにおいて、その出来事にあなたがどのように意味付けするのかを提供する。読者が、あなたが何をしているのかを知った上でストーリーに戻り、どのようにあなたの解釈が意味付けられたのかを知るために、これを明確にするのである。重要な点は、センスメイキングの節が、ストーリーの語りから大きく外れないことである。もし、特に学位論文においてすべてのセンスメイキングを章の終わりに記述した場合、読者はあなたが何を参照しているのかを記憶することは難しい。第三の形式は、学位論文の終章に向けて、より詳細な解釈を統合した一般的な章である。それは全体のストーリーのセンスメイキングの概要を提供し、研究の目的とコンテクストとアクション可能な知識を結ぶものである。

この段階において、あなたは内容に関するより多くの文献を引用することになるだろう。私たちはこれを**創発する**（emergent）文献と呼んでいる。ストーリーが進み意味付けがなされるに従って、あなたはより特定の、新しい分野の内容とプロセスに引き寄せられ、それに関する文献を読んでレビューしなければならないことに気付く。アクションリサーチ・プロジェクトが進捗するに従って、特定の関連する内容の領域が出現するため、プロジェクトが進捗するまで、綜合の焦点が何であるかはよくわからないことが多い。内容文献は、ストーリーが進むと焦点が定まり始め、ストーリーの枠組みに直接的に関連するようになる。第4章のAngelaは、彼女自身のアクションリサーチが進捗するにつれて、チーム・ダイナミックスがその中心となった。そこで彼女はチームワークやチームの発展段階についての書籍や記事を読み、それがチームの中で何が起こっているのかを意味付けすることを助け、プロジェクトをリードする彼女の、チームにおける役割をアシストしたのである。これが彼女のプロジェクトで創発した文献分野であり、最初の段階では予測することが出来ないものであった。

〔アクションリサーチャーの自己省察と学習〕

アクションリサーチの学位論文の重要な部分は、自分自身の学習の省察である。アクションリサーチのプロジェクトのある一定期間、組織的システムに介入し続けることによって、自分が何を学習したのか、変化させるべきシステムだけでなく、アクションリサーチャーとしての自分自身を明確に述べる必要がある。Humphrey（2007）とMoore（2007）の事例で扱ったとおり、プロジェクトはあなたの仮定、態度、スキル、現存する組織関係に対して数多くの挑戦をしてくる。既述した省察的休止の（ト書きの）箱において数多くの学習に関する論点が述べられており、アクションの中での省察が捉えられている。一人称、二人称、三人称の三つの声の統合に貢献する点において、一人称の資料は重要である。

〔経験と理論の光に照らされたストーリーの省察〕

出版されたアクションリサーチに対する最も一般的な批判の一つは、理論が欠落しているというものである。言い換えると、アクションリサーチの記録はストーリーを伝えることだけであり、理論の創発に取り組むことも、知識に貢献することもない、という批判である。結果的に、あなたのアクションリサーチ・プロジェクトは、確立された理論を応用するか、もしくは、理論を拡張し発展させる必要がある。修士か博士かという学術的プロジェクトの範囲は、期待される内容の重要な決定要因である。

もしあなたがアクション志向のＭＢＡプログラム等、古典的なアクションリサーチに取り組む修士課程に在籍しているのならば、あなたは、何が起こっているのかを意味付けるフレームワークを用いることになる。産業分析や企業業績などを意味付けるのに役立つフレームワークを用いるかも知れない。あなたはこのフレームワークを用いてストーリーと理論を並べ、それによって理論とその応用についての理解を提供する。

もしあなたが修士や博士課程で研究志向のプログラムに取り組んでいるなら、ストーリーと理論を並べるだけでなく、理論を拡張し発展させなければならない。この拡張は帰納的プロセスであり、アクションリサーチ・プロジェクトを実施するにあたり、システムのメンバーと共に実行するアクションリサーチ・サイクルを省察するという、メタ学習から出てくる。この現存する理論の拡張や発展は、内容もしくはプロセスかも知れない。

〔広いコンテクストへの拡張と利用可能な知識の明瞭化〕

ストーリーについての省察や利用可能な知識の明瞭化の結果、研究プロジェクトがどのようにしてより広いコンテクストに拡張（移転）されうるのかを明瞭にする必要がある。このような拡張は、あなたの研究に対する「だからどうだというのか？（So what?）」という問いへの答えとなり、私にとって、私たちにとって、彼ら彼女らにとっての良い研究という議題（agenda）を仕上げるのである。それは一人称、二人称、三人称研究に統合されるものである。何故、直接関わっていない人が、私の研究に興味を持ってくれるのであろうか？

アクションリサーチ・プロジェクトは状況特殊的であり、普遍的な知識を作ることを目的としていない。同時に、局所的な状況を、より一般的な状況に拡張していくことは重要である。あなたはアクションリサーチャーとして、すべての組織はあなたが学習した通りに振る舞うと主張することはない。しかしながら、ある重要な要因に着目し、その他の組織、多分、同様の組織や同様の種類のチェンジプロセスを経験している組織にとって、どれが有用かを熟慮することは可能である。

実践的な組織成果と学術的評価の両方に直結するアクションリサーチをする本書の読者は、二つの書類を制作することが有用であろう。組織内の読者は主にストーリーと分析に興味があり、学術的な学位論文の中心である学術的引用、方法論や文献レビューへの批判、学派の考え方の間の理論的相違の議論にはあまり興味がない。組織内の読者のために、研究者は学術的要件を省略し、中核となるストーリーとその分析を含むレポートを制作するのである。

普　及

アクションリサーチの普及は、すべての形式の研究の普及と同様の方法で起こる。学位論文は図書館に収蔵され、その要約は要約索引で配布される。そして、記事や論文は学会誌や著書として投稿される。本書を通じて、私たちはこのように出版された多くの記録を参照している。

先に言及したとおり、研究レポートを書いてそれを普及させるにあたり、政治的感度（political sensitivities）は典型的な重要課題である。レポートの内容には、競争相手が興味をもつ機密の資料やデータが含まれることもある。個人が特定され、ストーリー内の出来事における報告されたその役割は、称賛されるようなものではないかもしれない。事例とアクターを特定できないようにする協定が適用されるかもしれない。Krim（1988）とMoore（2007）は研究した組織を特定していないが、多分ほとんどの読者にとって、そうした特定はどうでもいいことで、研究のテーマや方法論よりも関心は低いだろう。Williander and Styhre（2006）とRoth et al.（2007）では、（研究した）組織はそれぞれVolvoとAstraZenecaと特定されている。

アクションリサーチの普及における特別な応用は、プロジェクトの共同研究者に参加してもらうことである。結論を形成する際には、共同研究者に関与してもらう、倫理上の義務があるかもしれない。例えば、

Meehanが論文を執筆している時、ストーリーや省察の章の複写をグループに回覧しコメントを組み入れた。その後、Coghlanと論文を書いた際、彼は原稿をグループに回覧した（Meehan and Coghlan, 2004）。Nielsen and Repstad（1993）は以下のようにアドバイスをしている。

- 自分が保持できる以上の大きな匿名性を約束してはいけません。
- アクターの分析を真剣に受け止めなさい。
- 潜在的な解決を示唆しなさい。
- 可能な限り多くの人々と議論する機会を持ちなさい。

出　版

第1章のShani and Pasmore（2010［1985］）によるアクションリサーチの定義に戻ると、レポートや記事のために、章を成立させる構造と基礎として、四つの要因を用いることが可能であろう。

- どのようにコンテクストを査定（assess）したのか。
- システムにおける研究者とメンバー間の協働関係の質。
- アクションと省察のサイクルとしてのアクションリサーチのプロセスそのものの質が実現されている。
- 二重の成果は、あるレベルでの持続性、アクションからの自助とコンピテンシーの発達、探究からの新しい知識の創造を反映している。

ここには、これら四つの要因をどれほど厳密に、省察的に、関連性をもって適用するかについての議論が含まれる。例えば厳密さは、ある視点からは、ある特定の組織的課題が業績にどのように影響するかを評価する際に、科学的検証の基準を用いることとして理解される。もしそのような環境にいるならば、自分のプロジェクトにおいて、科学的に作られたデータの分析や解釈が、どのように厳密に議論されたかを示す必要がある。同様に、もし省察を、他人の関連した仕事を参照しながら新しい洞察や理論を構築していく、共同的、集合的なプロセスとして見るならば、コンテクストの要因が省察の質にどのように影響を与えるのか、および、そうした省察のための最も適切なコンテクストを促進する対話プロセスのデザインを議論に含める必要がある。最後に関連性を、実践家と学術のコミュニティの両方の関心事に取り組むこととして理解するならば、探究とアクションのプロセスと成果を、両方のコミュニティに向けて示す必要がある。

アクション・ラーニングの分野では、Mann and Clarke（2007）が、自身の実践の記録を出版しようとする実践家に対して挑発的なスローガンを明確に述べている。「書き下ろして、書き出して、書き上げろ」は洞察に富むアプローチで、アクションリサーチの記事を通じて自分が何をどのように言いたかったのかを省察するための有用な構成概念（construct）である。MannとClarkeの論文はアクション・ラーニングの用語法を用いているが、自分の仕事はどのようなものか、自分の仕事は実際どのようなものか、自分の仕事は実際、現実にどのようなものか、を軸に仕事をやり通せという中核メッセージは、刺激的で支援的である。

アクションリサーチャーが自分の仕事を出版する際に直面する、ある種のジレンマは、研究者もしくは著者として自分自身に言及する時に、個人的な一人称の語りのスタイルか、非個人的な三人称の語りのスタイルか、どちらかを選ばなければならない点である。それに関して合意はない。例えばKrim（1988）、Holian（1999）、Humphrey（2007）、Moore（2007）は、一貫して自分自身を‘I’と表記している。

Willander and Rothは共同執筆をしているが、非個人的な三人称の形式を使っている（Willander and Styhre, 2006; Roth et al., 2007）。私たちの経験からのガイドラインは、もしレポートに、ストーリーにおけるアクションのエージェントとして著者-研究者（author-researcher）の個人的学習の省察が数多く含まれているならば（例えばKrim, Humphrey, Moore 等）、出版されるレポートは一人称の語りによってその記述の迫力が増すことになる。三人称の語りは客観的な隔たりの感覚であり、一方、一人称の語りはストーリーの語りと研究者による解釈とを区別することが求められ、センスメイキングは明確である。

Marshall（2008）はアクションリサーチの執筆における役割の形式を省察し、以下の実践を提示している。

- 何をすべきかよりも、何であるかを述べることを受け入れ、求めること。
- 規律を用い、創発（emergence）を尊重する。
- 何が作られようとしても、自分の中の「作家」を呼び起こし、自分自身の声を反映させる。
- 執筆のための、共鳴を起こす空間と状態を創る。
- 出現する形式を守り、（正当な）権威を主張する。
- 形成を導く想像的、比喩的（metaphorical）（なモノ）に価値をおく。

結論

内部者アクションリサーチを実施する実践家対象の博士課程プログラムに関して、Coghlan（2007）は、誠実さをもって仕事をする研究者-実践家（scholar-practitioners）によってなされる一人称、二人称、三人称の探究とプラクティスとの正確な統合を主張している。役員によるアクションの中での学習の一人称プロセスは、共同探究の精神で、変化の構築と実施のための二人称の協働プロセスに結び付けられ、三人称プラクティスの双子の要請に取り組むものである。組織に対するアクションの要請と、学術コミュニティに対する知識創造の要請は、一人称、二人称の探究とプラクティスから現れる、三人称の貢献として実現される。

アクションリサーチの仕事を書き上げ出版することは学習行為であり、アクションリサーチ・プロジェクトそのものである。記事を書くにせよ学位論文を書くにせよ、自分のすべての経験、洞察、判断、自分が作業するシステムの中で起こっていること、自分自身の個人的学習が統合されたデータ、以上の複雑性をまとめ上げて書くのである。ストーリーを伝えること、ストーリーを意味付けること、センスメイキングのための厳密な方法論を適用すること、以上は、他人に対して価値ある成果を必ず生み出す、有用な知識を創りだすことに直結している。

▼推薦文献▲

Bradbury, H.（2008）'Quality and "actionability"：What action researchers offer from the traditional of pragmatism', in A.B. Shani, S.A. Mohrman, W.A. Pasmore, B. Stymne and N. Adler（eds）, *Handbook of Collaborative Management Research*. Thousand Oaks, CA: Sage, pp. 583-600.

Coghlan,D. with Brydon-Miller, M.（2014）*The SAGE Encyclopedia of Action Research*. London: Sage.（See especially: 'Disseminating action research', 'Dissertation writing'.）

Levin,M.（2012）'Academic integrity in action research', *Action Research*, 10（2）: 133-149.

Marshall, J.（2008）'Finding form in writing for action research', in P. Reason and H. Bradbury（eds）, *The*

SAGE Handbook of Action Research (2nd edn). London: Sage, pp. 682-695.

Pasmore, W.A., Woodman, R. and Simmons, A.L. (2008) 'Toward a more rigorous, reflective, and relevant science of collaborative management research', in A.B. Shani, S.A. Mohrman, W.A. Pasmore, B. Stymne and N. Adler (eds), *Handbook of Collaborative Management Research*. Thousand Oaks, CA: Sage,pp.567-582.

Shani, A.B. and Pasmore W.A. (2010 [1985]) 'Organization inquiry: Towards a new model of the action research process', in D. Coghlan and A.B. Shani (eds), *Foundamental of Organization Development*, Vol.1. London: Sage, pp.249-260.

第12章 結論

本書ではビジネス教育、ヘルスケア、ソーシャルワーク、第三セクター組織の実務経験者向け修士課程、博士課程プログラムで、とても一般的な実践であり続けている主題について探索してきた。

アクションリサーチは、アクションの実施とそのアクションについての研究である。それは介入を通じた実践の改善についてであり、入念な準備、計画、アクション、プロセスへの注目、省察、再計画、そしてそこからの学習と理論構築の正当化を要求する。そして、共同研究者としての他人と働くことを含む協働である。プロジェクトにおける個人的ゴールを達成すると同時に、組織にも貢献することを目指すアクションリサーチャーが、在籍する組織内でアクションリサーチをどのように為すべきか、そのダイナミックスに焦点を当てている。私たちは幾つかの鍵となるイメージを描いてきた。第一に、自分自身の組織を研究することは、「ぬかるんだ低地」（Schon, 2004［1995］）にいるようなものであるというイメージであり、そこでの探究は暗闇での「厄介な模索の繰り返し」である（Evered and Louis, 1981）。第二に、Weisbordによる映画製作における俳優兼任の監督のイメージである。つまり私たちは内部者アクションリサーチの研究者を、ぬかるんだ低地にいる役者‐監督として描いたのである。

アクションリサーチは、実践的な結果に関心を持つ実践知の領域で実施される。そこでは、ある状況においてなじみのあるものは、別の状況においてはなじみがないものかも知れない。したがって、私たちの日常における知は常に不完全であり、特定のタスクとある一時点における状況に参画することによってのみ完全となる。記憶された洞察は、新しい状況ではおおよそしか適用できない。それらは類似（similar）であっても、同一（identical）ではない状況における洞察なのである。時間の流れの中で、同一の状況は決して起きることはない。他の出来事が起こり、私たちはそれらを別のものとして記憶する。これが、私たち自身を見出し、何を発言し、何を為すかを決定する状況を意味付けるために、現在時制で知の実践的パターンを理由付け、省察し、判断する理由である。

私たちは3つの中核となる基礎的な要素にアクションを位置付けることで探索を開始した。

1. アクションリサーチにおいて、課題構築・計画・アクション・評価の螺旋状のサイクル、そして、内容、プロセス、前提の省察のメタ・サイクルはどのように用いられるのか？
2. 個人の研究者は、アクションの中でどのように知るのか？
3. 全体のプロセスは、どのように真に協働的であるか？

これらすべてにおいて重要なスキルは内観的省察（introspective reflection）であり、それによって他者に関与する際に探究とアドボカシーが結び付けられる。一方、自分自身の組織に関連した研究プロジェクトの多くの論点について、自分自身の組織を研究対象とすることの特別な挑戦は、事前理解における遠近の緊張を管理すること、役割の二重性とコミットメントの競合を管理すること、研究が完成した時に組織で自分の未来が確保されるように（組織）政治を管理すること、以上に関連している。

内部者アクションリサーチに関与することは、内部者アクションリサーチャーであるあなたにとって、一人称探究を行うという重要な挑戦となる。あなたは主になじみのあること、日常的な出来事としてあなたが出会う人々や組織儀礼に直面することになる。なじみがあることは探究を抑制するので、なじみのあることを知る方法を開発すること、そして、変化し続ける組織の生活の中で起こっていることを理解し行為することを可能とする実践的知識を開発することが挑戦となる。なじみのあることの中で探究し行為することは、役割に関する課題（つまり、現存する組織上の役割とあなたが選び取った研究者の役割）を引き起こし、それに伴って、同時に両方の役割を保持し両者の緊張を管理するという挑戦をもたらす。これらのすべての活動は政治的であり、組織におけるチェンジエージェントに関する政治的ダイナミックスを管理することは、生存と成功にとってきわめて重要である。

私たちは、あなたの作業に経験に即した認識法を用いることを推奨してきた。実際、この認識法は、発展し相互に連関する四つの基礎的オペレーションで構成される。それらは、①人間の経験に関するデータ、②それらを理解する努力、③証拠として（得られた）データと洞察が関連付けられた後になされる判断、④それについて何をすべきかということについての決定、のそれぞれを特徴づけるパターンに適合している。一人称の点において、あなたは自分自身と、人間に不可欠な「知ること」のダイナミックな構造から開始する。一度、自分自身がどのように知るのかを理解すると、そのダイナミックなオペレーショナルな構造を、内部者アクションリサーチにおける基礎的かつ規範的なパターンへと変換することができるようになる。アクションへ繋がる経験、理解、判断に着目することは、自分が何をどのように知るのかを確信できる方法論を提供する。質と厳密性は、真正性を追求することで形成される。それは事前理解、役割の二重性、組織政治の挑戦に対峙する際に、注意深く、知性的に、合理的に、責任をもって懸命に関与することである（表12・1）。私たちは内面（interiority）の概念を導入した。その概念は、異なる哲学的位置付けにあるイデオロギー上の対立に捉われることなく、異なる知の形式を判別し、自分自身の実際の知のプロセスに根ざすことを可能にする。

表12・1　内部者アクションリサーチにおける真正性

必須のプロセス	事前理解	役割の二重性	組織政治
注意深く	・儀式が同じ時に、何になじみがあるのか／それがどのように違うのか。	・役割期待と曖昧さ／対立	・自分の問題と政治的アクションにおけるジレンマ ・他人の政治行動
知性的に	・あなたにとってなじみのある仕事として示される証拠	・役割の構造的性質についての理解	・政治的アクションの構造的パターンについての理解
合理的に	・証拠に重点／推論との区別	・証拠の重視と対立する役割と要求の判断	・証拠の重視と対立する役割と政治的アクションの要求の判断
責任を持つ	・自分の行うことに責任を持つ。	・自分の行うことに責任を持つ。	・自分の行うことに責任を持つ。

自分自身の組織におけるアクションリサーチ・プロジェクトにおいてあなたが出来ることとは、あなたとシステムとの公式的および心理的契約によって決まる。これらは、あなた自身およびシステムの、アクションの中での学習へのコミットメントについての契約である。このことはプロジェクトの性質に決定的に重要である。あなたは組織についての事前理解と、研究者の役割とあなたの通常の組織における役割という二つの役割をどのように管理するのかを描かなければならない。このような基礎に立って組織政治を管理し、プロジェクトを立案、選択、実行し、最終的にアクションリサーチの学位論文を書く重要かつ有用な論点を探索してきた。

かつて私たちは、「内部者研究が、かくも複雑で危険に満ちているとすれば、学術研究を行う手段として、特に大学院生の主要な学位論文のための研究を行う手段として、このようなアプローチは選択すべきではないと助言するほうが良いのではないだろうか？」というような質問を受けてきた。（この点についての）私たちの見方は、それは時には困難かもしれないが、乗り越えなければならない挑戦は、通常、努力に値するというものである。内部者－研究者になろうとする人は以下の点に直面することを認識する必要がある。すなわち、困難が起こった時、その対処を準備することを自助し、このことがプロセスの「通常の」一部であると知ることである。Wirthによれば、

この研究は、職業人として経験した、最もエキサイティングで挑戦的な学習プロセスである。このことは教育と指導に対する私の見方を変化させ、協働についての私の見方を確実に変化させた。研究は、私たちが、学校のシステムの中でどれほどより多くの協働を育む必要があるかを認識させたのである(Ravitch and Wirth, 2007: 81)。

Nielsen and Repstad（1993）は、自分自身の組織を研究することについて、近くから遠くに離れ、戻ってくる旅の見方からその考えを記述し、幾つかの実践的な助言をしている。一定の距離を保つことの観点から、研究者は組織についての先入観や偏見を認識しておく必要があること、自分自身から距離を置く一つの方法として、組織を説明する合理的な理論を見つけることをアドバイスしている。

自分が選択した、組織を説明する合理的な理論を否定する代替理論を発見して、悪魔の代弁者（devil's advocate）の役割を演ずることを示唆している。このことは、あなたの視点を共有出来ていない、組織の他のメンバーと会話をすることでも実現できる。NielsenとRepstadの見方では、組織的問題の通説的な説明をもっと真剣に取り上げることで、症状を分析することができる。典型的なものとしては、「誰の所為なのか?」というスケープゴート症候群、あまりにも情報が少なすぎる、あまりにも資源が少なすぎるという「私たちがもっと持っていれば」である。

ある読者にとって、自分自身の組織におけるアクションリサーチは、エキサイティングでより多くの努力を要求する、元気づけてくれる将来の可能性である。そして、自分自身の学習やキャリア開発に大いに

助けとなるだろう。一方、他の読者にとっては、自己破壊の高い潜在性を伴う、圧倒されそうなものに見えるだろう。Brookfield（1994）によれば、それは詐欺師、文化的自殺、無垢の喪失、ロードレースの雰囲気を持ち、よりポジティブに言えばコミュニティのようなものである。あなたは自分自身の組織におけるアクションリサーチで生き残ることができるだろうか？ Shepard（1997）は内部者アクションリサーチにとって有益な、チェンジエージェントへの大まかな経験的法則を提供している。


生き続けなさい。

自分自身をケアしなさい。自分のオンとオフを切り替えられるように、プロジェクトの外での生活を保ち続けなさい。プロジェクトの目的と接触を保ち続け、流れに乗りなさい。

システムのある所でスタートしなさい。

システムとそこに居る人々に共感（emphathy）を持ちなさい。それらが「診断」を嫌う場合には、特にこの事に注意しなさい。

決して働き過ぎないこと。

協働を継続し、最も有望な領域で仕事をしなさい。

イノベーションに必要な良いアイデア、イニシアティブ、何人かの友人を持ちなさい。

プロジェクトで仕事をする準備のある人を探し、一緒に仕事をしなさい。

実験は成功させなさい。

成功に至るステップを築くことに、しっかり取り組みなさい。

多くの火を灯しなさい。

システムの考え方を覚えておきなさい。システムの他の部分がそうであるが故に、システムのどの部分もそのようになっている。自分がある一部を変化させるように働きかけることによって，他の部分は，システムを元の状態に戻すように動く。サブ・システム間の相互依存性を理解し，システムのできるだけ多くの部分を動かせるようにしておきなさい。

楽観的なバイアスを保ちなさい。

ビジョンと望んでいる成果に集中しなさい。

大事な瞬間を掴みとりなさい。

自分自身および状況と調和を保ちなさい。


Friedman（2001）は4つの属性を示唆している。①能動的で省察的であること，②批判的で献身的であること，③独立して，他人と一緒によく働き，大望を持つこと，④限界に対しては現実的であること，以上である。これらを念頭に置くことによって，自分自身の組織におけるアクションリサーチを生き延びることに自信を持つだけでなく，活躍し成功することができるのである。

私たちはDavidの言葉で締めくくることにしよう。


私はアクションリサーチの破壊的な性質を理解しているし，それが好きである。私はそのカウンターカルチャー性が好きなのである。それは自然であると同時に不自然でもあり，とても正しくて根本的で，心地よくてなじみのあるモノであり，しかしながら，何らかの形で私たちが失ってしまったようにも見えるモノでもある。私たちは，不正に直面しても行動を起こさないことを学んでしまい，そのことに気づいている。私たちはそれをわかっているが，行動を起こさないままなのである。アクションリサーチは，郊外にある私の小さな学校という小さなコンテクストにおいてさえも，革命的だった。何故ならそれは、人々がその職業生活と日常生活をより自らコントロールし、毎日経験する現実とより強くつながることを可能にしたからである。アクションリサーチについて私がほかにも好きなことは、以下のことである。私はアシスタントのジャーナルを持っていなかったし、ノートを取ったり本を読んだりしなかったし、人々の現状をより良くすることを助ける以外の活動に参加することはなかった。私たちが心と魂で知っていることは、一緒に働くことによって、私たちは現在の状況を良くしているということで、それがアクションリサーチを活用する、一番のもっともな理由である。

監訳者あとがき

著者コフランとブラニックはアイルランドのダブリンを拠点としているが、本書の理論的内容は米国ニューイングランド地方ボストン近郊のハーバード大学、マサチューセッツ工科大学（ＭＩＴ）などを拠点とする経営学・組織論（特に組織行動）研究のオーソドキシーに依拠している。

本書の理論的支柱の一人であるクリス・アージリス（Chris Argyris）は、グループ・ダイナミックスの始祖クルト・レヴィン（Kurt Lewin）が創設したＭＩＴ集団力学研究所やナショナル・トレーニング・ラボラトリー（ＮＴＬ）においてレヴィンと共に組織開発（ＯＤ）の研究と実践を生み出し、後にハーバード大学ビジネススクールを拠点に活躍した。本書の重要概念である行為の理論（信奉理論／使用理論）やシングル／ダブルループ学習（ドナルド・ショーン（Donald Schon）との共同研究）は、現代の組織学習（学習する組織）研究の最重要概念である。また、本書の中核概念である一、二、三人称プラクティスや協働的・発達的アクション・インクワイアリーを提唱したウィリアム（ビル）・トルバート（Bill Torbert）はアージリスの門下生であり、やはりボストン近郊のボストン・カレッジ学長として大学の組織開発のアクションリサーチに取り組んで理論的・実践的貢献を行ったことでも知られている。

本書のもう一人の理論的支柱であるエドガー（エド）・シャイン（Edgar Schein）は、ＭＩＴスローンビジネススクールで組織文化、キャリア研究、組織開発の研究と実践に取り組み、邦訳書も多い。本書の重要概念であるプロセス・コンサルテーションや臨床的インクワイアリーは、その組織開発への貢献の一部である。第一著者コフランは本書でシャインに対して「メンターであり友人」として謝辞を捧げており、シャインの著書にもコフランへの謝辞がみられる。また、シャインと同様にスローンビジネススクールを拠点としたドナルド・ショーンは、アージリスと共同で提唱したシングル／ダブルループ学習の他に、本書の重要概念である「アクションの中での省察」を行う省察的実践家の研究で著名である。

早世したレヴィンの構想を引継いでニューイングランドで発展してきた組織開発やアクションリサーチの研究と実践について、日本の経営学での研究蓄積は豊かとは言い難いが、近年では関心をもつ若い研究者も増えている。第3章で説明されているようにアクションリサーチにはさまざまなアプローチがあるが、こうした理論的基盤をもつ本書のそれは、経営学と（成人）教育学の知見を総合して、「実践を通じた個人と組織、社会の協働発達」とでも呼べるような理念を追求する点に一つの特徴があるように思われる。これは第8章で説明される第4象限のアクションリサーチに対応し、「理念の共和国」米国の原点であるニューイングランドのプロテスタンティズムとプラグマティズムの伝統も感じられる。

第一著者でイグナチウス派カトリック信徒であるコフランは、こうした研究と実践の伝統をカトリック神学・哲学者バーナード・ロナガン（Bernard Lonergan）の認識論（経験、理解、判断（、意思決定・アクション））の段階的ヒューリスティック・プロセス）に基礎づけて、アクションリサーチ固有の知の方法論（科学論）を確立し、併せて研究と実践の中核として内部者アクションリサーチの領域を開拓してきた。第2章と第3章で要約されているアクションリサーチの知の方法論（科学論）をやや乱暴に要約するならば、それはまずロナガンの経験に即した認識法に基づいて、推論のはしごやジャーナリングなどのアクション・サイエンスの手法・視点を用いて、一人称プラクティスにおける「アクションの中での学び／知」の真正性とクオリティーを高め続ける営みを意味する。その上でさらに、アクションリサーチャーの内面での省察を通じて実践と理論／命題、アクションと研究とを統合し、一人称プラクティスから二人称、三人称プラクティスを生み出していくアプローチと言えるかもしれない。ちなみに真正性と訳出したauthenticityは、近年の経営学では「オーセンティック・リーダーシップ」などの研究で普及しつつある。

これから日本の経営学領域でも、第3章で言及されている科学社会学者マイケル・ギボンズらのモード2研究の一つの可能性として、アージリスが晩年まで精力的に発展させ続けたアクション・サイエンスの構想への関心が少しでも高まることを期待したい。

特に近年は日本の大学も、MITにルーツを持つ大型の産学連携や大学発ベンチャーを輩出する企業家的大学（Entrepreneurial University）への変貌が期待されている。その点で、世界で初めてベンチャーキャピタルから出資を受けて上場したMIT発ベンチャーであるDEC（Digital Equipment Corporation）社への、エドガー・シャインによる25年以上にもわたるフィールド調査は着目に値する。この調査はコンサルティング業務が含まれていた点において、つまりCEOのケン・オルセンに対して臨床的な介入を伴っていた点において、きわめて長期間のアクションリサーチであったことが知られており、理論的含意として組織文化への着目、プロセス・コンサルテーションの開発、心理的安全への示唆などを挙げることができるが、その重要性に疑問を持つ人はいないであろう。本書は日本における産学連携、スタートアップ支援、大企業における新規事業開発に求められる理論と実践を統合する方法論的基盤となると考えられる。

経営学徒4名が翻訳を担当した本書第3部は、こうしたアクションリサーチの知の方法論を踏まえて、コフランのもう一つの重要な貢献である内部者アクションリサーチに固有の諸課題を実践的に取り上げており、経営学領域では組織文化・組織変革やチェンジマネジメントの研究と実践の具体的方法として読むことができる。同時に、本訳書の主たる読者層と想定される、日本の人文・社会科学系大学院で自分が勤務・所属する組織（以下、自組織）について研究する社会人大学院生とその指導教員にとって、とりわけ8章で説明される内部者アクションリサーチの4つのタイプ（第1～第4象限）と、第11章で具体的に説明される論文アクションリサーチの考え方が示唆に富む。

第8章で説明されているように、内部者アクションリサーチの第1～第4象限はリサーチャーとその自組織それぞれのIntended Self-study in Actionの有無によって、すなわち研究開始時点でリサーチャーと組織それぞれがアクションの中で学習し変化しようとする意図（期待・想定）をもっているか否かで区分される。現時点で、日本の人文・社会科学系大学院の多くは学術研究志向であり、そこで自組織について研究する社会人大学院生のほとんどは、自組織も自分自身もその研究によって変化することは期待・想定せずに研究を始めるだろう。自組織のメンバー等へのインタビューやアンケート調査、組織の内部資料へのアクセスを行う場合は、将来の学会報告や論文・著書の公刊（論文アクションリサーチ）のために、「学術研究を目的とする調査活動」として研究協力者と組織の同意を取り、大学院で研究倫理審査を受けて承認を得てからデータ収集を行う。しかし実際は多くの場合、そうした一連の研究活動によって自組織と自分自身に「（当初は）意図されなかった」変化が起こる。これが第1象限の内部者アクションリサーチだが、社会人大学院生には自分がアクションリサーチを行っているという自覚はなく、自組織や自分自身の変化にはあまり注目しない。本書では第1象限の研究が第2～第4象限へと発展していく可能性には言及していないが、日本の人文・社会科学系大学院修士課程で第1象限の研究を行った社会人大学院生が、その過程で（指導教員の思惑とは別の）大学院の独自の「利用価値」を見出した場合には、のちに第2～第4象限の研究を行うべく博士課程に進学するケースもあるかもしれない。

これに対して、日本の人文・社会科学系大学院ではまだ多くはないかもしれないが、自分の業務を含む自組織（全体またはその一部）の変革を職務として担当することになった社会人が、大学院で自組織について研究を行うケースもある。この第2象限の内部者アクションリサーチでは、社会人大学院生個人の職務・職位の裁量範囲内ではあるが、自組織の全体または一部の変化が期待・想定され、またそれは本人の担当職務の一部と見なされるため、組織の許可と支援は得やすいだろう。しかし同時に、組織が期待する成果を期待する期間内に確実に実現する圧力もかかるため、社会人大学院生個人にとっては不本意な時期に不本意な結果で研究を終えなければならなくなることもありうる。こうしたことから第2象限の研究では、多くの社会人大学院生が自組織を変革するという職務上の要請に注意を集中するため、自分自身の変化はあまり期待・想定せず、また結果として創発した「意図されなかった」自分の変化にもあまり注目しないかもしれない。それでも本書がMeehanの事例で示唆しているように、第2象限の研究を通じて社会人大学院生が変化し、自分自身の業務活動や職務執行能力について研究を行う必要に気づいた場合には、新たに第3象限の研究が始まることもあるだろう。

一方、自組織における自分の業務活動を改善したり自分自身の職務遂行能力を向上するために、大学院で自組織と自分の業務および職務遂行能力について研究する社会人大学院生もいるだろう。この第3象限の内部者アクションリサーチでは、社会人大学院生自身の職務遂行能力や担当業務活動が変化することが期待・想定され、組織から見るとそれは個人の自己研鑽や、第2象限と同様に個人の職務・職位の裁量範囲内での業務改善という担当職務の一部と見なせるため、組織の許可と支援は得やすい。しかし第2象限とは逆に、当該個人の職務・職位の裁量範囲よりも大きな部分組織（あるいは組織全体）の変化は期待・想定されないため、社会人大学院生も組織も、結果として創発した「意図されなかった」組織の変化については、あまり注目しないかもしれない。本書は、この第3象限の研究を通じて、より大きな部分組織が自ら変化する必要性に気づいた場合は、第4象限の研究に発展する可能性を示唆している。しかし現実には、社会人大学院生が第3象限の研究を通じて、より大きな部分組織を変革する必要性とその困難さに気づいた場合は、研究からの学びは自己研鑽にとどまり、第4象限への発展は行われないかもしれない。

最後に、日本の人文・社会科学系大学院で、自分自身も自組織も共に変化することを期待・想定する第4象限のアクションリサーチを行う社会人大学院生は、営利企業やＮＰＯなど非営利組織のトップマネジメントや、今後そうした組織の設立を構想しているアントレプレナーなどが考えられるだろう。第2、第3象限のプロジェクトでは、職務上の守秘義務や自組織の意向により、学会報告や研究成果の公刊などの論文アクションリサーチに取り組むことが難しいケースも考えられる。これに対して第4象限の研究で、社会人大学院生が自分の一人称プラクティスを二人称、（組織内での）三人称プラクティスへとある程度拡張することに成功したケースでは、論文アクションリサーチは三人称プラクティスをさらに拡張させて、アカデミアにとどまらず社会全体の知の豊饒化に貢献する可能性をもつ。コフランを含む多くのアクション・サイエンス学徒にとって、個人も組織も社会も共に発展する第4象限の研究はアクションリサーチの理想形と捉えられているようにも思われる。

本書は内部者アクションリサーチが第2象限から第3象限をへて第4象限へと進化していく可能性を示唆しているが、日本ではほとんどの人文・社会科学系大学院とその教員が純粋な学術研究志向であることもあって、これらの大学院が第2～第4象限の研究を支援する機関として利用されるケースは、まだそれほど多くないかもしれない。特に第2～第4象限の研究を行おうとする社会人大学院生にとって、大学院で研究する主な目的は授業・論文指導や学会・研究会、学術文献などからの知識・情報の収集であるとも考えられる。このため研究機関の選択肢としては純粋な学術研究志向の大学院だけでなく、より実践変革志向の研究を行う大学院（専門職学位を認定するビジネススクール等）も検討されるだろう。さらに、日本の産業界では人文・社会科学系の修士・博士学位はこれまであまり高く評価されなかったこともあり、こうした社会人大学院生にとって、自分自身や自組織の変化を促進したり自組織を宣伝する場合を除き、（指導教員を満足させる）非公刊の学位論文を含めて論文アクションリサーチに取り組む誘因は十分ではないかもしれない。今後日本で第2～第4象限の内部者アクションリサーチを発展させていくには、それによって高質な実践知の共同生成に貢献した個人と組織を適正に評価・報奨する社会知のコミュニティと、生成された実践知の公刊・普及を支援するメディアも必要となるとも考えられる。

併せて、本書は特に11名の翻訳者を含む日本の人文・社会科学の専業研究者に対して、日本のさまざまな領域の実践家による内部者アクションリサーチを、国内外の学術知の蓄積を活かしてどのように支援していくのか、さらに、その成果である高質の実践知を伝統的な学術知の基準・枠を超えて適正に評価するために、どのように貢献できるのかなど、とてもチャレンジングだが魅力的な諸課題を投げかけているように思われる。

本書の企画の始まりは、アントレプレナーシップ研究の方法論的基盤を確立したいという高瀬の希望を、第1章の翻訳者である河合直樹氏に提案したことに遡る。高瀬は、日本で初めて大学発ベンチャーを手掛けた瀧和男氏のライフヒストリー研究に、熟達した起業家の意思決定の特徴であるエフェクチュエーションの理論的視座を用いた博士論文を執筆し、次の研究では、また大学発ベンチャーのアクションリサーチを手掛けたいと考えていた。高瀬の個人的経験で、阪神淡路大震災後にレスキューロボット研究をスタートした研究室にかつて在籍していたこともあり、レスキューロボットの事業化をアクションリサーチの研究テーマとして設定することとなった。

ロボット研究のルーツはＭＩＴのノーバート・ウィーナーのサイバネティクスであり、クルト・レヴィンとノーバート・ウィーナーを、グレゴリー・ベイトソンがサイバネティクス「メイシー会議」で引き合わせしたことにある。高瀬が同様のアイデアを河合氏に相談したことから、お互いの恩師であるロボット研究者の松野文俊氏とグループ・ダイナミックス研究者の杉万俊夫氏を京都・百万遍で引き合わせ、そのキーとなるコンセプトがアクションリサーチとなった。高瀬の博士課程における指導教員であった金井壽宏氏やエド・シャインから伺い知れるＭＩＴへの研究スタイルの憧憬もあり、また、経営学研究の立場から何とかアクションリサーチの対象を震災ボランティアからレスキューロボットの大学発ベンチャーに、グループダイナミクスから経営学に拡張していきたいとの願いもモティベーションとなり、関係者に協力を呼び掛けるところから訳業が動き出した。

最終的に、前半の第1章から第7章をグループ・ダイナミックスの研究者が、後半の第8章から第12章と原著者によるまえがきを経営学の研究者がそれぞれ訳出を担当することになり、前者については永田氏が、後者については川村が監訳を担当した。両者はアクションリサーチを研究関心としている点は共通しているが、ディシプリンは異なる。そこで全体を通じた訳語の統一にはかなり気をつけたつもりである。定訳や、定訳とまではいかなくとも既定の訳語がある場合は原則としてそれを踏襲しているが、文意をより明確に伝えるために敢えて異なる訳語を当てた箇所もある。一例を挙げれば、ドナルド・ショーンの有名な言葉に「行為の中の省察（reflection in action）」があるが、本書はアクションリサーチがテーマであることに鑑みて、actionは「アクション」と表記することにし、「アクションの中の省察」と訳出している。

本書の翻訳の話をいただいてから、刊行まで予想外に多くの年月を要してしまった。その間、碩学舎の栗木契氏、中央経済社の市田由紀子氏には、遅々として進まない翻訳作業を辛抱強く見守っていただき、折に触れ適切な助言とサポートをいただいた。お二方の丁寧なサポートがなければ、本書が世に出ることはなかっただろう。訳者を代表して厚くお礼申し上げたい。

2021年6月

高瀬　進・川村尚也

アクションリサーチと社会構成主義の参考文献

杉万俊夫（2013）．グループ・ダイナミックス入門　組織と地域を変える実践学 世界思想社（一般社団法人　集団力学研究所のウェブサイトよりpdfをダウンロード可能）

ケネス・J・ガーゲン　東村知子（訳）（2004）．あなたへの社会構成主義 ナカニシヤ出版

ケネス・J・ガーゲン　永田素彦・深尾誠（訳）（2004）．社会構成主義の理論と実践―関係性が現実をつくる ナカニシヤ出版

ケネス・J・ガーゲン　鮫島輝美・東村知子（訳）（2020）．関係からはじまる―社会構成主義がひらく人間観 ナカニシヤ出版

ケネス・J・ガーゲン，メアリー・ガーゲン，伊藤 守（監修，翻訳），二宮美樹（翻訳）（2018）．現実はいつも対話から生まれる ディスカヴァー・トゥエンティワン

ケネス・J・ガーゲン，ロネ・ヒエストゥッド，伊藤 守（監修，翻訳），二宮美樹（翻訳）（2015）．ダイアローグ・マネジメント 対話が生み出す強い組織 ディスカヴァー・トゥエンティワン

イアン・パーカー　八ッ塚一郎（訳）（2008）．ラディカル質的心理学　アクションリサーチ入門 ナカニシヤ出版

矢守克也（2010）．アクションリサーチ　実践する人間科学 新曜社

矢守克也（2018）．アクションリサーチ・イン・アクション　共同当事者・時間・データ 新曜社

Williams, B. and Hummelbrunner, R. (2011) *Systems Concepts in Action.* Stanford, CA: Stanford University Press.
Williamson, G. and Bellman, L. (2012) *Action Research in Nursing and Healthcare.* London: Sage.
Williamson, G.R. and Prosser, S. (2002) 'Action research: Politics, ethics and participation', *Journal of Advanced Nursing,* 40(5): 587.593.
Williander, M. and Styhre, A. (2006) 'Going green from the inside: Insider action research at the Volvo Car Corporation', *Systemic Practice and Action Research,* 19: 239-252.
Winter, R. (1989) *Learning from Experience: Principle and Practice in Action Research.* London: Falmer Press.
Young, M. (1991) *An Inside Job.* Oxford: Clarendon Press.
Zuber-Skerritt, O. and Fletcher, M. (2007) 'The quality of an action research thesis in the social sciences', *Quality Assurance in Education,* 15(4): 413-436.
Zuber-Skerritt, O. and Perry, C. (2002) 'Action research within organizations and university thesis writing', *The Learning Organization,* 9(4): 171-179.

Susman, G. and Evered, R. (1978) 'An assessment of the scientific merits of action research', *Administrative Science Quarterly,* 23(4): 582-603.

Taylor, S., Rudolph, J. and Foldy, E. (2008) 'Teaching reflective practice in the action science/action inquiry tradition: Key stages, concepts and practice', in P. Reason and H. Bradbury (eds), *The SAGE Handbook of Action Research* (2nd edn). London: SAGE, pp. 656-668.

Torbert, W.R. (1991) *The Power of Balance.* Thousand, Oaks, CA: SAGE.

Torbert, W.R. and Associates (2004) *Action Inquiry.* San Francisco, CA: Berrett-Koehler.

(ビル・トルバート他, 小田理一郎・中小路佳代子（訳）(2016). 行動探求：個人・チーム・組織の変容をもたらすリーダーシップ　英治出版)

Torbert, W.R. and Taylor, S. (2008) 'Action inquiry: Interweaving multiple qualities of attention for timely action', in P. Reason and H. Bradbury (eds), *The SAGE Handbook of Action Research* (2nd edn). London: SAGE, pp. 239-251.

Ury, W. (1991) *Getting Past No.* London: Business Books.

(ウィリアム・ユーリー, 斎藤精一郎（訳）(1992/2000). ハーバード流"No"と言わせない交渉術：決定版　三笠書房)

van der Meulen, E. (2011) 'Participatory and action-oriented dissertations: The challenges and importance of community engaged graduate research', *The Qualitative Report,* 16(5): 1291-1303.

Van Maanen, J. (1979) 'The self, the situation and the rules of interpersonal relations', in W. Bennis, J. Van Maanen, E.H. Schein and F.I. Steele, *Essays in Interpersonal Dynamics,* Homewood, IL: Dorsey Press, pp. 43-101.

Walker, B. and Haslett, T. (2002) 'Action research in management: Ethical dilemmas', *Systemic Practice and Action Research,* 15(6): 523-533.

Wasserman, I.C. and Kram, K.E. (2009) 'Metaphors of identity and professional practice: Enacting the scholar-practitioner role: An exploration of narratives', *Journal of Applied Behavioral Science,* 45(1): 12-38.

Weisbord, M.R. (1988) 'Towards a new practice theory of OD: Notes on snapshooting and moviemaking', in W.A. Pasmore and R.W. Woodman (eds), *Research in Organizational Change and Development,* Vol. 2. Greenwich, CT. JAI Press, pp. 59-96.

Weisbord, M.R. (2012) *Productive Workplaces* (4th edn). San Francisco, CA: Jossey-Bass.

Wheelan, S.A. (2012) *Creating Effective Teams* (4th edn). Thousand, Oaks, CA: Sage.

White, L.P. and Wooten, K.C. (1986) *Professional Ethics and Practice in Organization Development.* New York: Praeger.

Wicks, P.G. and Reason, P. (2009) 'Initiating action research: Challenges and paradoxes of opening communicative space', *Action Research,* 7(3): 243-262.

（訳）（2003）．フィールドブック　学習する組織「5つの能力」：企業変革をチームで進める最強ツール　日本経済新聞社）
Shani, A.B. (Rami) and Docherty, P. (2003) *Learning by Design: Building Sustainable Organizations.* Oxford: Blackwell.
Shani, A.B. (Rami) and Docherty, P. (2008) Learning by design: Key mechanisms in organization development. In T. Cummings, (ed.) *Handbook of Organization Development,* Thousand Oaks, CA: Sage, pp. 499-518.
Shani, A.B. and Pasmore W.A. (2010 [1985]) 'Organization inquiry: Towards a new model of the action research process', in D. Coghlan and A.B. Shani (eds), *Fundamentals of Organization Development,* Vol. 1. London: SAGE, pp. 249-260.
Shani, A.B., Coghlan, D. and Cirella, S. (2012) 'Action research and collaborative management research: More than meets the eye?', *International Journal of Action Research,* 8(1): 45-67.
Shani, A.B., David, A. and Willson, C. (2004) 'Collaborative research: Alternative roadmaps', in N. Adler, A.B. Shani and A. Styhre (eds), *Collaborative Research in Organizations.* Thousand Oaks, CA: Sage, pp. 83-100.
Shani, A.B., Mohrman, S.A., Pasmore, W., Stymne, B. and Adler, N. (eds) (2008) *Handbook of Collaborative Management Research.* Thousand Oaks, CA: Sage.
Shepard, H. (1997) 'Rules of thumb for change agents', in D. Van Eynde, J. Hoy and D.C. Van Eynde (eds), *Organization Development Classics.* San Francisco, CA: Jossey-Bass, pp. 191-190.
Shotter, J. (2003) 'Wittgenstein's philosophy and action research', *Concepts and Transformation,* 8(1): 295.301.
Shotter, J. (2007) 'With what kind of science should action research be contrasted?', *International Journal of Action Research,* 3(1+2): 67-92.
Smyth, A. and Holian, R. (2008) 'Critical issues in research from within organisations', in P. Sikes and A. Potts (eds), *Researching Education from the Inside.* Abingdon: Routledge, pp. 33-48.
Soh, K., Davidson, P., Leslie, G. and Rahman, A.B.A. (2011) 'Action research studies in the intensive care setting: A systematic review', *International Journal of Nursing Studies,* 48(2): 258-268.
Somekh, S. (2006) *Action Research: A Methodology for Change and Development.* Maidenhead: Open University Press.
Stephens, J., Barton, J. and Haslett, T. (2009) 'Action research: Its history and relationship to scientific methodology', *Systemic Practice and Action Research,* 22: 463-474.
Stringer, E.T. (2013) *Action Research: A Handbook for Practitioners* (4th edn). Thousand Oaks, CA: Sage.
（E.T. ストリンガー，目黒輝美，磯部卓三（監訳）（2012）．アクション・リサーチ フィリア）

Greenwich, CT: JAI Press, pp. 11-25.
Schein, E.H. (1999) *Process Consultation Revisited: Building the Helping Relationship*. Reading, MA: Addison-Wesley.
(E.H. シャイン，稲葉元吉・尾川丈一（訳）(2012). プロセス・コンサルテーション：援助関係を築くこと　白桃書房)
Schein, E.H. (2003) *DEC is Dead, Long Live DEC*. San Francisco, CA: Berrett-Koehler.
(エドガー・H. シャイン, ピーター・S. ディリシー，ポール・J. カンパス，マイケル・M. ソンダック，稲葉元吉・尾川丈一（監訳）(2007). DECの興亡：IT先端企業の栄光と挫折　亀田ブックサービス)
Schein, E.H. (2008) 'Clinical inquiry/research', in P. Reason and H. Bradbury (eds), *The SAGE Handbook of Action Research* (2nd edn). London: Sage, pp. 267-279.
Schein, E.H. (2009) *Helping*. San Francisco, CA: Berrett-Koehler.
(エドガー・H. シャイン，金井壽宏（監訳）金井真弓（訳）(2009). 人を助けるとはどういうことか：本当の「協力関係」をつくる７つの原則　英治出版)
Schein, E.H. (2010) *Organizational Culture and Leadership* (4th edn). San Francisco, CA: Jossey-Bass.
(エドガー・H. シャイン，梅津祐良・横山哲夫（訳）(2012). 組織文化とリーダーシップ　白桃書房)
Schein, E.H. (2010 [1989]) 'Organization development: Science, technology or philosophy', in D. Coghlan and A.B. Shani (eds), *Fundamentals of Organization Development*, Vol. 1. London: Sage, pp. 91-100.
Schein, E.H. (2013) *Humble Inquiry*. San Francisco, CA: Berrett-Koehler.
(エドガー・H・シャイン，金井壽宏（監訳）原賀真紀子（訳）(2014). 問いかける技術：確かな人間関係と優れた組織をつくる　英治出版)
Schon, D. (1983) *The Reflective Practitioner*. New York: Basic Books.
(ドナルド・A.ショーン，柳沢昌一・三輪建二（監訳）(2007). 省察的実践とは何か：ロフェッショナルの行為と思考　鳳書房)
Schon, D.A. (2004) [1995] 'Knowing-in-action: The new scholarship requires a new epistemology', in B. Cooke and J. Wolfram-Cox (eds) *Fundamentals of Action Research*, (Vol. III, pp. 377-394). Sage: London.
Schutz, W. (1994) *The Human Element*. San Francisco, CA: Jossey-Bass.
(ウィル・シュッツ，ビジネスコンサルタント（編訳）(2014). ヒューマン・エレメント・アプローチ［個人編］［組織編］白桃書房)
Senge, P. (1990) *The Fifth Discipline*. New York: Doubleday.
(ピーター・M. センゲ，枝廣淳子・小田理一郎・中小路佳代子（訳）(2011). 学習する組織：システム思考で未来を創造する　英治出版)
Senge, P., Roberts, C., Ross, R., Smyth, B. and Kleiner, A. (1994) *The Fifth Discipline Fieldbook*. London: Nicholas Brealey.
(ピーター・センゲ他，柴田昌治・スコラ・コンサルタント（監訳）牧野元三

革をチームで進める最強ツール　日本経済新聞社）
Ross, R. and Roberts, C. (1994) 'Balancing inquiry and advocacy', in P. Senge, C. Roberts, R. Ross, B. Smith and A. Kleiner (eds), *The Fifth Discipline Fieldbook*. London: Nicholas Brealey, pp. 253-259.
（ピーター・センゲ他著，柴田昌治・スコラ・コンサルタント（監訳）・牧野元三（訳）(2003)．フィールドブック　学習する組織「５つの能力」：企業変革をチームで進める最強ツール　日本経済新聞社）
Roth, G. and Bradbury, H. (2008) 'Learning history: An action research in support of actionable learning', in P. Reason and H. Bradbury (eds), *The SAGE Handbook of Action Research* (2nd edn). London: Sage, pp. 350-365.
Roth, G. and Kleiner, A. (1998) 'Developing organizational memory through learning histories', *Organizational Dynamics,* 27(3): 43-60.
Roth, J., Sandberg, R. and Svensson, C. (2004) 'The dual role of the insider action researcher', in N. Adler, A.B. Shani and A. Styhre, *Collaborative Research in Organizations.*' Thousand Oaks, CA: Sage, pp. 117.134.
Roth, J., Shani, A.B. and Leary, M. (2007) 'Facing the challenges of new capability development within a biopharma company', *Action Research,* 5(1): 41-60.
Rousseau, D. (1985) 'Issues in organizational research: Multi-level and cross-level perspectives', in L.L. Cummings and B.M. Staw (eds), *Research in Organizational Behavior,* Vol. 7. Greenwich, CT: JAI Press, pp. 1-37.
Rowan, J. (2000) 'Research ethics', *International Journal of Psychotherapy,* 5(2): 103-110.
Sagor, R. (2011) *The Action Research Guidebook* (2nd edn). Thousand Oaks, CA: Cor-win.
Savall, H. and Zardet, V. (2011) *The Qualimetrics Approach*. Charlotte, NC: Information Age Publishing.
Scharmer, O. (2001) 'Self-transcending knowledge: Sensing and organizing around emerging opportunities', *Journal of Knowledge Management,* 5(2): 137-150.
Schein, E.H. (1979) 'Personal change through interpersonal relationships', in W. Bennis, J. Van Maanen, E.H. Schein and F.I. Steele, *Essays in Interpersonal Dynamics*. Homewood, IL: Dorsey Press, pp. 129-162.
Schein, E.H. (1987) *The Clinical Perspective in Fieldwork*. Newbury Park, CA: Sage.
Schein, E.H. (1993) 'On dialogue, culture and organizational learning', *Organizational Dynamics,* 22(2): 40-51.
Schein, E.H. (1995) 'Process consultation, action research and clinical inquiry: Are they the same?', *Journal of Managerial Psychology,* 10(6): 14-19.
Schein, E.H. (1997) 'Organizational learning: What is new?', in M.A. Rahim, R.T. Golembiewski and L.E. Pate (eds), *Current Topics in Management,* Vol. 2.

Quick, J., Paulus, P., Whittington, J., Larey, T. and Nelson, D. (1996) *Management Development, Well-Being and Health.* Chichester: Wiley.
Raelin, J.A. (2008) *Work-based Learning: Bridging Knowledge and Action in the Workplace* (rev. edn). San Francisco, CA: Jossey-Bass.
Raelin, J.A. (2009) 'Seeking conceptual clarity in the action modalities', *Action Learning Research and Practice,* 6(1): 17-24.
Rahman, M.A. (2008) 'Some trends in the praxis of participatory action research', in P. Reason and H. Bradbury (eds), *The SAGE Handbook of Action Research.* London: Sage, pp. 49-62.
Ramirez, I. and Bartunek, J.M. (1989) 'The multiple realities and experience of internal organization development consultation in health care', *Journal of Organizational Change Management,* 2(1): 40-56.
Ravitch, S.M. and Wirth, S. (2007) 'Developing a pedagogy of opportunity for students and their teachers', *Action Research,* 5(1): 75-91.
Reason, P. (ed.) (1988) *Human Inquiry in Action.* London: Sage.
Reason, P. (1999) 'Integrating action and reflection through cooperative inquiry', *Management Learning,* 30(2): 207-226.
Reason, P. (2006) 'Choice and quality in action research practice', *Journal of Management Inquiry,* 15(2): 187-203.
Reason, P. and Bradbury, H. (2008) *The SAGE Handbook of Action Research* (2nd edn). London: Sage.
Reason, P. and Marshall, J. (1987) 'Research as personal process', in D. Boud and V. Griffin (eds), *Appreciating Adult Learning.* London: Kogan Page, pp. 112-126.
Reason, P. and Torbert, W.R. (2001) 'The action turn: Toward a transformational social science', *Concepts and Transformation,* 6(1): 1-37.
Reed, J. (2007) *Appreciative Inquiry: Research for Change.* Thousand Oaks, CA: Sage.
Revans, R. (1982) *The Origins and Growth of Action Learning.* Bromley: Chartwell-Bratt.
Revans, R. (2008) *ABC of Action Learning.* Farnham: Gower.
Riemer, J. (1977) 'Varieties of opportunistic research', *Urban Life,* 5(4): 467-477.
Riordan, P. (1995) 'The philosophy of action science', *Journal of Managerial Psychology,* 10(6): 6-13.
Rogers, C.R. (1958) 'The characteristics of a helping relationship', *Personnel and Guidance Journal,* 37: 6-16.
Ross, R. (1994) 'The ladder of inference', in P. Senge, C. Roberts, R. Ross, B. Smith and A. Kleiner (eds), *The Fifth Discipline Fieldbook.* London: Nicholas Brealey, pp. 242-246.
(ピーター・センゲ他著，柴田昌治・スコラ・コンサルタント（監訳）・牧野元三（訳）(2003)．フィールドブック　学習する組織「5つの能力」：企業変

オン：変革を成功に導く実践ステップ　ダイヤモンド社）
Neilsen, E.（2006）'But let us not forget John Collier: Commentary on David Bargal's personal and intellectual influences leading to Lewin's paradigm of action research', *Action Research,* 4(4): 389-399.
Nielsen, J.C.R. and Repstad, P.（1993）'From nearness to distance–and back: Analyzing your own organization'. Papers in Organizations No. 14, Copenhagen Business School, Institute of Organizational and Industrial Sociology.
Nielsen, K.A. and Svensson, L.（2006）*Action Research and Interactive Research: Beyond Theory and Practice.* Maastricht: Shaker.
Parkin, P.（2009）*Managing Change in Healthcare: Using Action Research.* London: Sage.
Pasmore, W.A.（2001）'Action research in the workplace: The socio-technical perspective', in P. Reason and H. Bradbury（eds）, *The SAGE Handbook of Action Research.* London: Sage, pp. 38-47.
Pasmore, W.A.（2011）'Tipping the balance: Overcoming persistent problems in organizational change', in A.B. Shani, R.W. Woodman and W.A. Pasmore（eds）, *Research in Organizational Change and Development,* Vol. 19. Bingley: Emerald, pp. 259-292.
Pasmore, W.A., Woodman, R. and Simmons, A.L.（2008）'Toward a more rigorous, reflective and relevant science of collaborative management research', in A.B. Shani, S.A. Mohrman, W.A. Pasmore, B. Stymne and N. Adler（eds）, *Handbook of Collaborative Management Research.* Thousand Oaks, CA: Sage, pp. 567-582.
Pedler, M.（2008）*Action Learning for Managers.* Aldershot: Gower.
Pedler, M.（2011）*Action Learning in Practice*（4th edn）. Farnham: Gower.
Pedler, M. and Burgoyne, J.（2008）'Action learning', in P. Reason and H. Bradbury（eds）, *The SAGE Handbook of Action Research*（2nd edn）. London: Sage, pp. 319-332.
Pettigrew, P.（2003）'Power, conflicts and resolutions: A change agent's perspective on conducting action research within a multiorganizational partnership', *Systemic Practice and Action Research,* 16(6): 375-391.
Pine, G.J.（2008）*Teacher Action Research.* Thousand Oaks, CA: Sage.
Preskill, H. and Torres, R.T.（1999）*Evaluative Inquiry for Learning in Organizations.* Thousand Oaks, CA: Sage.
Punch, M.（1994）'Politics and ethics in qualitative research', in N.K. Denzin and Y.S. Lincoln（eds）, *The Sage Handbook of Qualitative Research.* Thousand Oaks, CA: Sage, pp. 83-97.
Putnam, R.（1991）'Recipes and reflective learning', in D. Schon（ed.）, *The Reflective Turn: Case Studies in and on Educational Practice.* New York: Teachers' College of Columbia Press, pp. 145-163.

(2nd edn). London: Sage, pp. 394-406.
McArdle, K. and Reason, P. (2008) 'Organization development and action research', in T. Cummings (ed.), *Handbook of Organization Development*. Thousand Oaks, CA: Sage, pp. 123-136.
McCaughan, N. and Palmer, B (1994) *Systems Thinking for Harassed Managers*. London: Karnac.
McGill, I. and Brockbank, A. (2004) *The Action Learning Handbook*. London: Routledge Falmer.
McMullan, W. and Cahoon, A. (1979) 'Integrating abstract conceptualizing with experiential learning', *Academy of Management Review*, 4(3): 453-458.
McNiff, J., Lomax, P. and Whitehead, J. (2009) *You and Your Action Research Project* (3rd edn). Abingdon: Routledge.
McTaggart, R. (1998) 'Is validity really an issue in PAR?', *Studies in Culture, Organization and Societies*, 4(2): 211-237.
Meehan, C. and Coghlan, D. (2004) 'Managers as healing agents: A cooperative inquiry approach', *Systemic Practice and Action Research*, 17(2): 407-423.
Melchin, K.R. and Picard, C.A. (2008) *Transforming Conflict through Insight*. Toronto: Toronto University Press.
Meyerson, D. (2001) *Tempered Radicals: How People use Difference to Inspire Change at Work*. Boston, MA: Harvard Business School Press.
Meynell, H. (1999) *Postmodernism and the New Enlightenment*. Washington, DC: Catholic University of America Press.
Mezirow, J. (1991) *Transformative Dimensions of Adult Learning*, San Francisco, CA: Jossey-Bass.
(ジャック・メジロー，金澤睦，・三輪建二（監訳）(2012). おとなの学びと変容：変容的学習とは何か　鳳書房)
Mitki, Y., Shani, A.B. and Stjernberg, T. (2000) 'A typology of change programs and their differences from a solid perspective', in R.T. Golembiewski (ed.), *Handbook of Organizational Consultation* (2nd edn). New York: Marcel Dekker Inc., pp. 777-785.
Mohrman, S.A., Lawler, E.E. and Associates (2011) *Useful Research: Advancing Theory and Practice*. San Francisco, CA: Berrett-Koehler.
Moon, J. (1999) *Learning Journals: A Handbook for Academics, Students and Profes-sional Development*. London: Kogan Page.
Moore, B. (2007) 'Original sin and action research', *Action Research*, 5(1): 27-39.
Morton, A. (1999) 'Ethics in action research', *Systemic Practice and Action Research*, 12(2): 219-222.
Nadler, D.A. (1977) *Feedback and Organization Development: Using Data-based Methods*. Reading, MA: Addison-Wesley.
Nadler, D.A. (1998) *Champions of Change*. San Francisco, CA: Jossey-Bass.
(ナドラーD.A. 斎藤彰悟（監訳）平野和子（訳）(1998). 組織変革のチャンピ

Lipshitz, R., Friedman, V.J. and Popper, M. (2007) *Demystifying Organizational Learning*. Thousand Oaks, CA: Sage.
Lonergan, B.J. (1992 [1957]) *Insight: An Essay in Human Understanding. The Collected Works of Bernard Lonergan,* Vol. 3(eds F. Crowe and R. Doran). Toronto: University of Toronto Press.
Lucas, B., Cox, C., Perry, L. and Bridges, J. (2013) 'Pre-operative preparation of patients for total knee replacement: An action research study', *International Journal of Orthopaedic and Trauma Nursing,* 17(2): 79-90.
Ludema, J. and Fry, R. (2008) 'The practice of appreciative inquiry', in P. Reason and H. Bradbury (eds), *The SAGE Handbook of Action Research* (2nd edn). London: Sage, pp. 280-296.
Lykes, M.B. and Mallona, A. (2008) 'Towards transformational liberation: Participatory and action research and praxis', in P. Reason and H. Bradbury (eds), *The SAGE Handbook of Action Research* (2nd edn). London: Sage, pp. 106-120.
MacLean, D., MacIntosh, R. and Grant, S. (2002) 'Model 2 management research', *British Journal of Management,* 13(2): 189-207.
Macmurray, J. (1957) *The Self as Agent.* London: Faber and Faber.
Mann, P. and Clarke, D. (2007) 'Writing it down-writing it out-writing it up: Researching our practice through action learning', *Action Learning: Research and Practice,* 4(2): 153-171.
Marquardt, M. (2004) *Optimizing the Power of Action Learning.* Palo Alto, CA: Davies-Black.
(マイケル・J. マーコード，清宮普美代・堀本麻由子（訳）(2004). 実践アクションラーニング入門：問題解決と組織学習がリーダーを育てる　ダイヤモンド社)
Marrow, A.J. (1969) *The Practical Theorist.* New York: Basic Books.
(A.J. マロー，望月衛・宇津木保（訳）(1972). KURT LEWIN：その生涯と業績　誠信書房)
Marshall, J. (1999) 'Living life as inquiry', *Systemic Practice and Action Research,* 12(2): 155-171.
Marshall, J. (2001) 'Self-reflective inquiry practices', in P. Reason and H. Bradbury (eds), *The SAGE Handbook of Action Research.* London: Sage, pp. 433-439.
Marshall, J. (2008) 'Finding form in writing for action research, in P. Reason and H. Bradbury (eds), *The SAGE Handbook of Action Research* (2nd edn). London: Sage, pp. 682-695.
Marshall, J. and Reason, P. (2007) 'Quality in research as taking an "attitude of inquiry"', *Management Research News,* 30(5): 368-380.
Martin, A. (2008) 'Action research on a large scale: Issues and practices', in P. Rea-son and H. Bradbury (eds), *The SAGE Handbook of Action Research*

Reason and H. Bradbury (eds), *The SAGE Handbook of Action Research.* London: Sage, pp. 91-102.

Kleiner, A. and Roth, G. (1997) 'How to make experience your company's best teacher', *Harvard Business Review,* 75(5): 172-177.

Kleiner, A. and Roth, G. (2000) *Oil Change.* New York: Oxford University Press.

Klev, R. and Levin, M. (2012) *Participative Transformation: Learning and Development in Practising Change.* Farnham: Gower.

Koch, N. (2007) *Information Systems and Action Research.* New York: Springer.

Kolb, D. (1984) Experiential Learning. Englewood Cliffs, NJ: Prentice-Hall.

Koshy, E., Koshy, V. and Waterman, H. (2011) *Action Research in Healthcare.* London: Sage.

Krim, R. (1988) 'Managing to learn: Action inquiry in city hall', in P. Reason (ed.), *Human Inquiry in Action.* London: Sage, pp. 144-162.

Ladkin, D. (2005) 'The enigma of subjectivity: How might phenomenology help action researchers negotiate the relationship between "self", "other" and "truth"?', *Action Research,* 3(1): 108-126.

Levin, M. (2003) 'Action research and the research community', *Concepts and Transformation,* 8(3): 275-280.

Levin, M. (2012) 'Academic integrity in action research', *Action Research,* 10(2): 133-149.

Lewin, K. (1997 [1943, 1944]) 'Problems of research in social psychology', in *Field Theory in Social Science.* Washington, DC: American Psychological Association, pp. 279-288.

(クルト・レヴィン，猪股左登留（訳）(2017). 社会科学における場の理論　ちとせプレス)

Lewin, K. (1997 [1946]) 'Action research and minority problems', in *Resolving Social Conflicts: Selected Papers on Group Dynamics* (ed. G. Lewin). Washington, DC: American Psychological Association, pp. 144-154.

(クルト・レヴィン，末永俊郎（訳）(2017). 社会的葛藤の解決　ちとせプレス)

Lewin, K. (1999 [1948]) 'Group decision and social change', in M. Gold (ed.), *The Complete Social Scientist: A Kurt Lewin Reader.* Washington, DC: American Psychological Association, pp. 265-284.

Lincoln, Y. (2001) 'Engaging sympathies: Relationships between action research and social constructivism', in P. Reason and H. Bradbury (eds), *The SAGE Handbook of Action Research.* London: Sage, pp. 124-132.

Lippitt, R. (1961) 'Value-judgement problems of the social scientist in action research', in W. Bennis, K. Benne and R. Chin (eds), *The Planning of Change.* New York: Holt, Rinehart & Winston, pp. 689-694.

Lippitt, R. (1979) 'Kurt Lewin, action research and planned change', paper provided by the author.

Holian, R. and Brooks, R. (2004) 'The Australian National Statement on Ethical Conduct in Research: Application and implementation for 'insider' applied research in business', *Action Research International,* Paper 7. Available at: http://www.aral.com.au/ari/p-rholian04.html (accessed 3 October 2013).
Holian, R. and Coghlan, D. (2013) 'Ethical issues and role duality in insider action research: Challenges for action research degree programmes', *Systemic Practice and Action Research,* 26: 399-415.
Holman, P., Devane, T. and Cady, S. (2007) *The Change Handbook: Group Methods for Shaping the Future* (2nd edn). San Francisco, CA: Berrett-Koehler.
Homa, P. (1998) Re-engineering the Leicester Royal Infirmary healthcare process. Henley Management College and Brunel University. PhD dissertation,.
Humphrey, C. (2007) 'Insider-outsider: Activating the hyphen', *Action Research,* 5(1): 11-26.
Hynes, G., Coghlan, D. and McCarron, M. (2012) 'Participation as a multi-voiced process: Action research in the acute hospital environment', *Action Research,* 10(3): 293-312.
Jarvis, P. (1999) *The Practitioner-Researcher.* San Francisco, CA: Jossey-Bass.
Johansson, A. and Lindhult, E. (2008) 'Emancipation or workability? Critical versus pragmatic scientific orientation in action research', *Action Research,* 6 (1): 95-115.
Kahneman, D. (2011) *Thinking Fast and Slow.* New York: Penguin.
（ダニエル・カーネマン，村井章子（訳）(2012)．ファスト&スロー：あなたの意思はどのように決まるか? 上・下 早川書房）
Kakabadse, A. (1991) 'Politics and ethics in action research', in N. Craig Smith and P. Dainty (eds), *The Management Research Handbook.* London: Routledge, pp. 289-299.
Kaplan, R.S. (1998) 'Innovation action research: Creating new management theory and practice', *Journal of Management Accounting Research,* 10: 89-118.
Katz, D. and Kahn, R.L. (1978) *The Social Psychology of Organizations* (2nd edn). New York: McGraw-Hill.
Keegan, R. and Lahey, L.L. (2001) *How the Way We Talk Can Change the Way We Work.* San Francisco, CA: Jossey-Bass.
（キーガン，R.・レイヒー，L. L. 松井 光代・岡本 さだこ（訳）(2002)．あの人はなぜウンと言わないのか—自分を変える。組織を変える。— 朝日新聞社）
Kelley, T. and Kelley, D. (2012) 'Reclaiming your creative confidence', *Harvard Business Review,* 90(12): 115-118.
Kelman, H.C. (1965) 'Manipulation of human behavior: An ethical dilemma for the social scientist', *Journal of Social Issues,* 21(2): 31.46.
Kemmis, S. (2001) 'Exploring the relevance of critical theory for action research: Emancipatory action research in the footsteps of Jurgen Habermas', in P.

Doubleday.
(E. ゴッフマン，石黒毅（訳）(1974). 行為と演技：日常生活における自己呈示　誠信書房)

Goode, L.M. and Bartunek, J.M. (1990) 'Action research in an underbounded setting', *Consultation,* 9(3): 209-228.

Gorinski, R. and Ferguson, P. (1997) '(Ex) changing experiences of insider research'. Paper presented at the NZARE conference. Auckland, New Zealand, December 1997.

Greenwood, D. (2007) 'Pragmatic action research', *International Journal of Action Research,* 3(1+2): 131-148.

Greenwood, D. and Levin, M. (2007) *Introduction to Action Research* (2nd edn). Thousand Oaks, CA: Sage.

Gummesson, E. (2000) *Qualitative Methods in Management Research* (2nd edn). Thousand Oaks, CA: Sage.

Gustavsen, B. (2003) 'New forms of knowledge production and the role of action research', *Action Research,* 1(2): 153.164.

Harrison, M. (2005) *Diagnosing Organizations: Methods, Models and Processes* (3rd edn). Thousand Oaks, CA: Sage.

Harrison, M. and Shirom, A. (1999) *Organizational Diagnosis and Assessment: Bridging Theory and Practice.* Thousand Oaks, CA: Sage.

Hatchuel, A. and David, A. (2008) 'Collaborating for management research: From action research to intervention research in management', in A.B. Shani, S.A. Mohrman, W. Pasmore, B. Stymne and N. Adler (eds), *Handbook of Collaborative Management Research.* Thousand Oaks, CA: Sage, pp. 143-161.

Heron, J. (1996) *Cooperative Inquiry.* London: Sage.

Heron, J. and Reason, P. (2008) 'Extending epistemology with a co-operative inquiry', in P. Reason and H. Bradbury (eds), *The SAGE Handbook of Action Research* (2nd edn). London: Sage, pp. 367-380.

Herr, K. and Anderson, G. (2005) *The Action Research Dissertation.* Thousand Oaks, CA: Sage.

Hilsen, A.I. (2006) 'And they shall be known by their deeds: Ethics and politics in action research', *Action Research,* 4(1): 23-36.

Hirschhorn, L. (1988) *The Workplace Within: Psychodynamics of Organizational Life.* Cambridge, MA: MIT Press.
(ラリー・ハーシュホーン，渡辺直登・伊藤知子・今井裕紀（監訳）(2013). 職場の精神分析　亀田ブックサービス)

Hockley, J., Froggatt, K. and Heimerl, K. (eds) (2013) *Participatory Research in Palliative Care: Actions and Reflections.* Oxford: Oxford University Press.

Holian, R. (1999) 'Doing action research in my own organization: Ethical dilemmas, hopes and triumphs', *Action Research International,* Paper 3. Available at: http://www.aral.com.au/ari/p-rholian99.html (accessed 3 October 2013).

24th HERDSA conference, Newcastle, Australia, July 2001.
Fisher, D., Rooke, D. and Torbert, B.（2000）*Personal and Organizational Transformations Through Action Inquiry*. Boston, MA: Edge\work Press.
Fisher, R. and Sharp, A.（1999）*Getting It Done*. New York: Harper.
Fisher, R. and Ury, W.（2012）*Getting to Yes*（2nd edn）. London: Business Books.（ロジャー・フィッシャー，ウィリアム・ユーリー，岩瀬大輔（訳）（2011）. ハーバード流交渉術　必ず「望む結果」を引き出せる！　三笠書房）
Flanagan, J.（1997）*Quest for Self-knowledge: An Essay in Lonergan's Philosophy*. Toronto: University of Toronto Press.
Flyvbjerg, B.（2001）*Making Social Science Matter*. Cambridge: Cambridge University Press.
Flyvbjerg, B., Landman, T. and Schram, S.（2012）*Real Social Science*. Cambridge: Cambridge University Press.
Foster, M.（1972）'An introduction to the theory and practice of action research in work organizations', *Human Relations,* 25(6): 529-556.
French, W. and Bell, C.（1999）*Organization Development: Behavioral Science Interventions for Organization Improvement*（6th edn）. Englewood Cliffs, NJ: Prentice-Hall.
Fricke, W. and Totterdill, R.（2004）*Action Research in Workplace Innovation and Regional Development*. Amsterdam: John Benjamins.
Friedman, V.（2001）'The individual as agent of organizational learning', in M. Dierkes, J. Child, I. Nonaka and A. Berthoin Antal（eds）, *Handbook of Organizational Learning*. Oxford: Oxford University Press, pp. 398-414.
Friedman, V. and Rogers, T.（2008）'Action science: Linking causal action and mean-ing making in action research', in P. Reason and H. Bradbury（eds）, *The SAGE Handbook of Action Research*（2nd edn）. London: Sage, pp. 252-265.
Frost, P. and Robinson, S.（1999）'The toxic handler: Organizational hero - and casualty', *Harvard Business Review,* 77(4): 97.106.
Gellerman, W., Frankel, M. and Ladenson, R.（1990）*Values and Ethics in Organization and Human System Development*. San Francisco, CA: Jossey-Bass.
Gendlin, E.（1981）*Focusing*. New York: Bantam.
（ユージン・T. ジェンドリン，村山正治・都留春夫・村瀬孝雄（訳）（1982）. フォーカシング　福村出版）
Gergen, K. and Gergen, M.（2008）'Social construction and research on action', in P. Reason and H. Bradbury（eds）, *The SAGE Handbook of Action Research*（2nd edn）. London: Sage, pp. 159-171.
Gibbons, M., Limoges, C., Nowotny, H., Schwartzman, S., Scott, P. and Trow, M.（1994）*The New Production of Knowledge*. London: Sage.
Goffman, E.（1959）The Presentation of Self in Everyday Life. New York:

boards', *Action Research,* 2(3): 237-253.

De Vos, H. (1987) 'Common sense and scientific thinking', in F. van Hoolthoon and D.R. Olsen (eds), *Common Sense: The Foundation for Social Science.* Lanham, MD: University Press of America, pp. 345-359.

Dick, B. (1999) 'You want to do an action research thesis?' Available at: http://www. aral.com.au/resources/arthesis.html (accessed 3 October 2013).

Dickens, L. and Watkins, K. (1999) 'Action research: Rethinking Lewin', *Management Learning,* 30(2): 127-140.

Docherty, P., Ljung, A. and Stjernberg, T. (2006) 'The changing practice of action research', in J. Lowstedt and T. Stjernberg (eds), *Producing Management Knowledge.* Abingdon: Routledge, pp. 221-236.

Dunne, T. (2010) Doing Better: *The Next Revolution in Ethics.* Milwaukee, WI: Marquette University Press.

Dutton, J.E., Fahey, L. and Narayanan, V.K. (1983) 'Toward understanding strategic issue diagnosis', *Strategic Management Journal,* 4: 307-323.

Dworkin, R. (2011) *Justice for Hedgehogs.* Cambridge, MA: Belknap Press.

Dymek, C. (2008) 'IT and action sensemaking: Making sense of new technology', in P. Reason and H. Bradbury (eds), *The SAGE Handbook of Action Research* (2nd edn). London: Sage, pp. 573-588.

Eden, C. and Huxham, C. (2006) 'Researching organizations using action research', in S. Clegg, C. Hardy, T. Lawrence and W. Nord (eds), *The SAGE Handbook of Organization Studies.* Thousand Oaks, CA: Sage, pp. 388-408.

Eikeland, O. (2006a) 'Phronesis, Aristotle and action research', *International Journal of Action Research,* 2(1): 5-53.

Eikeland, O. (2006b) 'Condescending ethics and action research', *Action Research,* 4(1): 37-48.

Eikeland, O. (2007) 'Why should mainstream social researchers be interested in action research?', *International Journal of Action Research,* 3(1+2): 38-64.

Eikeland, O. (2008) The Ways of Aristotle: Aristotelian Phronesis, *Aristotelian Philosophy of Dialogue and Action Research.* Bern: Peter Lang.

Elizur, Y. (1999) '"Inside" consultation through self-differentation: Stimulating organization development in the IDF's care of intractable, war-related, traumatic disorders', in A. Cooklin (ed.), *Changing Organizations: Clinicians as Agents of Change.* London: Karnac, pp. 141-168.

Evans, M. (1997) 'An action research enquiry into reflection in action as part of my role as a deputy headteacher'. PhD dissertation, Kingston University.

Evered, M. and Louis, M.R. (1981) 'Alternative perspectives in the organizational sciences: "Inquiry from the inside" and "inquiry from the outside"', *Academy of Management Review,* 6(3): 385-395.

Ferguson, P. and Ferguson, B. (2001) 'Shooting oneself in the foot: An investigation of some issues in conducting insider research', Paper presented at the

Coghlan, D. and Shani, A.B. (2005) 'Roles, politics and ethics in action research design', *Systemic Practice and Action Research,* 18(6): 533-546.
Coghlan, D. and Shani, A.B. (2008) 'Collaborative management research through communities of inquiry', in A.B. Shani, S.A. Mohrman, W. Pasmore, B. Stymne and N. Adler (eds), *Handbook of Collaborative Management Research.* Thousand Oaks, CA: Sage, pp. 601-614.
Coghlan, D. and Shani, A.B. (2013) 'Organization development research interventions: Perspectives from action research and collaborative management research', in S. Leonard, R. Lewis, A. Freedman and J. Passmore (eds), *The Wiley-Blackwell Handbook of the Psychology of Organization Development and Leadership.* New York: Wiley, pp. 443-460.
Coghlan, D. with Brydon-Miller, M. (2014) *The SAGE Encyclopedia of Action Research.* London: Sage.
Coghlan, D., Dromgoole, T., Joynt, P. and Sorensen, P. (2004) *Managers Learning in Action: Research, Learning and Education.* London: Routledge.
Cooklin, A. (ed.) (1999) *Changing Organizations: Clinicians as Agents of Change.* London: Karnac.
Cooperrider, D.L. and Srivastva, S. (1987) 'Appreciative inquiry in organizational life', in R. Woodman and W. Pasmore (eds), *Research in Organizational Change and Development,* Vol. 1. Greenwich, CT: JAI Press, pp. 129-169.
Cornell, A.W. (1996) *The Power of Focusing.* Oakland, CA: New Harbinger Publications.
(アン・ワイザー・コーネル，大澤美枝子・日笠摩子（訳）(1999). やさしいフォーカシング：自分でできるこころの処方　コスモス・ライブラリー)
Costley, C., Elliott, G. and Gibbs, P. (2010) *Doing Work-based Research.* London: Sage.
Coughlan, P. and Coghlan, D. (2009) 'Action research', in C. Karlsson (ed.), *Researching Operations Management.* New York: Routledge, pp. 236-264.
Coughlan, P. and Coghlan, D. (2011) *Collaborative Strategic Improvement Through Network Action Learning.* Cheltenham: Edward Elgar.
Darling, M. and Parry, C. (2000) *From Post-mortem to Living Practice: An In-depth Study of the Evolution of the After Action Review.* Boston, MA: Signet.
Deane, C. (2004) 'Learning to change', in D. Coghlan, T. Dromgoole, P. Joynt and P. Sorensen (eds), *Managers Learning in Action: Research, Learning and Education.* London: Routledge, pp. 9-23.
Deery, R. (2011) 'Balancing research and action in turbulent times: Action research as a tool for change', *Evidence-based Midwifery,* 9: 89-94.
de Guerre, D. (2002) 'Doing action research in one's own organization: An ongoing conversation over time', *Systemic Practice and Action Research,* 15 (4): 331-349.
DeTardo-Bora, K. (2004) 'Action research in a world of positivist-oriented review

knowledge', *Higher Education,* 54(2): 293-306.
Coghlan, D. (2008) 'Authenticity as first person practice: An exploration based on Bernard Lonergan', *Action Research,* 6(3): 399-343.
Coghlan, D. (2009) 'Toward a philosophy of clinical inquiry/research', *Journal of Applied Behavioral Science,* 45(1): 106-121.
Coghlan, D. (2010a) 'Seeking common ground in the diversity and diffusion of action research and collaborative management research action modalities: Toward a general empirical method', in W.A. Pasmore, A.B. Shani and R.W. Woodman (eds), *Research in Organization Change and Development,* Vol. 18, Brinkley: Emerald, pp. 149-181.
Coghlan, D. (2010b) 'Interiority as the cutting edge between theory and practice: A first person perspective', *International Journal of Action Research,* 6 (2+3): 288-307.
Coghlan, D. (2011) 'Action research: Exploring perspective on a philosophy of practical knowing', *Academy of Management Annals,* 5: 53-87.
Coghlan, D. (2012a) 'Organization development and action research: Then and now', in D. Boje, B. Burnes and J. Hassard (eds), *The Routledge Companion to Organizational Change.* Abingdon: Routledge, pp. 46-58.
Coghlan, D. (2012b) 'Understanding insight in the context of Q', *Action Learning: Research and Practice,* 9(3): 247.258.
Coghlan, D. (2013) 'Messy, iterative groping in the swampy lowlands: The challenges of insider scholar-practitioner inquiry', in A.B. Shani, W.A. Pasmore and R.W. Woodman (eds), *Research in Organization Change and Development,* Vol. 21, Brinkley: Emerald, pp. 121-147.
Coghlan, D. and Casey, M. (2001) 'Action research from the inside: Issues and challenges in doing action research in your own hospital', *Journal of Advanced Nursing,* 35(5): 674-682.
Coghlan, D. and Holian, R. (2007) 'Insider action research: Special issue', *Action Research,* 5(1): 5-91. Special Issue.
Coghlan, D. and Jacobs, C. (2005) 'Kurt Lewin on reeducation: Foundations for action research', *Journal of Applied Behavioral Science,* 41(4): 444-457.
Coghlan, D. and Pedler, M. (2006) 'Action learning dissertations: Structure, supervision and examination', *Action Learning: Research and Practice,* 3(2): 127-140.
Coghlan, D. and Rashford, N.S. (1990) 'Uncovering and dealing with organizational distortions', *Journal of Managerial Psychology,* 5(3): 17-21.
Coghlan, D. and Rashford, N.S. (2006) *Organization Change and Strategy: An Interlevels Dynamics Approach.* Abingdon: Routledge.
Coghlan, D. and Rigg, C. (2012) 'Action learning as praxis in learning and changing', in A.B. Shani, W.A. Pasmore and R. Woodman (eds), *Research in Organizational Change and Development,* Vol. 20. Brinkley: Emerald, pp. 59-90.

Buono, A.F. and Kerber, K.W. (2008) 'The challenges of organizational change: Enhancing organizational change capacity', *Revue Sciences de Gestion,* 65: 99-118.
Burgoyne, J. (2011) 'Evaluating action learning: A perspective informed by critical realism, networks and complex adaptive system theory', in M. Pedler (ed.), *Action Learning in Practice* (4th edn). Farnham: Gower, pp. 427-468.
Burke, W.W. (2011) *Organization Change: Theory and Practice* (3rd edn). Thousand Oaks, CA: Sage.
Burnes, B. (2007) 'Kurt Lewin and the Harwood Studies: The Foundations of OD', *Journal of Applied Behavioral Science,* 43(2): 213-231.
Burnes, B. and Cooke, B. (2012) 'The past, present and future of organization development: Taking the long view', *Human Relations,* 65(11): 1395-1429.
Burns, D. (2007) *Systemic Action Research.* Cambridge: Polity Press.
Bushe, G.R. (2012) Appreciative inquiry: Theory and critique', in D. Boje, B. Burnes and J. Hassard (eds), *The Routledge Companion to Organizational Change.* Abingdon: Routledge, pp. 87-103.
Bushe, G.R. and Marshak, R. (2009) 'Revisioning organization development: Diagnostic and dialogic premises and patterns of practice', *Journal of Applied Behavioral Science,* 45(3): 248-268.
Bushe, G.R. and Shani, A.B. (1991) *Parallel Learning Structures.* Reading, MA: Addison-Wesley.
Campbell, D. (2000) *The Socially Constructed Organization.* London: Karnac.
Cassell, C. and Johnson, P. (2006) 'Action research: Explaining the diversity', *Human Relations,* 59(6): 783-814.
Chandler, D. and Torbert, W.R. (2003) 'Transforming inquiry and action: Interweaving 27 flavors of action research', *Action Research,* 1(2): 133-152.
Chevalier, J.M. and Buckles, D.J. (2013) *Participatory Action Research: Theory and Methods for Engaged Inquiry.* New York: Routledge.
Coch, L. and French, J.R.P. (1948) 'Overcoming resistance to change', *Human Relations,* 1(1): 512-532.
Coghlan, D. (1993) 'Learning from emotions through journaling', *Journal of Management Education,* 17(1): 90-94.
Coghlan, D. (2002) 'Interlevel dynamics in systemic action research', *Systemic Practice and Action Research,* 15(4): 273-283.
Coghlan, D. (2003) 'Practitioner research for organizational knowledge: Mechanistic- and organistic-oriented approaches to insider action research', *Management Learning,* 34(4): 451-463.
Coghlan, D. (2004) 'Managers as learners and researchers', in D. Coghlan, T. Dromgoole, P. Joynt and P. Sorensen (eds), *Managers Learning in Action.* London: Routledge, pp. 183-189.
Coghlan, D. (2007) 'Insider action research doctorates: Generating actionable

Learning. Abingdon: Routledge.
Bourner, T. (2003) 'Assessing reflective learning', *Education and Training,* 45 (5): 267-272.
Bradbury, H. (2008) 'Quality and "actionability": What action researchers offer from the tradition of pragmatism', in A.B. Shani, S.A. Mohrman, W.A. Pasmore, B. Stymne and N. Adler (eds) *Handbook of Collaborative Management Research*. Thousand Oaks, CA: Sage, pp. 583-600.
Bradbury, H. and Mainmelis, C. (2001) 'Learning history and organizational praxis', *Journal of Management Inquiry,* 10(4): 340-357.
Bradbury, H., Mirvis, P., Neilsen, E. and Pasmore, W. (2008) 'Action research at work: Creating the future following the path from Lewin', in P. Reason and H. Bradbury (eds), *The SAGE Handbook of Action Research* (2nd edn). London: Sage, pp. 77-92.
Brannick, T. and Coghlan, D. (2007) 'In defense of being "native": The case for insider academic research', *Organizational Research Methods,* 10(1): 59-74.
Brookfield, S. (1994) 'Tales from the dark side: A phenomenography of adult critical reflection', *International Journal of Lifelong Education,* 13(3): 203-216.
Brown, J. (2005) *The World Cafe*. San Francisco, CA: Jossey-Bass.
(アニータ・ブラウン，デイビッド・アイザックス，ワールド・カフェ・コミュニティ，香取一昭・川口大輔（訳）(2007)．ワールド・カフェ：カフェ的会話が未来を創る　ヒューマンバリュー)
Brydon-Miller, M. (2008a) 'Covenantal ethics and action research: Exploring a common foundation for social research', in D. Mertens and P. Ginsberg (eds), *Handbook of Social Research Ethics*. Thousand Oaks, CA: Sage, pp. 243-258.
Brydon-Miller, M. (2008b) 'Ethics and action research: Deepening our commitment to social justice and redefining systems of democratic practice', in P. Reason and H. Bradbury (eds), *The SAGE Handbook of Action Research* (2nd edn). London: Sage, pp. 199-210.
Brydon-Miller, M. and Greenwood, D. (2006) 'A re-examination of the relationship between action research and human subjects review process', *Action Research,* 4(1): 117-128.
Brydon-Miller, M., Greenwood, D. and Eikeland, O. (2006) 'Special issue: Ethics and action research', *Action Research,* 4(1): 5-131. Special Issue.
Brydon-Miller, M., Greenwood, D. and Maguire, P. (2003) 'Why action research?', *Action Research,* 1(1): 9-28.
Buchanan, D. and Badham, R. (2008) *Power, Politics and Organizational Change: Winning the Turf Game* (2nd edn). London: Sage.
Buchanan, D. and Boddy, D. (1992) *The Expertise of the Change Agent*. London: Prentice-Hall.
Bunker, B. and Alban, B. (2006) *The Handbook of Large Group Methods*. San Francisco, CA: Jossey-Bass.

Abingdon: Routledge, pp. 31-45.
Bartunek, J.M.（2003）*Organizational and Educational Change. The Life and Role of a Change Agent Group*. Mahwah, NJ: Erlbaum.
Bartunek, J.M.（2008）'Insider/outsider team research: The development of the approach and its meanings', in A.B. Shani, S.A. Mohrman, W. Pasmore, B. Stymne and N. Adler（eds）, *Handbook of Collaborative Management Research*. Thousand Oaks, CA: Sage, pp. 73-92.
Bartunek, J.M., Crosta, T.E., Dame, R.F. and LeLacheur, D.F.（2000）'Managers and project leaders conducting their own action research interventions', in R.T. Golembiewski（ed.）, *Handbook of Organizational Consultation*（2nd edn）. New York: Marcel Dekker, pp. 59-70.
Baskerville, R. and Pries-Heje, J.（1999）'Grounded action research: A method for understanding IT in practice', *Accounting, Management and Information Technology,* 9(1): 1-23.
Bateson, G.（1972）*Steps to an Ecology of Mind*. San Francisco, CA: Ballantine.
（G. ベイトソン，佐藤良明（訳）（2000）．精神の生態学　新思索社）
Beckhard, R.（1997）*Agent of Change: My Life, My Work*. San Francisco, CA: Jossey-Bass.
Beckhard, R. and Harris, R.（1987）*Organizational Transitions: Managing Complex Change*（2nd edn）. Reading, MA: Addison-Wesley.
Beckhard, R. and Pritchard, W.（1992）*Changing the Essence: The Art of Creating and Leading Fundamental Change in Organizations*. San Francisco, CA: Jossey-Bass.
Bell, S.（1998）'Self-reflection and vulnerability in action research: Bringing forth new worlds in our learning', *Systemic Practice and Action Research,* 11(2): 179-191.
Benne, K.D.（1959）'Some ethical problems in group and organizational consultation', *Journal of Social Issues,* 15(2): 60-67.
Bentz, V.M. and Shapiro, J.J.（1998）*Mindful Inquiry in Social Research*. Thousand Oaks, CA: Sage.
Bjorkman, H. and Sundgren, M.（2005）'Political entrepreneurship in action research: Learning from two cases', *Journal of Organizational Change Management,* 18(5): 399-415.
Bolman, D. and Deal, T.（2008）*Reframing Organizations*（3rd edn）. San Francisco, CA: Jossey-Bass.
Boser, S.（2006）'Ethics and power in community.campus partnerships for research', *Action Research,* 4(1): 9-22.
Boud, D.（2001）'Using journal writing to enhance reflective practice', in L.M. English and M.A. Gillen（eds）, *Promoting Journal Writing in Adult Education*. San Francisco, CA: Jossey-Bass, pp. 9-18.
Boud, D., Keogh, R. and Walker, D.（1985）*Reflection: Turning Experience into*

参考文献

Adler, N., Shani, A.B. and Styhre, A. (2004) *Collaborative Research in Organizations*. Thousand Oaks, CA: Sage.

Adler, P.A. and Adler, P. (1987) *Membership Roles in Field Research*. Thousand Oaks, CA: Sage.

Aguinis, H. (1993) 'Action research and scientific method: Presumed discrepancies and actual similarities', *Journal of Applied Behavioral Science*, 29(4): 416-431.

Alvesson, M. (2003) 'Methodology for close up studies: Struggling with closeness and closure', *Higher Education*, 46(2): 167-193.

Anderson, G., Herr, K. and Nihlen, A. (1994) *Studying Your Own School*. Thousand Oaks, CA: Corwin.

Anderson, V. and Johnson, L. (1997) *Systems Thinking Basics: From Concepts to Causal Loops*. Cambridge, MA: Pegasus.
（バージニア・アンダーソン，ローレン・ジョンソン，伊藤武志（訳）(2001). システム・シンキング：問題解決と意思決定を図解で行う論理的思考技術 日本能率協会マネジメントセンター）

Argyris, C. (1993) *Knowledge for Action*. San Francisco, CA: Jossey-Bass.

Argyris, C. (2003) 'Actionable knowledge', in T. Tsoukas and C. Knudsen (eds), *The Oxford Handbook of Organization Theory*. Oxford: Oxford University Press, pp. 423-452.

Argyris, C. (2004) *Reasons and Rationalizations: The Limits to Organizational Knowledge*. New York: Oxford University Press.

Argyris, C. and Schon, D.A. (1974). *Theory in Practice: Increasing Professional Effectiveness*. San Francisco, CA: Jossey-Bass.

Argyris, C. and Schon, D. (1996) *Organizational Learning II*. Reading, MA: Addison-Wesley.

Argyris, C., Putnam, R. and Smith, D. (1985) *Action Science*. San Francisco, CA: Jossey-Bass.

Arieli, D., Friedman, V.J. and Agbaria, K. (2009) 'The paradox of participation in action research', *Action Research*, 7(3): 263-290.

Ashforth, B., Kreiner, G. and Fugate, M. (2000) 'All in a day's work: Boundaries and micro role transitions', *Academy of Management Review*, 25(3): 472-491.

Barden, G. (1991) *After Principles*. South Bend, IN: Notre Dame University Press.

Bargal, D. (2006) 'Personal and intellectual influences leading to Lewin's paradigm of action research', *Action Research*, 4(4): 367-388.

Bargal, D. (2012) 'Kurt Lewin's vision of organizational and social change: The interdependence of theory, research and action/practice', in D. Boje, B. Burnes and J. Hassard (eds), *The Routledge Companion to Change*.

[た行]

[な行]

[は行]

[ま行]

[や行]

[ら行]

索　引

[訳者紹介]

河合　直樹（かわい　なおき）　第1章

札幌学院大学人文学部人間科学科講師

永田　素彦（ながた　もとひこ）　第2章

監訳者紹介参照

八ッ塚　一郎（やつづか　いちろう）　第3章

熊本大学大学院教育学研究科教授

鮫島　輝美（さめしま　てるみ）　第4章

京都光華女子大学健康科学部准教授

竹内　みちる（たけうち　みちる）　第5章

株式会社関西計画技術研究所研究員

日比野　愛子（ひびの　あいこ）　第6章

弘前大学人文社会科学部准教授

宮本　匠（みやもと　たくみ）　第7章

兵庫県立大学大学院減災復興政策研究科准教授

新藤　晴臣（しんどう　はるおみ）　第8章

大阪市立大学大学院都市経営研究科教授

松田　温郎（まつだ　あつろう）　第9章

山口大学経済学部准教授

川村　尚也（かわむら　たかや）　第10章

監訳者紹介参照

高瀬　進（たかせ　すすむ）　第11章，第12章

監訳者紹介参照

組む。
〔主な著書・論文〕
高瀬進・伊藤智明（2013）「大学発ベンチャーか？技術移転か？―コンピュータ黎明期における新技術の商用化に関する日米比較」『日本ベンチャー学会誌』第22巻，11-26.
加護野忠男 監訳　高瀬進・吉田満梨訳（2015）『エフェクチュエーション―市場創造の実効理論』碩学舎
高瀬進（2017）『大学発ベンチャー起業家の「熟達」研究―瀧和男のライフヒストリー』中央経済社など。

川村　尚也（かわむら　たかや）
大阪市立大学大学院都市経営研究科准教授。
西武百貨店勤務，甲南大学経営学部助教授，大阪市立大学経営学研究科准教授を経て2018年から現職。
専門は経営学・組織論，公益非営利組織のイノベーション／知識経営。
2009年から大阪市立大学で医療・社会福祉従事者を対象とするクリティカルなイノベーション経営学習プログラム（修士課程）のアクションリサーチに取り組んでいる。
〔主な論文〕
Tatiana Chemi, Takaya Kawamura, Anne Pässilä, Allan Owens（2020）. Embodied Performative Approaches: When workplace and theatre innovate together for organizational sustainability, *Organizational Aesthetics,* Vol. 9: Iss. 3.
Klaus Peter Schulz, Takaya Kawamura, Silke Geithner（2017）. Enabling sustainable development in health care through art-based mediation, *Journal of Cleaner Production* 140.
川村尚也（2016）「科学技術組織における経営倫理の研究アプローチ―米国企業・経営倫理研究とクリティカルマネジメント研究の視点から―」『科学史研究』第55巻No.278.
Takaya Kawamura（2009）. Activity Theory as a Methodology of Knowledge Management,『日本情報経営学会誌』Vol.29 No.2.など。

[監訳者紹介]

永田　素彦（ながた　もとひこ）
京都大学大学院人間・環境学研究科教授。
北海道大学文学部助手，三重大学人文学部助教授などを経て現職。博士（人間・環境学）
専門は社会心理学，グループ・ダイナミックス。
コミュニティづくりや災害復興などをテーマとしたフィールド研究，アクションリサーチに取り組んでいる。東日本大震災後には岩手県九戸郡野田村でボランティア・ネットワーク「チーム北リアス」の設立に加わり，共同代表として実践研究を展開してきた。
〔主な著書〕
李永俊・渥美公秀監修　永田素彦・河村信治編（2015）『東日本大震災からの復興（2）がんばるのだ―岩手県九戸郡野田村の地域力』弘前大学出版会
Motohiko Nagata (2016). A bottom-up counterpart assistance approach for the revitalization of communities. Li Peilin and Laurence Roulleau-Berger (eds.) *Ecological Risks and Disasters in China and Europe*. Routledge Publishers, 157-169.
永田素彦・吉岡崇仁・大川智船（2010）『流域環境の多様な属性に対する住民の選好評価のためのシナリオアンケート手法の開発』実験社会心理学研究，49，170-179.
ケネス・J・ガーゲン著　永田素彦・深尾誠訳（2004）『社会構成主義の理論と実践―関係性が現実をつくる』ナカニシヤ出版など。

高瀬　進（たかせ　すすむ）

京都大学経営管理大学院特定助教。

神戸大学工学部システム工学科卒業，同大学大学院経営学研究科博士課程修了。山口大学技術経営研究科を経て現職。博士（経営学）。

専門は経営学・アントレプレナーシップ，大学発ベンチャー／技術経営。

日本における黎明期のラクロスの普及，大学運営支援会社のスタートアップを手掛ける。

現在は，ロボット・人工知能分野に関する大学発ベンチャーの輩出，エフェクチュエーションに関する企業家研究，アクションリサーチに取り

実践アクションリサーチ
自分自身の組織を変える

2021年11月15日　第1版第1刷発行

著　者　デイビッド・コフラン
　　　　テレサ・ブラニック
監訳者　永田素彦
　　　　高瀬　進
　　　　川村尚也
発行者　石井淳蔵
発行所　㈱碩学舎
　　　　〒101-0052 東京都千代田区神田小川町2-1 木村ビル 10F
　　　　TEL 0120-778-079　FAX 03-5577-4624
　　　　E-mail info@sekigakusha.com
　　　　URL https://www.sekigakusha.com
発売元　㈱中央経済グループパブリッシング
　　　　〒101-0051 東京都千代田区神田神保町1-31-2
　　　　TEL 03-3293-3381　FAX 03-3291-4437
印　刷　三英印刷㈱
製　本　誠製本㈱

ISBN978-4-502-26921-9　C3034